AF485747

Reglamento (UE) 2016/679 del Parlamento Europeo y del Consejo

Introducción

En el mundo actual de la información digitalizada, se tarda una fracción de segundo en tratar datos personales en docenas de países diferentes. Para los implicados en la protección de datos, esto significa inevitablemente que la interacción con los responsables y encargados del tratamiento de datos puede producirse en múltiples idiomas, lo que requiere un dominio lingüístico adecuado. Por lo tanto, este volumen está destinado a apoyar a todos los profesionales que trabajan en el ámbito de la protección de datos personales - como ejecutivos de empresas, abogados, jueces, asesores internos, funcionarios públicos, DPD y especialistas en TI - con una copia multilingüe del texto oficial del Reglamento General de Protección de Datos de la Unión Europea de 2016.

Madrid, 13.04.2021

Francisco A.M. Martin

Terminología

Autoridad de control	Supervisory authority
Consentimiento	Consent
Datos biométricos	Biometric data
Datos genéticos	Genetic data
Datos personales	Personal data
Datos personales relativos a la salud	Data concerning health
Delegado de protección de datos	Data Protection Officer
Derecho a la portabilidad de los datos	Right to data portability
Derecho de rectificación	Right to rectification
Derecho de supresión	Right to erasure
Destinatario	Recipient
Elaboración de perfiles	Profiling
Encargado del tratamiento	Processor
Fichero	Filing system
Limitación del tratamiento	Restriction of processing
Normas corporativas vinculantes	Binding corporate rules
Representante	Representative
Responsable del tratamiento	Controller
Seudonimización	Pseudonymisation
Tercero	Third party
Tratamiento	Processing
Tratamiento transfronterizo	Cross border-processing
Violación de la seguridad de los datos personales	Personal data breach

VERSIÓN EN ESPAÑOL - INGLÉS

Texto publicado en el Diario Oficial de la Unión Europea, n. L 119/1 del 4 de mayo de 2016.

REGLAMENTO (UE) 2016/679 DEL PARLAMENTO EUROPEO Y DEL CONSEJO

de 27 de abril de 2016

relativo a la protección de las personas físicas en lo que respecta al tratamiento de datos personales y a la libre circulación de estos datos y por el que se deroga la Directiva 95/46/CE (Reglamento general de protección de datos)

(Texto pertinente a efectos del EEE)

EL PARLAMENTO EUROPEO Y EL CONSEJO DE LA UNIÓN EUROPEA,

Visto el Tratado de Funcionamiento de la Unión Europea, y en particular su artículo 16,

Vista la propuesta de la Comisión Europea,

Previa transmisión del proyecto de texto legislativo a los Parlamentos nacionales,

Visto el dictamen del Comité Económico y Social Europeo (1),

Visto el dictamen del Comité de las Regiones (2),

De conformidad con el procedimiento legislativo ordinario (3),

Considerando lo siguiente:

(1) La protección de las personas físicas en relación con el tratamiento de datos personales es un derecho fundamental. El artículo 8, apartado 1, de la Carta de los Derechos Fundamentales de la Unión Europea («la Carta») y el artículo 16, apartado 1, del Tratado de Funcionamiento de la Unión Europea (TFUE) establecen que toda persona

REGULATION (EU) 2016/679 OF THE EUROPEAN PARLIAMENT AND OF THE COUNCIL

of 27 April 2016

on the protection of natural persons with regard to the processing of personal data and on the free movement of such data, and repealing Directive 95/46/EC (General Data Protection Regulation)

(Text with EEA relevance)

THE EUROPEAN PARLIAMENT AND THE COUNCIL OF THE EUROPEAN UNION,

Having regard to the Treaty on the Functioning of the European Union, and in particular Article 16 thereof,

Having regard to the proposal from the European Commission,

After transmission of the draft legislative act to the national parliaments,

Having regard to the opinion of the European Economic and Social Committee (1),

Having regard to the opinion of the Committee of the Regions (2),

Acting in accordance with the ordinary legislative procedure (3),

Whereas:

(1) The protection of natural persons in relation to the processing of personal data is a fundamental right. Article 8(1) of the Charter of Fundamental Rights of the European Union (the 'Charter') and Article 16(1) of the Treaty on the Functioning of the European Union (TFEU) provide that everyone has the right to the

tiene derecho a la protección de los datos de carácter personal que le conciernan.

(2) Los principios y normas relativos a la protección de las personas físicas en lo que respecta al tratamiento de sus datos de carácter personal deben, cualquiera que sea su nacionalidad o residencia, respetar sus libertades y derechos fundamentales, en particular el derecho a la protección de los datos de carácter personal. El presente Reglamento pretende contribuir a la plena realización de un espacio de libertad, seguridad y justicia y de una unión económica, al progreso económico y social, al refuerzo y la convergencia de las economías dentro del mercado interior, así como al bienestar de las personas físicas.

(3) La Directiva 95/46/CE del Parlamento Europeo y del Consejo (4) trata de armonizar la protección de los derechos y las libertades fundamentales de las personas físicas en relación con las actividades de tratamiento de datos de carácter personal y garantizar la libre circulación de estos datos entre los Estados miembros.

(4) El tratamiento de datos personales debe estar concebido para servir a la humanidad. El derecho a la protección de los datos personales no es un derecho absoluto sino que debe considerarse en relación con su función en la sociedad y mantener el equilibrio con otros derechos fundamentales, con arreglo al principio de proporcionalidad. El presente Reglamento respeta todos los derechos fundamentales y observa las libertades y los principios reconocidos en la Carta conforme se consagran en los Tratados, en particular el respeto de la vida privada y familiar, del domicilio y de las comunicaciones, la protección de los datos de carácter personal, la libertad de pensamiento, de conciencia y de religión, la libertad de expresión y de información, la libertad de empresa, el

protection of personal data concerning him or her.

(2) The principles of, and rules on the protection of natural persons with regard to the processing of their personal data should, whatever their nationality or residence, respect their fundamental rights and freedoms, in particular their right to the protection of personal data. This Regulation is intended to contribute to the accomplishment of an area of freedom, security and justice and of an economic union, to economic and social progress, to the strengthening and the convergence of the economies within the internal market, and to the well-being of natural persons.

(3) Directive 95/46/EC of the European Parliament and of the Council (4) seeks to harmonise the protection of fundamental rights and freedoms of natural persons in respect of processing activities and to ensure the free flow of personal data between Member States.

(4) The processing of personal data should be designed to serve mankind. The right to the protection of personal data is not an absolute right; it must be considered in relation to its function in society and be balanced against other fundamental rights, in accordance with the principle of proportionality. This Regulation respects all fundamental rights and observes the freedoms and principles recognised in the Charter as enshrined in the Treaties, in particular the respect for private and family life, home and communications, the protection of personal data, freedom of thought, conscience and religion, freedom of expression and information, freedom to conduct a business, the right to an effective

derecho a la tutela judicial efectiva y a un juicio justo, y la diversidad cultural, religiosa y lingüística.

(5) La integración económica y social resultante del funcionamiento del mercado interior ha llevado a un aumento sustancial de los flujos transfronterizos de datos personales. En toda la Unión se ha incrementado el intercambio de datos personales entre los operadores públicos y privados, incluidas las personas físicas, las asociaciones y las empresas. El Derecho de la Unión insta a las autoridades nacionales de los Estados miembros a que cooperen e intercambien datos personales a fin de poder cumplir sus funciones o desempeñar otras por cuenta de una autoridad de otro Estado miembro.

(6) La rápida evolución tecnológica y la globalización han planteado nuevos retos para la protección de los datos personales. La magnitud de la recogida y del intercambio de datos personales ha aumentado de manera significativa. La tecnología permite que tanto las empresas privadas como las autoridades públicas utilicen datos personales en una escala sin precedentes a la hora de realizar sus actividades. Las personas físicas difunden un volumen cada vez mayor de información personal a escala mundial. La tecnología ha transformado tanto la economía como la vida social, y ha de facilitar aún más la libre circulación de datos personales dentro de la Unión y la transferencia a terceros países y organizaciones internacionales, garantizando al mismo tiempo un elevado nivel de protección de los datos personales.

(7) Estos avances requieren un marco más sólido y coherente para la protección de datos en la Unión Europea, respaldado por una ejecución estricta, dada la importancia de generar la confianza que permita a la economía

remedy and to a fair trial, and cultural, religious and linguistic diversity.

(5) The economic and social integration resulting from the functioning of the internal market has led to a substantial increase in cross-border flows of personal data. The exchange of personal data between public and private actors, including natural persons, associations and undertakings across the Union has increased. National authorities in the Member States are being called upon by Union law to cooperate and exchange personal data so as to be able to perform their duties or carry out tasks on behalf of an authority in another Member State.

(6) Rapid technological developments and globalisation have brought new challenges for the protection of personal data. The scale of the collection and sharing of personal data has increased significantly. Technology allows both private companies and public authorities to make use of personal data on an unprecedented scale in order to pursue their activities. Natural persons increasingly make personal information available publicly and globally. Technology has transformed both the economy and social life, and should further facilitate the free flow of personal data within the Union and the transfer to third countries and international organisations, while ensuring a high level of the protection of personal data.

(7) Those developments require a strong and more coherent data protection framework in the Union, backed by strong enforcement, given the importance of creating the trust that will allow the digital economy to

digital desarrollarse en todo el mercado interior. Las personas físicas deben tener el control de sus propios datos personales. Hay que reforzar la seguridad jurídica y práctica para las personas físicas, los operadores económicos y las autoridades públicas.

(8) En los casos en que el presente Reglamento establece que sus normas sean especificadas o restringidas por el Derecho de los Estados miembros, estos, en la medida en que sea necesario por razones de coherencia y para que las disposiciones nacionales sean comprensibles para sus destinatarios, pueden incorporar a su Derecho nacional elementos del presente Reglamento.

(9) Aunque los objetivos y principios de la Directiva 95/46/CE siguen siendo válidos, ello no ha impedido que la protección de los datos en el territorio de la Unión se aplique de manera fragmentada, ni la inseguridad jurídica ni una percepción generalizada entre la opinión pública de que existen riesgos importantes para la protección de las personas físicas, en particular en relación con las actividades en línea. Las diferencias en el nivel de protección de los derechos y libertades de las personas físicas, en particular del derecho a la protección de los datos de carácter personal, en lo que respecta al tratamiento de dichos datos en los Estados miembros pueden impedir la libre circulación de los datos de carácter personal en la Unión. Estas diferencias pueden constituir, por lo tanto, un obstáculo al ejercicio de las actividades económicas a nivel de la Unión, falsear la competencia e impedir que las autoridades cumplan las funciones que les incumben en virtud del Derecho de la Unión. Esta diferencia en los niveles de protección se debe a la existencia de divergencias en la ejecución y aplicación de la Directiva 95/46/CE.

(10) Para garantizar un nivel uniforme y elevado de protección de las personas

develop across the internal market. Natural persons should have control of their own personal data. Legal and practical certainty for natural persons, economic operators and public authorities should be enhanced.

(8) Where this Regulation provides for specifications or restrictions of its rules by Member State law, Member States may, as far as necessary for coherence and for making the national provisions comprehensible to the persons to whom they apply, incorporate elements of this Regulation into their national law.

(9) The objectives and principles of Directive 95/46/EC remain sound, but it has not prevented fragmentation in the implementation of data protection across the Union, legal uncertainty or a widespread public perception that there are significant risks to the protection of natural persons, in particular with regard to online activity. Differences in the level of protection of the rights and freedoms of natural persons, in particular the right to the protection of personal data, with regard to the processing of personal data in the Member States may prevent the free flow of personal data throughout the Union. Those differences may therefore constitute an obstacle to the pursuit of economic activities at the level of the Union, distort competition and impede authorities in the discharge of their responsibilities under Union law. Such a difference in levels of protection is due to the existence of differences in the implementation and application of Directive 95/46/EC.

(10) In order to ensure a consistent and high level of protection of natural

físicas y eliminar los obstáculos a la circulación de datos personales dentro de la Unión, el nivel de protección de los derechos y libertades de las personas físicas por lo que se refiere al tratamiento de dichos datos debe ser equivalente en todos los Estados miembros. Debe garantizarse en toda la Unión que la aplicación de las normas de protección de los derechos y libertades fundamentales de las personas físicas en relación con el tratamiento de datos de carácter personal sea coherente y homogénea. En lo que respecta al tratamiento de datos personales para el cumplimiento de una obligación legal, para el cumplimiento de una misión realizada en interés público o en el ejercicio de poderes públicos conferidos al responsable del tratamiento, los Estados miembros deben estar facultados para mantener o adoptar disposiciones nacionales a fin de especificar en mayor grado la aplicación de las normas del presente Reglamento. Junto con la normativa general y horizontal sobre protección de datos por la que se aplica la Directiva 95/46/CE, los Estados miembros cuentan con distintas normas sectoriales específicas en ámbitos que precisan disposiciones más específicas. El presente Reglamento reconoce también un margen de maniobra para que los Estados miembros especifiquen sus normas, inclusive para el tratamiento de categorías especiales de datos personales («datos sensibles»). En este sentido, el presente Reglamento no excluye el Derecho de los Estados miembros que determina las circunstancias relativas a situaciones específicas de tratamiento, incluida la indicación pormenorizada de las condiciones en las que el tratamiento de datos personales es lícito.

(11) La protección efectiva de los datos personales en la Unión exige que se refuercen y especifiquen los derechos de los interesados y las obligaciones de

persons and to remove the obstacles to flows of personal data within the Union, the level of protection of the rights and freedoms of natural persons with regard to the processing of such data should be equivalent in all Member States. Consistent and homogenous application of the rules for the protection of the fundamental rights and freedoms of natural persons with regard to the processing of personal data should be ensured throughout the Union. Regarding the processing of personal data for compliance with a legal obligation, for the performance of a task carried out in the public interest or in the exercise of official authority vested in the controller, Member States should be allowed to maintain or introduce national provisions to further specify the application of the rules of this Regulation. In conjunction with the general and horizontal law on data protection implementing Directive 95/46/EC, Member States have several sector-specific laws in areas that need more specific provisions. This Regulation also provides a margin of manoeuvre for Member States to specify its rules, including for the processing of special categories of personal data ('sensitive data'). To that extent, this Regulation does not exclude Member State law that sets out the circumstances for specific processing situations, including determining more precisely the conditions under which the processing of personal data is lawful.

(11) Effective protection of personal data throughout the Union requires the strengthening and setting out in detail of the rights of data subjects and the

quienes tratan y determinan el tratamiento de los datos de carácter personal, y que en los Estados miembros se reconozcan poderes equivalentes para supervisar y garantizar el cumplimiento de las normas relativas a la protección de los datos de carácter personal y las infracciones se castiguen con sanciones equivalentes.

(12) El artículo 16, apartado 2, del TFUE encomienda al Parlamento Europeo y al Consejo que establezcan las normas sobre protección de las personas físicas respecto del tratamiento de datos de carácter personal y las normas relativas a la libre circulación de dichos datos.

(13) Para garantizar un nivel coherente de protección de las personas físicas en toda la Unión y evitar divergencias que dificulten la libre circulación de datos personales dentro del mercado interior, es necesario un reglamento que proporcione seguridad jurídica y transparencia a los operadores económicos, incluidas las microempresas y las pequeñas y medianas empresas, y ofrezca a las personas físicas de todos los Estados miembros el mismo nivel de derechos y obligaciones exigibles y de responsabilidades para los responsables y encargados del tratamiento, con el fin de garantizar una supervisión coherente del tratamiento de datos personales y sanciones equivalentes en todos los Estados miembros, así como la cooperación efectiva entre las autoridades de control de los diferentes Estados miembros. El buen funcionamiento del mercado interior exige que la libre circulación de los datos personales en la Unión no sea restringida ni prohibida por motivos relacionados con la protección de las personas físicas en lo que respecta al tratamiento de datos personales. Con objeto de tener en cuenta la situación específica de las microempresas y las pequeñas y medianas empresas, el presente Reglamento incluye una serie de

obligations of those who process and determine the processing of personal data, as well as equivalent powers for monitoring and ensuring compliance with the rules for the protection of personal data and equivalent sanctions for infringements in the Member States.

(12) Article 16(2) TFEU mandates the European Parliament and the Council to lay down the rules relating to the protection of natural persons with regard to the processing of personal data and the rules relating to the free movement of personal data.

(13) In order to ensure a consistent level of protection for natural persons throughout the Union and to prevent divergences hampering the free movement of personal data within the internal market, a Regulation is necessary to provide legal certainty and transparency for economic operators, including micro, small and medium-sized enterprises, and to provide natural persons in all Member States with the same level of legally enforceable rights and obligations and responsibilities for controllers and processors, to ensure consistent monitoring of the processing of personal data, and equivalent sanctions in all Member States as well as effective cooperation between the supervisory authorities of different Member States. The proper functioning of the internal market requires that the free movement of personal data within the Union is not restricted or prohibited for reasons connected with the protection of natural persons with regard to the processing of personal data. To take account of the specific situation of micro, small and medium-sized enterprises, this Regulation includes a derogation for organisations with fewer than 250 employees with regard to record-keeping. In addition,

excepciones en materia de llevanza de registros para organizaciones con menos de 250 empleados. Además, alienta a las instituciones y órganos de la Unión y a los Estados miembros y a sus autoridades de control a tener en cuenta las necesidades específicas de las microempresas y las pequeñas y medianas empresas en la aplicación del presente Reglamento. El concepto de microempresas y pequeñas y medianas empresas debe extraerse del artículo 2 del anexo de la Recomendación 2003/361/CE de la Comisión (5).

(14) La protección otorgada por el presente Reglamento debe aplicarse a las personas físicas, independientemente de su nacionalidad o de su lugar de residencia, en relación con el tratamiento de sus datos personales. El presente Reglamento no regula el tratamiento de datos personales relativos a personas jurídicas y en particular a empresas constituidas como personas jurídicas, incluido el nombre y la forma de la persona jurídica y sus datos de contacto.

(15) A fin de evitar que haya un grave riesgo de elusión, la protección de las personas físicas debe ser tecnológicamente neutra y no debe depender de las técnicas utilizadas. La protección de las personas físicas debe aplicarse al tratamiento automatizado de datos personales, así como a su tratamiento manual, cuando los datos personales figuren en un fichero o estén destinados a ser incluidos en él. Los ficheros o conjuntos de ficheros, así como sus portadas, que no estén estructurados con arreglo a criterios específicos, no deben entrar en el ámbito de aplicación del presente Reglamento.

(16) El presente Reglamento no se aplica a cuestiones de protección de los derechos y las libertades fundamentales

the Union institutions and bodies, and Member States and their supervisory authorities, are encouraged to take account of the specific needs of micro, small and medium-sized enterprises in the application of this Regulation. The notion of micro, small and medium-sized enterprises should draw from Article 2 of the Annex to Commission Recommendation 2003/361/EC (5).

(14) The protection afforded by this Regulation should apply to natural persons, whatever their nationality or place of residence, in relation to the processing of their personal data. This Regulation does not cover the processing of personal data which concerns legal persons and in particular undertakings established as legal persons, including the name and the form of the legal person and the contact details of the legal person.

(15) In order to prevent creating a serious risk of circumvention, the protection of natural persons should be technologically neutral and should not depend on the techniques used. The protection of natural persons should apply to the processing of personal data by automated means, as well as to manual processing, if the personal data are contained or are intended to be contained in a filing system. Files or sets of files, as well as their cover pages, which are not structured according to specific criteria should not fall within the scope of this Regulation.

(16) This Regulation does not apply to issues of protection of fundamental rights and freedoms or the free flow of

o la libre circulación de datos personales relacionadas con actividades excluidas del ámbito de del Derecho de la Unión, como las actividades relativas a la seguridad nacional. Tampoco se aplica al tratamiento de datos de carácter personal por los Estados miembros en el ejercicio de las actividades relacionadas con la política exterior y de seguridad común de la Unión.

(17) El Reglamento (CE) n.o 45/2001 del Parlamento Europeo y del Consejo (6) se aplica al tratamiento de datos de carácter personal por las instituciones, órganos y organismos de la Unión. El Reglamento (CE) n.o 45/2001 y otros actos jurídicos de la Unión aplicables a dicho tratamiento de datos de carácter personal deben adaptarse a los principios y normas establecidos en el presente Reglamento y aplicarse a la luz del mismo. A fin de establecer un marco sólido y coherente en materia de protección de datos en la Unión, una vez adoptado el presente Reglamento deben introducirse las adaptaciones necesarias del Reglamento (CE) n.o 45/2001, con el fin de que pueda aplicarse al mismo tiempo que el presente Reglamento.

(18) El presente Reglamento no se aplica al tratamiento de datos de carácter personal por una persona física en el curso de una actividad exclusivamente personal o doméstica y, por tanto, sin conexión alguna con una actividad profesional o comercial. Entre las actividades personales o domésticas cabe incluir la correspondencia y la llevanza de un repertorio de direcciones, o la actividad en las redes sociales y la actividad en línea realizada en el contexto de las citadas actividades. No obstante, el presente Reglamento se aplica a los responsables o encargados del tratamiento que proporcionen los medios para tratar datos personales relacionados con tales actividades personales o domésticas.

personal data related to activities which fall outside the scope of Union law, such as activities concerning national security. This Regulation does not apply to the processing of personal data by the Member States when carrying out activities in relation to the common foreign and security policy of the Union.

(17) Regulation (EC) No 45/2001 of the European Parliament and of the Council (6) applies to the processing of personal data by the Union institutions, bodies, offices and agencies. Regulation (EC) No 45/2001 and other Union legal acts applicable to such processing of personal data should be adapted to the principles and rules established in this Regulation and applied in the light of this Regulation. In order to provide a strong and coherent data protection framework in the Union, the necessary adaptations of Regulation (EC) No 45/2001 should follow after the adoption of this Regulation, in order to allow application at the same time as this Regulation.

(18) This Regulation does not apply to the processing of personal data by a natural person in the course of a purely personal or household activity and thus with no connection to a professional or commercial activity. Personal or household activities could include correspondence and the holding of addresses, or social networking and online activity undertaken within the context of such activities. However, this Regulation applies to controllers or processors which provide the means for processing personal data for such personal or household activities.

(19) La protección de las personas físicas en lo que respecta al tratamiento de datos de carácter personal por parte de las autoridades competentes a efectos de la prevención, investigación, detección o enjuiciamiento de infracciones penales o de la ejecución de sanciones penales, incluida la protección frente a las amenazas contra la seguridad pública y la libre circulación de estos datos y su prevención, es objeto de un acto jurídico específico a nivel de la Unión. El presente Reglamento no debe, por lo tanto, aplicarse a las actividades de tratamiento destinadas a tales fines. No obstante, los datos personales tratados por las autoridades públicas en aplicación del presente Reglamento deben, si se destinan a tales fines, regirse por un acto jurídico de la Unión más específico, concretamente la Directiva (UE) 2016/680 del Parlamento Europeo y del Consejo (7). Los Estados miembros pueden encomendar a las autoridades competentes, tal como se definen en la Directiva (UE) 2016/680, funciones que no se lleven a cabo necesariamente con fines de prevención, investigación, detección o enjuiciamiento de infracciones penales o ejecución de sanciones penales, incluida la protección frente a las amenazas a la seguridad pública y su prevención, de tal forma que el tratamiento de datos personales para estos otros fines, en la medida en que esté incluido en el ámbito del Derecho de la Unión, entra en el ámbito de aplicación del presente Reglamento. En lo que respecta al tratamiento de datos personales por parte de dichas autoridades competentes con fines que entren en el ámbito de aplicación del presente Reglamento, los Estados miembros deben tener la posibilidad de mantener o introducir disposiciones más específicas para adaptar la aplicación de las normas del presente Reglamento. Tales disposiciones pueden establecer de

(19) The protection of natural persons with regard to the processing of personal data by competent authorities for the purposes of the prevention, investigation, detection or prosecution of criminal offences or the execution of criminal penalties, including the safeguarding against and the prevention of threats to public security and the free movement of such data, is the subject of a specific Union legal act. This Regulation should not, therefore, apply to processing activities for those purposes. However, personal data processed by public authorities under this Regulation should, when used for those purposes, be governed by a more specific Union legal act, namely Directive (EU) 2016/680 of the European Parliament and of the Council (7). Member States may entrust competent authorities within the meaning of Directive (EU) 2016/680 with tasks which are not necessarily carried out for the purposes of the prevention, investigation, detection or prosecution of criminal offences or the execution of criminal penalties, including the safeguarding against and prevention of threats to public security, so that the processing of personal data for those other purposes, in so far as it is within the scope of Union law, falls within the scope of this Regulation. With regard to the processing of personal data by those competent authorities for purposes falling within scope of this Regulation, Member States should be able to maintain or introduce more specific provisions to adapt the application of the rules of this Regulation. Such provisions may determine more precisely specific requirements for the processing of personal data by those competent authorities for those other purposes, taking into account the constitutional, organisational and administrative

forma más precisa requisitos concretos para el tratamiento de datos personales con otros fines por parte de dichas autoridades competentes, tomando en consideración la estructura constitucional, organizativa y administrativa del Estado miembro en cuestión. Cuando el tratamiento de datos personales por organismos privados entre en el ámbito de aplicación del presente Reglamento, este debe disponer que los Estados miembros puedan, en condiciones específicas, limitar conforme a Derecho determinadas obligaciones y derechos siempre que dicha limitación sea una medida necesaria y proporcionada en una sociedad democrática para proteger intereses específicos importantes, entre ellos la seguridad pública y la prevención, la investigación, la detección y el enjuiciamiento de infracciones penales o la ejecución de sanciones penales, inclusive la protección frente a las amenazas contra la seguridad pública y su prevención. Esto se aplica, por ejemplo, en el marco de la lucha contra el blanqueo de capitales o de las actividades de los laboratorios de policía científica.

(20) Aunque el presente Reglamento se aplica, entre otras, a las actividades de los tribunales y otras autoridades judiciales, en virtud del Derecho de la Unión o de los Estados miembros pueden especificarse las operaciones de tratamiento y los procedimientos de tratamiento en relación con el tratamiento de datos personales por los tribunales y otras autoridades judiciales. A fin de preservar la independencia del poder judicial en el desempeño de sus funciones, incluida la toma de decisiones, la competencia de las autoridades de control no debe abarcar el tratamiento de datos personales cuando los tribunales actúen en ejercicio de su función judicial. El control de esas operaciones de tratamiento de datos ha

structure of the respective Member State. When the processing of personal data by private bodies falls within the scope of this Regulation, this Regulation should provide for the possibility for Member States under specific conditions to restrict by law certain obligations and rights when such a restriction constitutes a necessary and proportionate measure in a democratic society to safeguard specific important interests including public security and the prevention, investigation, detection or prosecution of criminal offences or the execution of criminal penalties, including the safeguarding against and the prevention of threats to public security. This is relevant for instance in the framework of anti-money laundering or the activities of forensic laboratories.

(20) While this Regulation applies, inter alia, to the activities of courts and other judicial authorities, Union or Member State law could specify the processing operations and processing procedures in relation to the processing of personal data by courts and other judicial authorities. The competence of the supervisory authorities should not cover the processing of personal data when courts are acting in their judicial capacity, in order to safeguard the independence of the judiciary in the performance of its judicial tasks, including decision-making. It should be possible to entrust supervision of such data processing operations to specific bodies within the judicial system of the

de poder encomendarse a organismos específicos establecidos dentro del sistema judicial del Estado miembro, los cuales deben, en particular, garantizar el cumplimiento de las normas del presente Reglamento, concienciar más a los miembros del poder judicial acerca de sus obligaciones en virtud de este y atender las reclamaciones en relación con tales operaciones de tratamiento de datos.

(21) El presente Reglamento debe entenderse sin perjuicio de la aplicación de la Directiva 2000/31/CE del Parlamento Europeo y del Consejo (8), en particular de las normas en materia de responsabilidad de los prestadores de servicios intermediarios establecidas en sus artículos 12 a 15. El objetivo de dicha Directiva es contribuir al correcto funcionamiento del mercado interior garantizando la libre circulación de los servicios de la sociedad de la información entre los Estados miembros.

(22) Todo tratamiento de datos personales en el contexto de las actividades de un establecimiento de un responsable o un encargado del tratamiento en la Unión debe llevarse a cabo de conformidad con el presente Reglamento, independientemente de que el tratamiento tenga lugar en la Unión. Un establecimiento implica el ejercicio de manera efectiva y real de una actividad a través de modalidades estables. La forma jurídica que revistan tales modalidades, ya sea una sucursal o una filial con personalidad jurídica, no es el factor determinante al respecto.

(23) Con el fin de garantizar que las personas físicas no se vean privadas de la protección a la que tienen derecho en virtud del presente Reglamento, el tratamiento de datos personales de interesados que residen en la Unión por un responsable o un encargado no establecido en la Unión debe regirse por el presente Reglamento si las actividades

Member State, which should, in particular ensure compliance with the rules of this Regulation, enhance awareness among members of the judiciary of their obligations under this Regulation and handle complaints in relation to such data processing operations.

(21) This Regulation is without prejudice to the application of Directive 2000/31/EC of the European Parliament and of the Council (8), in particular of the liability rules of intermediary service providers in Articles 12 to 15 of that Directive. That Directive seeks to contribute to the proper functioning of the internal market by ensuring the free movement of information society services between Member States.

(22) Any processing of personal data in the context of the activities of an establishment of a controller or a processor in the Union should be carried out in accordance with this Regulation, regardless of whether the processing itself takes place within the Union. Establishment implies the effective and real exercise of activity through stable arrangements. The legal form of such arrangements, whether through a branch or a subsidiary with a legal personality, is not the determining factor in that respect.

(23) In order to ensure that natural persons are not deprived of the protection to which they are entitled under this Regulation, the processing of personal data of data subjects who are in the Union by a controller or a processor not established in the Union should be subject to this Regulation where the processing activities are

de tratamiento se refieren a la oferta de bienes o servicios a dichos interesados, independientemente de que medie pago. Para determinar si dicho responsable o encargado ofrece bienes o servicios a interesados que residan en la Unión, debe determinarse si es evidente que el responsable o el encargado proyecta ofrecer servicios a interesados en uno o varios de los Estados miembros de la Unión. Si bien la mera accesibilidad del sitio web del responsable o encargado o de un intermediario en la Unión, de una dirección de correo electrónico u otros datos de contacto, o el uso de una lengua generalmente utilizada en el tercer país donde resida el responsable del tratamiento, no basta para determinar dicha intención, hay factores, como el uso de una lengua o una moneda utilizada generalmente en uno o varios Estados miembros con la posibilidad de encargar bienes y servicios en esa otra lengua, o la mención de clientes o usuarios que residen en la Unión, que pueden revelar que el responsable del tratamiento proyecta ofrecer bienes o servicios a interesados en la Unión.

(24) El tratamiento de datos personales de los interesados que residen en la Unión por un responsable o encargado no establecido en la Unión debe ser también objeto del presente Reglamento cuando esté relacionado con la observación del comportamiento de dichos interesados en la medida en que este comportamiento tenga lugar en la Unión. Para determinar si se puede considerar que una actividad de tratamiento controla el comportamiento de los interesados, debe evaluarse si las personas físicas son objeto de un seguimiento en internet, inclusive el potencial uso posterior de técnicas de tratamiento de datos personales que consistan en la elaboración de un perfil de una persona física con el fin, en particular, de adoptar decisiones sobre

related to offering goods or services to such data subjects irrespective of whether connected to a payment. In order to determine whether such a controller or processor is offering goods or services to data subjects who are in the Union, it should be ascertained whether it is apparent that the controller or processor envisages offering services to data subjects in one or more Member States in the Union. Whereas the mere accessibility of the controller's, processor's or an intermediary's website in the Union, of an email address or of other contact details, or the use of a language generally used in the third country where the controller is established, is insufficient to ascertain such intention, factors such as the use of a language or a currency generally used in one or more Member States with the possibility of ordering goods and services in that other language, or the mentioning of customers or users who are in the Union, may make it apparent that the controller envisages offering goods or services to data subjects in the Union.

(24) The processing of personal data of data subjects who are in the Union by a controller or processor not established in the Union should also be subject to this Regulation when it is related to the monitoring of the behaviour of such data subjects in so far as their behaviour takes place within the Union. In order to determine whether a processing activity can be considered to monitor the behaviour of data subjects, it should be ascertained whether natural persons are tracked on the internet including potential subsequent use of personal data processing techniques which consist of profiling a natural person, particularly in order to take decisions concerning her or him or for analysing or predicting

él o de analizar o predecir sus preferencias personales, comportamientos y actitudes.

(25) Cuando sea de aplicación el Derecho de los Estados miembros en virtud del Derecho internacional público, el presente Reglamento debe aplicarse también a todo responsable del tratamiento no establecido en la Unión, como en una misión diplomática u oficina consular de un Estado miembro.

(26) Los principios de la protección de datos deben aplicarse a toda la información relativa a una persona física identificada o identificable. Los datos personales seudonimizados, que cabría atribuir a una persona física mediante la utilización de información adicional, deben considerarse información sobre una persona física identificable. Para determinar si una persona física es identificable, deben tenerse en cuenta todos los medios, como la singularización, que razonablemente pueda utilizar el responsable del tratamiento o cualquier otra persona para identificar directa o indirectamente a la persona física. Para determinar si existe una probabilidad razonable de que se utilicen medios para identificar a una persona física, deben tenerse en cuenta todos los factores objetivos, como los costes y el tiempo necesarios para la identificación, teniendo en cuenta tanto la tecnología disponible en el momento del tratamiento como los avances tecnológicos. Por lo tanto los principios de protección de datos no deben aplicarse a la información anónima, es decir información que no guarda relación con una persona física identificada o identificable, ni a los datos convertidos en anónimos de forma que el interesado no sea identificable, o deje de serlo. En consecuencia, el presente Reglamento no afecta al tratamiento de dicha información anónima, inclusive con fines estadísticos o de investigación.

her or his personal preferences, behaviours and attitudes.

(25) Where Member State law applies by virtue of public international law, this Regulation should also apply to a controller not established in the Union, such as in a Member State's diplomatic mission or consular post.

(26) The principles of data protection should apply to any information concerning an identified or identifiable natural person. Personal data which have undergone pseudonymisation, which could be attributed to a natural person by the use of additional information should be considered to be information on an identifiable natural person. To determine whether a natural person is identifiable, account should be taken of all the means reasonably likely to be used, such as singling out, either by the controller or by another person to identify the natural person directly or indirectly. To ascertain whether means are reasonably likely to be used to identify the natural person, account should be taken of all objective factors, such as the costs of and the amount of time required for identification, taking into consideration the available technology at the time of the processing and technological developments. The principles of data protection should therefore not apply to anonymous information, namely information which does not relate to an identified or identifiable natural person or to personal data rendered anonymous in such a manner that the data subject is not or no longer identifiable. This Regulation does not therefore concern the processing of such anonymous information, including for statistical or research purposes.

(27) El presente Reglamento no se aplica a la protección de datos personales de personas fallecidas. Los Estados miembros son competentes para establecer normas relativas al tratamiento de los datos personales de estas.

(28) La aplicación de la seudonimización a los datos personales puede reducir los riesgos para los interesados afectados y ayudar a los responsables y a los encargados del tratamiento a cumplir sus obligaciones de protección de los datos. Así pues, la introducción explícita de la «seudonimización» en el presente Reglamento no pretende excluir ninguna otra medida relativa a la protección de los datos.

(29) Para incentivar la aplicación de la seudonimización en el tratamiento de datos personales, debe ser posible establecer medidas de seudonimización, permitiendo al mismo tiempo un análisis general, por parte del mismo responsable del tratamiento, cuando este haya adoptado las medidas técnicas y organizativas necesarias para garantizar que se aplique el presente Reglamento al tratamiento correspondiente y que se mantenga por separado la información adicional para la atribución de los datos personales a una persona concreta. El responsable que trate datos personales debe indicar cuáles son sus personas autorizadas.

(30) Las personas físicas pueden ser asociadas a identificadores en línea facilitados por sus dispositivos, aplicaciones, herramientas y protocolos, como direcciones de los protocolos de internet, identificadores de sesión en forma de «cookies» u otros identificadores, como etiquetas de identificación por radiofrecuencia. Esto puede dejar huellas que, en particular, al ser combinadas con identificadores únicos y otros datos recibidos por los servidores, pueden ser utilizadas para

(27) This Regulation does not apply to the personal data of deceased persons. Member States may provide for rules regarding the processing of personal data of deceased persons.

(28) The application of pseudonymisation to personal data can reduce the risks to the data subjects concerned and help controllers and processors to meet their data-protection obligations. The explicit introduction of 'pseudonymisation' in this Regulation is not intended to preclude any other measures of data protection.

(29) In order to create incentives to apply pseudonymisation when processing personal data, measures of pseudonymisation should, whilst allowing general analysis, be possible within the same controller when that controller has taken technical and organisational measures necessary to ensure, for the processing concerned, that this Regulation is implemented, and that additional information for attributing the personal data to a specific data subject is kept separately. The controller processing the personal data should indicate the authorised persons within the same controller.

(30) Natural persons may be associated with online identifiers provided by their devices, applications, tools and protocols, such as internet protocol addresses, cookie identifiers or other identifiers such as radio frequency identification tags. This may leave traces which, in particular when combined with unique identifiers and other information received by the servers, may be used to create profiles of the natural persons and identify them.

elaborar perfiles de las personas físicas e identificarlas.

(31) Las autoridades públicas a las que se comunican datos personales en virtud de una obligación legal para el ejercicio de su misión oficial, como las autoridades fiscales y aduaneras, las unidades de investigación financiera, las autoridades administrativas independientes o los organismos de supervisión de los mercados financieros encargados de la reglamentación y supervisión de los mercados de valores, no deben considerarse destinatarios de datos si reciben datos personales que son necesarios para llevar a cabo una investigación concreta de interés general, de conformidad con el Derecho de la Unión o de los Estados miembros. Las solicitudes de comunicación de las autoridades públicas siempre deben presentarse por escrito, de forma motivada y con carácter ocasional, y no deben referirse a la totalidad de un fichero ni dar lugar a la interconexión de varios ficheros. El tratamiento de datos personales por dichas autoridades públicas debe ser conforme con la normativa en materia de protección de datos que sea de aplicación en función de la finalidad del tratamiento.

(32) El consentimiento debe darse mediante un acto afirmativo claro que refleje una manifestación de voluntad libre, específica, informada, e inequívoca del interesado de aceptar el tratamiento de datos de carácter personal que le conciernen, como una declaración por escrito, inclusive por medios electrónicos, o una declaración verbal. Esto podría incluir marcar una casilla de un sitio web en internet, escoger parámetros técnicos para la utilización de servicios de la sociedad de la información, o cualquier otra declaración o conducta que indique claramente en este contexto que el interesado acepta la propuesta de tratamiento de sus datos personales. Por

(31) Public authorities to which personal data are disclosed in accordance with a legal obligation for the exercise of their official mission, such as tax and customs authorities, financial investigation units, independent administrative authorities, or financial market authorities responsible for the regulation and supervision of securities markets should not be regarded as recipients if they receive personal data which are necessary to carry out a particular inquiry in the general interest, in accordance with Union or Member State law. The requests for disclosure sent by the public authorities should always be in writing, reasoned and occasional and should not concern the entirety of a filing system or lead to the interconnection of filing systems. The processing of personal data by those public authorities should comply with the applicable data-protection rules according to the purposes of the processing.

(32) Consent should be given by a clear affirmative act establishing a freely given, specific, informed and unambiguous indication of the data subject's agreement to the processing of personal data relating to him or her, such as by a written statement, including by electronic means, or an oral statement. This could include ticking a box when visiting an internet website, choosing technical settings for information society services or another statement or conduct which clearly indicates in this context the data subject's acceptance of the proposed processing of his or her personal data. Silence, pre-ticked boxes or inactivity should not therefore

tanto, el silencio, las casillas ya marcadas o la inacción no deben constituir consentimiento. El consentimiento debe darse para todas las actividades de tratamiento realizadas con el mismo o los mismos fines. Cuando el tratamiento tenga varios fines, debe darse el consentimiento para todos ellos. Si el consentimiento del interesado se ha de dar a raíz de una solicitud por medios electrónicos, la solicitud ha de ser clara, concisa y no perturbar innecesariamente el uso del servicio para el que se presta.

(33) Con frecuencia no es posible determinar totalmente la finalidad del tratamiento de los datos personales con fines de investigación científica en el momento de su recogida. Por consiguiente, debe permitirse a los interesados dar su consentimiento para determinados ámbitos de investigación científica que respeten las normas éticas reconocidas para la investigación científica. Los interesados deben tener la oportunidad de dar su consentimiento solamente para determinadas áreas de investigación o partes de proyectos de investigación, en la medida en que lo permita la finalidad perseguida.

(34) Debe entenderse por datos genéticos los datos personales relacionados con características genéticas, heredadas o adquiridas, de una persona física, provenientes del análisis de una muestra biológica de la persona física en cuestión, en particular a través de un análisis cromosómico, un análisis del ácido desoxirribonucleico (ADN) o del ácido ribonucleico (ARN), o del análisis de cualquier otro elemento que permita obtener información equivalente.

(35) Entre los datos personales relativos a la salud se deben incluir todos los datos relativos al estado de salud del interesado que dan información sobre su estado de salud física o mental pasado, presente o futuro. Se incluye la información sobre la persona física

constitute consent. Consent should cover all processing activities carried out for the same purpose or purposes. When the processing has multiple purposes, consent should be given for all of them. If the data subject's consent is to be given following a request by electronic means, the request must be clear, concise and not unnecessarily disruptive to the use of the service for which it is provided.

(33) It is often not possible to fully identify the purpose of personal data processing for scientific research purposes at the time of data collection. Therefore, data subjects should be allowed to give their consent to certain areas of scientific research when in keeping with recognised ethical standards for scientific research. Data subjects should have the opportunity to give their consent only to certain areas of research or parts of research projects to the extent allowed by the intended purpose.

(34) Genetic data should be defined as personal data relating to the inherited or acquired genetic characteristics of a natural person which result from the analysis of a biological sample from the natural person in question, in particular chromosomal, deoxyribonucleic acid (DNA) or ribonucleic acid (RNA) analysis, or from the analysis of another element enabling equivalent information to be obtained.

(35) Personal data concerning health should include all data pertaining to the health status of a data subject which reveal information relating to the past, current or future physical or mental health status of the data subject. This includes information

recogida con ocasión de su inscripción a efectos de asistencia sanitaria, o con ocasión de la prestación de tal asistencia, de conformidad con la Directiva 2011/24/UE del Parlamento Europeo y del Consejo (9); todo número, símbolo o dato asignado a una persona física que la identifique de manera unívoca a efectos sanitarios; la información obtenida de pruebas o exámenes de una parte del cuerpo o de una sustancia corporal, incluida la procedente de datos genéticos y muestras biológicas, y cualquier información relativa, a título de ejemplo, a una enfermedad, una discapacidad, el riesgo de padecer enfermedades, el historial médico, el tratamiento clínico o el estado fisiológico o biomédico del interesado, independientemente de su fuente, por ejemplo un médico u otro profesional sanitario, un hospital, un dispositivo médico, o una prueba diagnóstica in vitro.

(36) El establecimiento principal de un responsable del tratamiento en la Unión debe ser el lugar de su administración central en la Unión, salvo que las decisiones relativas a los fines y medios del tratamiento de los datos personales se tomen en otro establecimiento del responsable en la Unión, en cuyo caso, ese otro establecimiento debe considerarse el establecimiento principal. El establecimiento principal de un responsable en la Unión debe determinarse en función de criterios objetivos y debe implicar el ejercicio efectivo y real de actividades de gestión que determinen las principales decisiones en cuanto a los fines y medios del tratamiento a través de modalidades estables. Dicho criterio no debe depender de si el tratamiento de los datos personales se realiza en dicho lugar. La presencia y utilización de medios técnicos y tecnologías para el tratamiento de datos personales o las

about the natural person collected in the course of the registration for, or the provision of, health care services as referred to in Directive 2011/24/EU of the European Parliament and of the Council (9) to that natural person; a number, symbol or particular assigned to a natural person to uniquely identify the natural person for health purposes; information derived from the testing or examination of a body part or bodily substance, including from genetic data and biological samples; and any information on, for example, a disease, disability, disease risk, medical history, clinical treatment or the physiological or biomedical state of the data subject independent of its source, for example from a physician or other health professional, a hospital, a medical device or an in vitro diagnostic test.

(36) The main establishment of a controller in the Union should be the place of its central administration in the Union, unless the decisions on the purposes and means of the processing of personal data are taken in another establishment of the controller in the Union, in which case that other establishment should be considered to be the main establishment. The main establishment of a controller in the Union should be determined according to objective criteria and should imply the effective and real exercise of management activities determining the main decisions as to the purposes and means of processing through stable arrangements. That criterion should not depend on whether the processing of personal data is carried out at that location. The presence and use of technical means and technologies for processing personal data or processing activities do not, in themselves,

actividades de tratamiento no constituyen, en sí mismas, establecimiento principal y no son, por lo tanto, criterios determinantes de un establecimiento principal. El establecimiento principal del encargado del tratamiento debe ser el lugar de su administración central en la Unión o, si careciese de administración central en la Unión, el lugar en el que se llevan a cabo las principales actividades de tratamiento en la Unión. En los casos que impliquen tanto al responsable como al encargado, la autoridad de control principal competente debe seguir siendo la autoridad de control del Estado miembro en el que el responsable tenga su establecimiento principal, pero la autoridad de control del encargado debe considerarse autoridad de control interesada y participar en el procedimiento de cooperación establecido en el presente Reglamento. En cualquier caso, las autoridades de control del Estado miembro o los Estados miembros en los que el encargado tenga uno o varios establecimientos no deben considerarse autoridades de control interesadas cuando el proyecto de decisión afecte únicamente al responsable. Cuando el tratamiento lo realice un grupo empresarial, el establecimiento principal de la empresa que ejerce el control debe considerarse el establecimiento principal del grupo empresarial, excepto cuando los fines y medios del tratamiento los determine otra empresa.

(37) Un grupo empresarial debe estar constituido por una empresa que ejerce el control y las empresas controladas, debiendo ser la empresa que ejerce el control la que pueda ejercer una influencia dominante en las otras empresas, por razones, por ejemplo, de propiedad, participación financiera, normas por las que se rige, o poder de hacer cumplir las normas de protección de datos personales. Una empresa que

constitute a main establishment and are therefore not determining criteria for a main establishment. The main establishment of the processor should be the place of its central administration in the Union or, if it has no central administration in the Union, the place where the main processing activities take place in the Union. In cases involving both the controller and the processor, the competent lead supervisory authority should remain the supervisory authority of the Member State where the controller has its main establishment, but the supervisory authority of the processor should be considered to be a supervisory authority concerned and that supervisory authority should participate in the cooperation procedure provided for by this Regulation. In any case, the supervisory authorities of the Member State or Member States where the processor has one or more establishments should not be considered to be supervisory authorities concerned where the draft decision concerns only the controller. Where the processing is carried out by a group of undertakings, the main establishment of the controlling undertaking should be considered to be the main establishment of the group of undertakings, except where the purposes and means of processing are determined by another undertaking.

(37) A group of undertakings should cover a controlling undertaking and its controlled undertakings, whereby the controlling undertaking should be the undertaking which can exert a dominant influence over the other undertakings by virtue, for example, of ownership, financial participation or the rules which govern it or the power to have personal data protection rules implemented. An undertaking which

controle el tratamiento de los datos personales en las empresas que estén afiliadas debe considerarse, junto con dichas empresas, «grupo empresarial».

(38) Los niños merecen una protección específica de sus datos personales, ya que pueden ser menos conscientes de los riesgos, consecuencias, garantías y derechos concernientes al tratamiento de datos personales. Dicha protección específica debe aplicarse en particular, a la utilización de datos personales de niños con fines de mercadotecnia o elaboración de perfiles de personalidad o de usuario, y a la obtención de datos personales relativos a niños cuando se utilicen servicios ofrecidos directamente a un niño. El consentimiento del titular de la patria potestad o tutela no debe ser necesario en el contexto de los servicios preventivos o de asesoramiento ofrecidos directamente a los niños.

(39) Todo tratamiento de datos personales debe ser lícito y leal. Para las personas físicas debe quedar totalmente claro que se están recogiendo, utilizando, consultando o tratando de otra manera datos personales que les conciernen, así como la medida en que dichos datos son o serán tratados. El principio de transparencia exige que toda información y comunicación relativa al tratamiento de dichos datos sea fácilmente accesible y fácil de entender, y que se utilice un lenguaje sencillo y claro. Dicho principio se refiere en particular a la información de los interesados sobre la identidad del responsable del tratamiento y los fines del mismo y a la información añadida para garantizar un tratamiento leal y transparente con respecto a las personas físicas afectadas y a su derecho a obtener confirmación y comunicación de los datos personales que les conciernan que sean objeto de tratamiento. Las personas físicas deben tener conocimiento de los riesgos, las normas,

controls the processing of personal data in undertakings affiliated to it should be regarded, together with those undertakings, as a group of undertakings.

(38) Children merit specific protection with regard to their personal data, as they may be less aware of the risks, consequences and safeguards concerned and their rights in relation to the processing of personal data. Such specific protection should, in particular, apply to the use of personal data of children for the purposes of marketing or creating personality or user profiles and the collection of personal data with regard to children when using services offered directly to a child. The consent of the holder of parental responsibility should not be necessary in the context of preventive or counselling services offered directly to a child.

(39) Any processing of personal data should be lawful and fair. It should be transparent to natural persons that personal data concerning them are collected, used, consulted or otherwise processed and to what extent the personal data are or will be processed. The principle of transparency requires that any information and communication relating to the processing of those personal data be easily accessible and easy to understand, and that clear and plain language be used. That principle concerns, in particular, information to the data subjects on the identity of the controller and the purposes of the processing and further information to ensure fair and transparent processing in respect of the natural persons concerned and their right to obtain confirmation and communication of personal data concerning them which are being processed. Natural persons should be made aware of risks, rules, safeguards and rights in relation to the

las salvaguardias y los derechos relativos al tratamiento de datos personales así como del modo de hacer valer sus derechos en relación con el tratamiento. En particular, los fines específicos del tratamiento de los datos personales deben ser explícitos y legítimos, y deben determinarse en el momento de su recogida. Los datos personales deben ser adecuados, pertinentes y limitados a lo necesario para los fines para los que sean tratados. Ello requiere, en particular, garantizar que se limite a un mínimo estricto su plazo de conservación. Los datos personales solo deben tratarse si la finalidad del tratamiento no pudiera lograrse razonablemente por otros medios. Para garantizar que los datos personales no se conservan más tiempo del necesario, el responsable del tratamiento ha de establecer plazos para su supresión o revisión periódica. Deben tomarse todas las medidas razonables para garantizar que se rectifiquen o supriman los datos personales que sean inexactos. Los datos personales deben tratarse de un modo que garantice una seguridad y confidencialidad adecuadas de los datos personales, inclusive para impedir el acceso o uso no autorizados de dichos datos y del equipo utilizado en el tratamiento.

(40) Para que el tratamiento sea lícito, los datos personales deben ser tratados con el consentimiento del interesado o sobre alguna otra base legítima establecida conforme a Derecho, ya sea en el presente Reglamento o en virtud de otro Derecho de la Unión o de los Estados miembros a que se refiera el presente Reglamento, incluida la necesidad de cumplir la obligación legal aplicable al responsable del tratamiento o la necesidad de ejecutar un contrato en el que sea parte el interesado o con objeto de tomar medidas a instancia del interesado con anterioridad a la conclusión de un contrato.

processing of personal data and how to exercise their rights in relation to such processing. In particular, the specific purposes for which personal data are processed should be explicit and legitimate and determined at the time of the collection of the personal data. The personal data should be adequate, relevant and limited to what is necessary for the purposes for which they are processed. This requires, in particular, ensuring that the period for which the personal data are stored is limited to a strict minimum. Personal data should be processed only if the purpose of the processing could not reasonably be fulfilled by other means. In order to ensure that the personal data are not kept longer than necessary, time limits should be established by the controller for erasure or for a periodic review. Every reasonable step should be taken to ensure that personal data which are inaccurate are rectified or deleted. Personal data should be processed in a manner that ensures appropriate security and confidentiality of the personal data, including for preventing unauthorised access to or use of personal data and the equipment used for the processing.

(40) In order for processing to be lawful, personal data should be processed on the basis of the consent of the data subject concerned or some other legitimate basis, laid down by law, either in this Regulation or in other Union or Member State law as referred to in this Regulation, including the necessity for compliance with the legal obligation to which the controller is subject or the necessity for the performance of a contract to which the data subject is party or in order to take steps at the request of the data subject prior to entering into a contract.

(41) Cuando el presente Reglamento hace referencia a una base jurídica o a una medida legislativa, esto no exige necesariamente un acto legislativo adoptado por un parlamento, sin perjuicio de los requisitos de conformidad del ordenamiento constitucional del Estado miembro de que se trate. Sin embargo, dicha base jurídica o medida legislativa debe ser clara y precisa y su aplicación previsible para sus destinatarios, de conformidad con la jurisprudencia del Tribunal de Justicia de la Unión Europea (en lo sucesivo, «Tribunal de Justicia») y del Tribunal Europeo de Derechos Humanos.

(42) Cuando el tratamiento se lleva a cabo con el consentimiento del interesado, el responsable del tratamiento debe ser capaz de demostrar que aquel ha dado su consentimiento a la operación de tratamiento. En particular en el contexto de una declaración por escrito efectuada sobre otro asunto, debe haber garantías de que el interesado es consciente del hecho de que da su consentimiento y de la medida en que lo hace. De acuerdo con la Directiva 93/13/CEE del Consejo (10), debe proporcionarse un modelo de declaración de consentimiento elaborado previamente por el responsable del tratamiento con una formulación inteligible y de fácil acceso que emplee un lenguaje claro y sencillo, y que no contenga cláusulas abusivas. Para que el consentimiento sea informado, el interesado debe conocer como mínimo la identidad del responsable del tratamiento y los fines del tratamiento a los cuales están destinados los datos personales. El consentimiento no debe considerarse libremente prestado cuando el interesado no goza de verdadera o libre elección o no puede denegar o retirar su consentimiento sin sufrir perjuicio alguno.

(41) Where this Regulation refers to a legal basis or a legislative measure, this does not necessarily require a legislative act adopted by a parliament, without prejudice to requirements pursuant to the constitutional order of the Member State concerned. However, such a legal basis or legislative measure should be clear and precise and its application should be foreseeable to persons subject to it, in accordance with the case-law of the Court of Justice of the European Union (the 'Court of Justice') and the European Court of Human Rights.

(42) Where processing is based on the data subject's consent, the controller should be able to demonstrate that the data subject has given consent to the processing operation. In particular in the context of a written declaration on another matter, safeguards should ensure that the data subject is aware of the fact that and the extent to which consent is given. In accordance with Council Directive 93/13/EEC (10) a declaration of consent pre-formulated by the controller should be provided in an intelligible and easily accessible form, using clear and plain language and it should not contain unfair terms. For consent to be informed, the data subject should be aware at least of the identity of the controller and the purposes of the processing for which the personal data are intended. Consent should not be regarded as freely given if the data subject has no genuine or free choice or is unable to refuse or withdraw consent without detriment.

(43) Para garantizar que el consentimiento se haya dado libremente, este no debe constituir un fundamento jurídico válido para el tratamiento de datos de carácter personal en un caso concreto en el que exista un desequilibro claro entre el interesado y el responsable del tratamiento, en particular cuando dicho responsable sea una autoridad pública y sea por lo tanto improbable que el consentimiento se haya dado libremente en todas las circunstancias de dicha situación particular. Se presume que el consentimiento no se ha dado libremente cuando no permita autorizar por separado las distintas operaciones de tratamiento de datos personales pese a ser adecuado en el caso concreto, o cuando el cumplimiento de un contrato, incluida la prestación de un servicio, sea dependiente del consentimiento, aún cuando este no sea necesario para dicho cumplimiento.

(44) El tratamiento debe ser lícito cuando sea necesario en el contexto de un contrato o de la intención de concluir un contrato.

(45) Cuando se realice en cumplimiento de una obligación legal aplicable al responsable del tratamiento, o si es necesario para el cumplimiento de una misión realizada en interés público o en el ejercicio de poderes públicos, el tratamiento debe tener una base en el Derecho de la Unión o de los Estados miembros. El presente Reglamento no requiere que cada tratamiento individual se rija por una norma específica. Una norma puede ser suficiente como base para varias operaciones de tratamiento de datos basadas en una obligación legal aplicable al responsable del tratamiento, o si el tratamiento es necesario para el cumplimiento de una misión realizada en interés público o en el ejercicio de poderes públicos. La finalidad del tratamiento también debe determinase en virtud del Derecho de la Unión o de

(43) In order to ensure that consent is freely given, consent should not provide a valid legal ground for the processing of personal data in a specific case where there is a clear imbalance between the data subject and the controller, in particular where the controller is a public authority and it is therefore unlikely that consent was freely given in all the circumstances of that specific situation. Consent is presumed not to be freely given if it does not allow separate consent to be given to different personal data processing operations despite it being appropriate in the individual case, or if the performance of a contract, including the provision of a service, is dependent on the consent despite such consent not being necessary for such performance.

(44) Processing should be lawful where it is necessary in the context of a contract or the intention to enter into a contract.

(45) Where processing is carried out in accordance with a legal obligation to which the controller is subject or where processing is necessary for the performance of a task carried out in the public interest or in the exercise of official authority, the processing should have a basis in Union or Member State law. This Regulation does not require a specific law for each individual processing. A law as a basis for several processing operations based on a legal obligation to which the controller is subject or where processing is necessary for the performance of a task carried out in the public interest or in the exercise of an official authority may be sufficient. It should also be for Union or Member State law to determine the purpose of processing. Furthermore, that law

los Estados miembros. Además, dicha norma podría especificar las condiciones generales del presente Reglamento por las que se rige la licitud del tratamiento de datos personales, establecer especificaciones para la determinación del responsable del tratamiento, el tipo de datos personales objeto de tratamiento, los interesados afectados, las entidades a las que se pueden comunicar los datos personales, las limitaciones de la finalidad, el plazo de conservación de los datos y otras medidas para garantizar un tratamiento lícito y leal. Debe determinarse también en virtud del Derecho de la Unión o de los Estados miembros si el responsable del tratamiento que realiza una misión en interés público o en el ejercicio de poderes públicos debe ser una autoridad pública u otra persona física o jurídica de Derecho público, o, cuando se haga en interés público, incluidos fines sanitarios como la salud pública, la protección social y la gestión de los servicios de sanidad, de Derecho privado, como una asociación profesional.

(46) El tratamiento de datos personales también debe considerarse lícito cuando sea necesario para proteger un interés esencial para la vida del interesado o la de otra persona física. En principio, los datos personales únicamente deben tratarse sobre la base del interés vital de otra persona física cuando el tratamiento no pueda basarse manifiestamente en una base jurídica diferente. Ciertos tipos de tratamiento pueden responder tanto a motivos importantes de interés público como a los intereses vitales del interesado, como por ejemplo cuando el tratamiento es necesario para fines humanitarios, incluido el control de epidemias y su propagación, o en situaciones de emergencia humanitaria, sobre todo en caso de catástrofes naturales o de origen humano.

could specify the general conditions of this Regulation governing the lawfulness of personal data processing, establish specifications for determining the controller, the type of personal data which are subject to the processing, the data subjects concerned, the entities to which the personal data may be disclosed, the purpose limitations, the storage period and other measures to ensure lawful and fair processing. It should also be for Union or Member State law to determine whether the controller performing a task carried out in the public interest or in the exercise of official authority should be a public authority or another natural or legal person governed by public law, or, where it is in the public interest to do so, including for health purposes such as public health and social protection and the management of health care services, by private law, such as a professional association.

(46) The processing of personal data should also be regarded to be lawful where it is necessary to protect an interest which is essential for the life of the data subject or that of another natural person. Processing of personal data based on the vital interest of another natural person should in principle take place only where the processing cannot be manifestly based on another legal basis. Some types of processing may serve both important grounds of public interest and the vital interests of the data subject as for instance when processing is necessary for humanitarian purposes, including for monitoring epidemics and their spread or in situations of humanitarian emergencies, in particular in situations of natural and man-made disasters.

(47) El interés legítimo de un responsable del tratamiento, incluso el de un responsable al que se puedan comunicar datos personales, o de un tercero, puede constituir una base jurídica para el tratamiento, siempre que no prevalezcan los intereses o los derechos y libertades del interesado, teniendo en cuenta las expectativas razonables de los interesados basadas en su relación con el responsable. Tal interés legítimo podría darse, por ejemplo, cuando existe una relación pertinente y apropiada entre el interesado y el responsable, como en situaciones en las que el interesado es cliente o está al servicio del responsable. En cualquier caso, la existencia de un interés legítimo requeriría una evaluación meticulosa, inclusive si un interesado puede prever de forma razonable, en el momento y en el contexto de la recogida de datos personales, que pueda producirse el tratamiento con tal fin. En particular, los intereses y los derechos fundamentales del interesado podrían prevalecer sobre los intereses del responsable del tratamiento cuando se proceda al tratamiento de los datos personales en circunstancias en las que el interesado no espere razonablemente que se realice un tratamiento ulterior. Dado que corresponde al legislador establecer por ley la base jurídica para el tratamiento de datos personales por parte de las autoridades públicas, esta base jurídica no debe aplicarse al tratamiento efectuado por las autoridades públicas en el ejercicio de sus funciones. El tratamiento de datos de carácter personal estrictamente necesario para la prevención del fraude constituye también un interés legítimo del responsable del tratamiento de que se trate. El tratamiento de datos personales con fines de mercadotecnia directa puede considerarse realizado por interés legítimo.

(47) The legitimate interests of a controller, including those of a controller to which the personal data may be disclosed, or of a third party, may provide a legal basis for processing, provided that the interests or the fundamental rights and freedoms of the data subject are not overriding, taking into consideration the reasonable expectations of data subjects based on their relationship with the controller. Such legitimate interest could exist for example where there is a relevant and appropriate relationship between the data subject and the controller in situations such as where the data subject is a client or in the service of the controller. At any rate the existence of a legitimate interest would need careful assessment including whether a data subject can reasonably expect at the time and in the context of the collection of the personal data that processing for that purpose may take place. The interests and fundamental rights of the data subject could in particular override the interest of the data controller where personal data are processed in circumstances where data subjects do not reasonably expect further processing. Given that it is for the legislator to provide by law for the legal basis for public authorities to process personal data, that legal basis should not apply to the processing by public authorities in the performance of their tasks. The processing of personal data strictly necessary for the purposes of preventing fraud also constitutes a legitimate interest of the data controller concerned. The processing of personal data for direct marketing purposes may be regarded as carried out for a legitimate interest.

(48) Los responsables que forman parte de un grupo empresarial o de entidades afiliadas a un organismo central pueden tener un interés legítimo en transmitir datos personales dentro del grupo empresarial para fines administrativos internos, incluido el tratamiento de datos personales de clientes o empleados. Los principios generales aplicables a la transmisión de datos personales, dentro de un grupo empresarial, a una empresa situada en un país tercero no se ven afectados.

(49) Constituye un interés legítimo del responsable del tratamiento interesado el tratamiento de datos personales en la medida estrictamente necesaria y proporcionada para garantizar la seguridad de la red y de la información, es decir la capacidad de una red o de un sistema información de resistir, en un nivel determinado de confianza, a acontecimientos accidentales o acciones ilícitas o malintencionadas que comprometan la disponibilidad, autenticidad, integridad y confidencialidad de los datos personales conservados o transmitidos, y la seguridad de los servicios conexos ofrecidos por, o accesibles a través de, estos sistemas y redes, por parte de autoridades públicas, equipos de respuesta a emergencias informáticas (CERT), equipos de respuesta a incidentes de seguridad informática (CSIRT), proveedores de redes y servicios de comunicaciones electrónicas y proveedores de tecnologías y servicios de seguridad. En lo anterior cabría incluir, por ejemplo, impedir el acceso no autorizado a las redes de comunicaciones electrónicas y la distribución malintencionada de códigos, y frenar ataques de «denegación de servicio» y daños a los sistemas informáticos y de comunicaciones electrónicas.

(50) El tratamiento de datos personales con fines distintos de aquellos para los

(48) Controllers that are part of a group of undertakings or institutions affiliated to a central body may have a legitimate interest in transmitting personal data within the group of undertakings for internal administrative purposes, including the processing of clients' or employees' personal data. The general principles for the transfer of personal data, within a group of undertakings, to an undertaking located in a third country remain unaffected.

(49) The processing of personal data to the extent strictly necessary and proportionate for the purposes of ensuring network and information security, i.e. the ability of a network or an information system to resist, at a given level of confidence, accidental events or unlawful or malicious actions that compromise the availability, authenticity, integrity and confidentiality of stored or transmitted personal data, and the security of the related services offered by, or accessible via, those networks and systems, by public authorities, by computer emergency response teams (CERTs), computer security incident response teams (CSIRTs), by providers of electronic communications networks and services and by providers of security technologies and services, constitutes a legitimate interest of the data controller concerned. This could, for example, include preventing unauthorised access to electronic communications networks and malicious code distribution and stopping 'denial of service' attacks and damage to computer and electronic communication systems.

(50) The processing of personal data for purposes other than those for which

que hayan sido recogidos inicialmente solo debe permitirse cuando sea compatible con los fines de su recogida inicial. En tal caso, no se requiere una base jurídica aparte, distinta de la que permitió la obtención de los datos personales. Si el tratamiento es necesario para el cumplimiento de una misión realizada en interés público o en el ejercicio de poderes públicos conferidos al responsable del tratamiento, los cometidos y los fines para los cuales se debe considerar compatible y lícito el tratamiento ulterior se pueden determinar y especificar de acuerdo con el Derecho de la Unión o de los Estados miembros. Las operaciones de tratamiento ulterior con fines de archivo en interés público, fines de investigación científica e histórica o fines estadísticos deben considerarse operaciones de tratamiento lícitas compatibles. La base jurídica establecida en el Derecho de la Unión o de los Estados miembros para el tratamiento de datos personales también puede servir de base jurídica para el tratamiento ulterior. Con objeto de determinar si el fin del tratamiento ulterior es compatible con el fin de la recogida inicial de los datos personales, el responsable del tratamiento, tras haber cumplido todos los requisitos para la licitud del tratamiento original, debe tener en cuenta, entre otras cosas, cualquier relación entre estos fines y los fines del tratamiento ulterior previsto, el contexto en el que se recogieron los datos, en particular las expectativas razonables del interesado basadas en su relación con el responsable en cuanto a su uso posterior, la naturaleza de los datos personales, las consecuencias para los interesados del tratamiento ulterior previsto y la existencia de garantías adecuadas tanto en la operación de tratamiento original como en la operación de tratamiento ulterior prevista. Si el interesado dio su consentimiento o el tratamiento se basa

the personal data were initially collected should be allowed only where the processing is compatible with the purposes for which the personal data were initially collected. In such a case, no legal basis separate from that which allowed the collection of the personal data is required. If the processing is necessary for the performance of a task carried out in the public interest or in the exercise of official authority vested in the controller, Union or Member State law may determine and specify the tasks and purposes for which the further processing should be regarded as compatible and lawful. Further processing for archiving purposes in the public interest, scientific or historical research purposes or statistical purposes should be considered to be compatible lawful processing operations. The legal basis provided by Union or Member State law for the processing of personal data may also provide a legal basis for further processing. In order to ascertain whether a purpose of further processing is compatible with the purpose for which the personal data are initially collected, the controller, after having met all the requirements for the lawfulness of the original processing, should take into account, inter alia: any link between those purposes and the purposes of the intended further processing; the context in which the personal data have been collected, in particular the reasonable expectations of data subjects based on their relationship with the controller as to their further use; the nature of the personal data; the consequences of the intended further processing for data subjects; and the existence of appropriate safeguards in both the original and intended further processing operations. Where the data subject has given consent or the processing is based on Union or Member State law

en el Derecho de la Unión o de los Estados miembros que constituye una medida necesaria y proporcionada en una sociedad democrática para salvaguardar, en particular, objetivos importantes de interés público general, el responsable debe estar facultado para el tratamiento ulterior de los datos personales, con independencia de la compatibilidad de los fines. En todo caso, se debe garantizar la aplicación de los principios establecidos por el presente Reglamento y, en particular, la información del interesado sobre esos otros fines y sobre sus derechos, incluido el derecho de oposición. La indicación de posibles actos delictivos o amenazas para la seguridad pública por parte del responsable del tratamiento y la transmisión a la autoridad competente de los datos respecto de casos individuales o casos diversos relacionados con un mismo acto delictivo o amenaza para la seguridad pública debe considerarse que es en interés legítimo del responsable. Con todo, debe prohibirse esa transmisión en interés legítimo del responsable o el tratamiento ulterior de datos personales si el tratamiento no es compatible con una obligación de secreto legal, profesional o vinculante por otro concepto.

(51) Especial protección merecen los datos personales que, por su naturaleza, son particularmente sensibles en relación con los derechos y las libertades fundamentales, ya que el contexto de su tratamiento podría entrañar importantes riesgos para los derechos y las libertades fundamentales. Debe incluirse entre tales datos personales los datos de carácter personal que revelen el origen racial o étnico, entendiéndose que el uso del término «origen racial» en el presente Reglamento no implica la aceptación por parte de la Unión de teorías que traten de determinar la existencia de razas humanas separadas.

which constitutes a necessary and proportionate measure in a democratic society to safeguard, in particular, important objectives of general public interest, the controller should be allowed to further process the personal data irrespective of the compatibility of the purposes. In any case, the application of the principles set out in this Regulation and in particular the information of the data subject on those other purposes and on his or her rights including the right to object, should be ensured. Indicating possible criminal acts or threats to public security by the controller and transmitting the relevant personal data in individual cases or in several cases relating to the same criminal act or threats to public security to a competent authority should be regarded as being in the legitimate interest pursued by the controller. However, such transmission in the legitimate interest of the controller or further processing of personal data should be prohibited if the processing is not compatible with a legal, professional or other binding obligation of secrecy.

(51) Personal data which are, by their nature, particularly sensitive in relation to fundamental rights and freedoms merit specific protection as the context of their processing could create significant risks to the fundamental rights and freedoms. Those personal data should include personal data revealing racial or ethnic origin, whereby the use of the term 'racial origin' in this Regulation does not imply an acceptance by the Union of theories which attempt to determine the existence of separate human races. The processing of photographs should not systematically

El tratamiento de fotografías no debe considerarse sistemáticamente tratamiento de categorías especiales de datos personales, pues únicamente se encuentran comprendidas en la definición de datos biométricos cuando el hecho de ser tratadas con medios técnicos específicos permita la identificación o la autenticación unívocas de una persona física. Tales datos personales no deben ser tratados, a menos que se permita su tratamiento en situaciones específicas contempladas en el presente Reglamento, habida cuenta de que los Estados miembros pueden establecer disposiciones específicas sobre protección de datos con objeto de adaptar la aplicación de las normas del presente Reglamento al cumplimiento de una obligación legal o al cumplimiento de una misión realizada en interés público o en el ejercicio de poderes públicos conferidos al responsable del tratamiento. Además de los requisitos específicos de ese tratamiento, deben aplicarse los principios generales y otras normas del presente Reglamento, sobre todo en lo que se refiere a las condiciones de licitud del tratamiento. Se deben establecer de forma explícita excepciones a la prohibición general de tratamiento de esas categorías especiales de datos personales, entre otras cosas cuando el interesado dé su consentimiento explícito o tratándose de necesidades específicas, en particular cuando el tratamiento sea realizado en el marco de actividades legítimas por determinadas asociaciones o fundaciones cuyo objetivo sea permitir el ejercicio de las libertades fundamentales.

(52) Asimismo deben autorizarse excepciones a la prohibición de tratar categorías especiales de datos personales cuando lo establezca el Derecho de la Unión o de los Estados miembros y siempre que se den las garantías apropiadas, a fin de proteger

be considered to be processing of special categories of personal data as they are covered by the definition of biometric data only when processed through a specific technical means allowing the unique identification or authentication of a natural person. Such personal data should not be processed, unless processing is allowed in specific cases set out in this Regulation, taking into account that Member States law may lay down specific provisions on data protection in order to adapt the application of the rules of this Regulation for compliance with a legal obligation or for the performance of a task carried out in the public interest or in the exercise of official authority vested in the controller. In addition to the specific requirements for such processing, the general principles and other rules of this Regulation should apply, in particular as regards the conditions for lawful processing. Derogations from the general prohibition for processing such special categories of personal data should be explicitly provided, inter alia, where the data subject gives his or her explicit consent or in respect of specific needs in particular where the processing is carried out in the course of legitimate activities by certain associations or foundations the purpose of which is to permit the exercise of fundamental freedoms.

(52) Derogating from the prohibition on processing special categories of personal data should also be allowed when provided for in Union or Member State law and subject to suitable safeguards, so as to protect personal data and other fundamental rights,

datos personales y otros derechos fundamentales, cuando sea en interés público, en particular el tratamiento de datos personales en el ámbito de la legislación laboral, la legislación sobre protección social, incluidas las pensiones y con fines de seguridad, supervisión y alerta sanitaria, la prevención o control de enfermedades transmisibles y otras amenazas graves para la salud. Tal excepción es posible para fines en el ámbito de la salud, incluidas la sanidad pública y la gestión de los servicios de asistencia sanitaria, especialmente con el fin de garantizar la calidad y la rentabilidad de los procedimientos utilizados para resolver las reclamaciones de prestaciones y de servicios en el régimen del seguro de enfermedad, o con fines de archivo en interés público, fines de investigación científica e histórica o fines estadísticos. Debe autorizarse asimismo a título excepcional el tratamiento de dichos datos personales cuando sea necesario para la formulación, el ejercicio o la defensa de reclamaciones, ya sea por un procedimiento judicial o un procedimiento administrativo o extrajudicial.

(53) Las categorías especiales de datos personales que merecen mayor protección únicamente deben tratarse con fines relacionados con la salud cuando sea necesario para lograr dichos fines en beneficio de las personas físicas y de la sociedad en su conjunto, en particular en el contexto de la gestión de los servicios y sistemas sanitarios o de protección social, incluido el tratamiento de esos datos por las autoridades gestoras de la sanidad y las autoridades sanitarias nacionales centrales con fines de control de calidad, gestión de la información y supervisión general nacional y local del sistema sanitario o de protección social, y garantía de la continuidad de la asistencia sanitaria o la protección social

where it is in the public interest to do so, in particular processing personal data in the field of employment law, social protection law including pensions and for health security, monitoring and alert purposes, the prevention or control of communicable diseases and other serious threats to health. Such a derogation may be made for health purposes, including public health and the management of health-care services, especially in order to ensure the quality and cost-effectiveness of the procedures used for settling claims for benefits and services in the health insurance system, or for archiving purposes in the public interest, scientific or historical research purposes or statistical purposes. A derogation should also allow the processing of such personal data where necessary for the establishment, exercise or defence of legal claims, whether in court proceedings or in an administrative or out-of-court procedure.

(53) Special categories of personal data which merit higher protection should be processed for health-related purposes only where necessary to achieve those purposes for the benefit of natural persons and society as a whole, in particular in the context of the management of health or social care services and systems, including processing by the management and central national health authorities of such data for the purpose of quality control, management information and the general national and local supervision of the health or social care system, and ensuring continuity of health or social care and cross-border healthcare or health security, monitoring and alert purposes, or for

y la asistencia sanitaria transfronteriza o fines de seguridad, supervisión y alerta sanitaria, o con fines de archivo en interés público, fines de investigación científica o histórica o fines estadísticos, basados en el Derecho de la Unión o del Estado miembro que ha de cumplir un objetivo de interés público, así como para estudios realizados en interés público en el ámbito de la salud pública. Por tanto, el presente Reglamento debe establecer condiciones armonizadas para el tratamiento de categorías especiales de datos personales relativos a la salud, en relación con necesidades específicas, en particular si el tratamiento de esos datos lo realizan, con fines relacionados con la salud, personas sujetas a la obligación legal de secreto profesional. El Derecho de la Unión o de los Estados miembros debe establecer medidas específicas y adecuadas para proteger los derechos fundamentales y los datos personales de las personas físicas. Los Estados miembros deben estar facultados para mantener o introducir otras condiciones, incluidas limitaciones, con respecto al tratamiento de datos genéticos, datos biométricos o datos relativos a la salud. No obstante, esto no ha de suponer un obstáculo para la libre circulación de datos personales dentro de la Unión cuando tales condiciones se apliquen al tratamiento transfronterizo de esos datos.

(54) El tratamiento de categorías especiales de datos personales, sin el consentimiento del interesado, puede ser necesario por razones de interés público en el ámbito de la salud pública. Ese tratamiento debe estar sujeto a medidas adecuadas y específicas a fin de proteger los derechos y libertades de las personas físicas. En ese contexto, «salud pública» debe interpretarse en la definición del Reglamento (CE) n.o 1338/2008 del Parlamento Europeo y del Consejo (11), es decir, todos los

archiving purposes in the public interest, scientific or historical research purposes or statistical purposes, based on Union or Member State law which has to meet an objective of public interest, as well as for studies conducted in the public interest in the area of public health. Therefore, this Regulation should provide for harmonised conditions for the processing of special categories of personal data concerning health, in respect of specific needs, in particular where the processing of such data is carried out for certain health-related purposes by persons subject to a legal obligation of professional secrecy. Union or Member State law should provide for specific and suitable measures so as to protect the fundamental rights and the personal data of natural persons. Member States should be allowed to maintain or introduce further conditions, including limitations, with regard to the processing of genetic data, biometric data or data concerning health. However, this should not hamper the free flow of personal data within the Union when those conditions apply to cross-border processing of such data.

(54) The processing of special categories of personal data may be necessary for reasons of public interest in the areas of public health without consent of the data subject. Such processing should be subject to suitable and specific measures so as to protect the rights and freedoms of natural persons. In that context, 'public health' should be interpreted as defined in Regulation (EC) No 1338/2008 of the European Parliament and of the Council (11), namely all

elementos relacionados con la salud, concretamente el estado de salud, con inclusión de la morbilidad y la discapacidad, los determinantes que influyen en dicho estado de salud, las necesidades de asistencia sanitaria, los recursos asignados a la asistencia sanitaria, la puesta a disposición de asistencia sanitaria y el acceso universal a ella, así como los gastos y la financiación de la asistencia sanitaria, y las causas de mortalidad. Este tratamiento de datos relativos a la salud por razones de interés público no debe dar lugar a que terceros, como empresarios, compañías de seguros o entidades bancarias, traten los datos personales con otros fines.

(55) Se realiza además por razones de interés público el tratamiento de datos personales por las autoridades públicas con el fin de alcanzar los objetivos, establecidos en el Derecho constitucional o en el Derecho internacional público, de asociaciones religiosas reconocidas oficialmente.

(56) Si, en el marco de actividades electorales, el funcionamiento del sistema democrático exige en un Estado miembro que los partidos políticos recopilen datos personales sobre las opiniones políticas de las personas, puede autorizarse el tratamiento de estos datos por razones de interés público, siempre que se ofrezcan garantías adecuadas.

(57) Si los datos personales tratados por un responsable no le permiten identificar a una persona física, el responsable no debe estar obligado a obtener información adicional para identificar al interesado con la única finalidad de cumplir cualquier disposición del presente Reglamento. No obstante, el responsable del tratamiento no debe negarse a recibir información adicional facilitada por el interesado a fin de respaldarle en el ejercicio de sus

elements related to health, namely health status, including morbidity and disability, the determinants having an effect on that health status, health care needs, resources allocated to health care, the provision of, and universal access to, health care as well as health care expenditure and financing, and the causes of mortality. Such processing of data concerning health for reasons of public interest should not result in personal data being processed for other purposes by third parties such as employers or insurance and banking companies.

(55) Moreover, the processing of personal data by official authorities for the purpose of achieving the aims, laid down by constitutional law or by international public law, of officially recognised religious associations, is carried out on grounds of public interest.

(56) Where in the course of electoral activities, the operation of the democratic system in a Member State requires that political parties compile personal data on people's political opinions, the processing of such data may be permitted for reasons of public interest, provided that appropriate safeguards are established.

(57) If the personal data processed by a controller do not permit the controller to identify a natural person, the data controller should not be obliged to acquire additional information in order to identify the data subject for the sole purpose of complying with any provision of this Regulation. However, the controller should not refuse to take additional information provided by the data subject in order to support the exercise

derechos. La identificación debe incluir la identificación digital de un interesado, por ejemplo mediante un mecanismo de autenticación, como las mismas credenciales, empleadas por el interesado para abrir una sesión en el servicio en línea ofrecido por el responsable.

(58) El principio de transparencia exige que toda información dirigida al público o al interesado sea concisa, fácilmente accesible y fácil de entender, y que se utilice un lenguaje claro y sencillo, y, además, en su caso, se visualice. Esta información podría facilitarse en forma electrónica, por ejemplo, cuando esté dirigida al público, mediante un sitio web. Ello es especialmente pertinente en situaciones en las que la proliferación de agentes y la complejidad tecnológica de la práctica hagan que sea difícil para el interesado saber y comprender si se están recogiendo, por quién y con qué finalidad, datos personales que le conciernen, como es en el caso de la publicidad en línea. Dado que los niños merecen una protección específica, cualquier información y comunicación cuyo tratamiento les afecte debe facilitarse en un lenguaje claro y sencillo que sea fácil de entender.

(59) Deben arbitrarse fórmulas para facilitar al interesado el ejercicio de sus derechos en virtud del presente Reglamento, incluidos los mecanismos para solicitar y, en su caso, obtener de forma gratuita, en particular, el acceso a los datos personales y su rectificación o supresión, así como el ejercicio del derecho de oposición. El responsable del tratamiento también debe proporcionar medios para que las solicitudes se presenten por medios electrónicos, en particular cuando los datos personales se tratan por medios electrónicos. El responsable del tratamiento debe estar

of his or her rights. Identification should include the digital identification of a data subject, for example through authentication mechanism such as the same credentials, used by the data subject to log-in to the on-line service offered by the data controller.

(58) The principle of transparency requires that any information addressed to the public or to the data subject be concise, easily accessible and easy to understand, and that clear and plain language and, additionally, where appropriate, visualisation be used. Such information could be provided in electronic form, for example, when addressed to the public, through a website. This is of particular relevance in situations where the proliferation of actors and the technological complexity of practice make it difficult for the data subject to know and understand whether, by whom and for what purpose personal data relating to him or her are being collected, such as in the case of online advertising. Given that children merit specific protection, any information and communication, where processing is addressed to a child, should be in such a clear and plain language that the child can easily understand.

(59) Modalities should be provided for facilitating the exercise of the data subject's rights under this Regulation, including mechanisms to request and, if applicable, obtain, free of charge, in particular, access to and rectification or erasure of personal data and the exercise of the right to object. The controller should also provide means for requests to be made electronically, especially where personal data are processed by electronic means The controller should be obliged to respond to requests from the data subject without undue delay and at the latest

obligado a responder a las solicitudes del interesado sin dilación indebida y a más tardar en el plazo de un mes, y a explicar sus motivos en caso de que no fuera a atenderlas.

(60) Los principios de tratamiento leal y transparente exigen que se informe al interesado de la existencia de la operación de tratamiento y sus fines. El responsable del tratamiento debe facilitar al interesado cuanta información complementaria sea necesaria para garantizar un tratamiento leal y transparente, habida cuenta de las circunstancias y del contexto específicos en que se traten los datos personales. Se debe además informar al interesado de la existencia de la elaboración de perfiles y de las consecuencias de dicha elaboración. Si los datos personales se obtienen de los interesados, también se les debe informar de si están obligados a facilitarlos y de las consecuencias en caso de que no lo hicieran. Dicha información puede transmitirse en combinación con unos iconos normalizados que ofrezcan, de forma fácilmente visible, inteligible y claramente legible, una adecuada visión de conjunto del tratamiento previsto. Los iconos que se presentan en formato electrónico deben ser legibles mecánicamente.

(61) Se debe facilitar a los interesados la información sobre el tratamiento de sus datos personales en el momento en que se obtengan de ellos o, si se obtienen de otra fuente, en un plazo razonable, dependiendo de las circunstancias del caso. Si los datos personales pueden ser comunicados legítimamente a otro destinatario, se debe informar al interesado en el momento en que se comunican al destinatario por primera vez. El responsable del tratamiento que proyecte tratar los datos para un fin que no sea aquel para el que se recogieron debe proporcionar al interesado, antes

within one month and to give reasons where the controller does not intend to comply with any such requests.

(60) The principles of fair and transparent processing require that the data subject be informed of the existence of the processing operation and its purposes. The controller should provide the data subject with any further information necessary to ensure fair and transparent processing taking into account the specific circumstances and context in which the personal data are processed. Furthermore, the data subject should be informed of the existence of profiling and the consequences of such profiling. Where the personal data are collected from the data subject, the data subject should also be informed whether he or she is obliged to provide the personal data and of the consequences, where he or she does not provide such data. That information may be provided in combination with standardised icons in order to give in an easily visible, intelligible and clearly legible manner, a meaningful overview of the intended processing. Where the icons are presented electronically, they should be machine-readable.

(61) The information in relation to the processing of personal data relating to the data subject should be given to him or her at the time of collection from the data subject, or, where the personal data are obtained from another source, within a reasonable period, depending on the circumstances of the case. Where personal data can be legitimately disclosed to another recipient, the data subject should be informed when the personal data are first disclosed to the recipient. Where the controller intends to process the personal data

de dicho tratamiento ulterior, información sobre ese otro fin y otra información necesaria. Cuando el origen de los datos personales no pueda facilitarse al interesado por haberse utilizado varias fuentes, debe facilitarse información general.

for a purpose other than that for which they were collected, the controller should provide the data subject prior to that further processing with information on that other purpose and other necessary information. Where the origin of the personal data cannot be provided to the data subject because various sources have been used, general information should be provided.

(62) Sin embargo, no es necesario imponer la obligación de proporcionar información cuando el interesado ya posea la información, cuando el registro o la comunicación de los datos personales estén expresamente establecidos por ley, o cuando facilitar la información al interesado resulte imposible o exija un esfuerzo desproporcionado. Tal podría ser particularmente el caso cuando el tratamiento se realice con fines de archivo en interés público, fines de investigación científica o histórica o fines estadísticos. A este respecto, debe tomarse en consideración el número de interesados, la antigüedad de los datos y las garantías adecuadas adoptadas.

(62) However, it is not necessary to impose the obligation to provide information where the data subject already possesses the information, where the recording or disclosure of the personal data is expressly laid down by law or where the provision of information to the data subject proves to be impossible or would involve a disproportionate effort. The latter could in particular be the case where processing is carried out for archiving purposes in the public interest, scientific or historical research purposes or statistical purposes. In that regard, the number of data subjects, the age of the data and any appropriate safeguards adopted should be taken into consideration.

(63) Los interesados deben tener derecho a acceder a los datos personales recogidos que le conciernan y a ejercer dicho derecho con facilidad y a intervalos razonables, con el fin de conocer y verificar la licitud del tratamiento. Ello incluye el derecho de los interesados a acceder a datos relativos a la salud, por ejemplo los datos de sus historias clínicas que contengan información como diagnósticos, resultados de exámenes, evaluaciones de facultativos y cualesquiera tratamientos o intervenciones practicadas. Todo interesado debe, por tanto, tener el derecho a conocer y a que se le comuniquen, en particular, los fines para los que se tratan los datos personales, su

(63) A data subject should have the right of access to personal data which have been collected concerning him or her, and to exercise that right easily and at reasonable intervals, in order to be aware of, and verify, the lawfulness of the processing. This includes the right for data subjects to have access to data concerning their health, for example the data in their medical records containing information such as diagnoses, examination results, assessments by treating physicians and any treatment or interventions provided. Every data subject should therefore have the right to know and obtain communication in particular with regard to the purposes for which the personal data are processed, where

plazo de tratamiento, sus destinatarios, la lógica implícita en todo tratamiento automático de datos personales y, por lo menos cuando se base en la elaboración de perfiles, las consecuencias de dicho tratamiento. Si es posible, el responsable del tratamiento debe estar facultado para facilitar acceso remoto a un sistema seguro que ofrezca al interesado un acceso directo a sus datos personales. Este derecho no debe afectar negativamente a los derechos y libertades de terceros, incluidos los secretos comerciales o la propiedad intelectual y, en particular, los derechos de propiedad intelectual que protegen programas informáticos. No obstante, estas consideraciones no deben tener como resultado la negativa a prestar toda la información al interesado. Si trata una gran cantidad de información relativa al interesado, el responsable del tratamiento debe estar facultado para solicitar que, antes de facilitarse la información, el interesado especifique la información o actividades de tratamiento a que se refiere la solicitud.

(64) El responsable del tratamiento debe utilizar todas las medidas razonables para verificar la identidad de los interesados que soliciten acceso, en particular en el contexto de los servicios en línea y los identificadores en línea. El responsable no debe conservar datos personales con el único propósito de poder responder a posibles solicitudes.

(65) Los interesados deben tener derecho a que se rectifiquen los datos personales que le conciernen y un «derecho al olvido» si la retención de tales datos infringe el presente Reglamento o el Derecho de la Unión o de los Estados miembros aplicable al responsable del tratamiento. En particular, los interesados deben tener derecho a que sus datos personales se supriman y dejen de tratarse si ya no son necesarios para los fines para los que fueron recogidos o tratados de otro

possible the period for which the personal data are processed, the recipients of the personal data, the logic involved in any automatic personal data processing and, at least when based on profiling, the consequences of such processing. Where possible, the controller should be able to provide remote access to a secure system which would provide the data subject with direct access to his or her personal data. That right should not adversely affect the rights or freedoms of others, including trade secrets or intellectual property and in particular the copyright protecting the software. However, the result of those considerations should not be a refusal to provide all information to the data subject. Where the controller processes a large quantity of information concerning the data subject, the controller should be able to request that, before the information is delivered, the data subject specify the information or processing activities to which the request relates.

(64) The controller should use all reasonable measures to verify the identity of a data subject who requests access, in particular in the context of online services and online identifiers. A controller should not retain personal data for the sole purpose of being able to react to potential requests.

(65) A data subject should have the right to have personal data concerning him or her rectified and a 'right to be forgotten' where the retention of such data infringes this Regulation or Union or Member State law to which the controller is subject. In particular, a data subject should have the right to have his or her personal data erased and no longer processed where the personal data are no longer necessary in relation to the purposes for which they are collected or otherwise

modo, si los interesados han retirado su consentimiento para el tratamiento o se oponen al tratamiento de datos personales que les conciernen, o si el tratamiento de sus datos personales incumple de otro modo el presente Reglamento. Este derecho es pertinente en particular si el interesado dio su consentimiento siendo niño y no se es plenamente consciente de los riesgos que implica el tratamiento, y más tarde quiere suprimir tales datos personales, especialmente en internet. El interesado debe poder ejercer este derecho aunque ya no sea un niño. Sin embargo, la retención ulterior de los datos personales debe ser lícita cuando sea necesaria para el ejercicio de la libertad de expresión e información, para el cumplimiento de una obligación legal, para el cumplimiento de una misión realizada en interés público o en el ejercicio de poderes públicos conferidos al responsable del tratamiento, por razones de interés público en el ámbito de la salud pública, con fines de archivo en interés público, fines de investigación científica o histórica o fines estadísticos, o para la formulación, el ejercicio o la defensa de reclamaciones.

(66) A fin de reforzar el «derecho al olvido» en el entorno en línea, el derecho de supresión debe ampliarse de tal forma que el responsable del tratamiento que haya hecho públicos datos personales esté obligado a indicar a los responsables del tratamiento que estén tratando tales datos personales que supriman todo enlace a ellos, o las copias o réplicas de tales datos. Al proceder así, dicho responsable debe tomar medidas razonables, teniendo en cuenta la tecnología y los medios a su disposición, incluidas las medidas técnicas, para informar de la solicitud del interesado a los responsables que estén tratando los datos personales.

processed, where a data subject has withdrawn his or her consent or objects to the processing of personal data concerning him or her, or where the processing of his or her personal data does not otherwise comply with this Regulation. That right is relevant in particular where the data subject has given his or her consent as a child and is not fully aware of the risks involved by the processing, and later wants to remove such personal data, especially on the internet. The data subject should be able to exercise that right notwithstanding the fact that he or she is no longer a child. However, the further retention of the personal data should be lawful where it is necessary, for exercising the right of freedom of expression and information, for compliance with a legal obligation, for the performance of a task carried out in the public interest or in the exercise of official authority vested in the controller, on the grounds of public interest in the area of public health, for archiving purposes in the public interest, scientific or historical research purposes or statistical purposes, or for the establishment, exercise or defence of legal claims.

(66) To strengthen the right to be forgotten in the online environment, the right to erasure should also be extended in such a way that a controller who has made the personal data public should be obliged to inform the controllers which are processing such personal data to erase any links to, or copies or replications of those personal data. In doing so, that controller should take reasonable steps, taking into account available technology and the means available to the controller, including technical measures, to inform the controllers which are processing the personal data of the data subject's request.

(67) Entre los métodos para limitar el tratamiento de datos personales cabría incluir los consistentes en trasladar temporalmente los datos seleccionados a otro sistema de tratamiento, en impedir el acceso de usuarios a los datos personales seleccionados o en retirar temporalmente los datos publicados de un sitio internet. En los ficheros automatizados la limitación del tratamiento debe realizarse, en principio, por medios técnicos, de forma que los datos personales no sean objeto de operaciones de tratamiento ulterior ni puedan modificarse. El hecho de que el tratamiento de los datos personales esté limitado debe indicarse claramente en el sistema.

(68) Para reforzar aún más el control sobre sus propios datos, cuando el tratamiento de los datos personales se efectúe por medios automatizados, debe permitirse asimismo que los interesados que hubieran facilitado datos personales que les conciernan a un responsable del tratamiento los reciban en un formato estructurado, de uso común, de lectura mecánica e interoperable, y los transmitan a otro responsable del tratamiento. Debe alentarse a los responsables a crear formatos interoperables que permitan la portabilidad de datos. Dicho derecho debe aplicarse cuando el interesado haya facilitado los datos personales dando su consentimiento o cuando el tratamiento sea necesario para la ejecución de un contrato. No debe aplicarse cuando el tratamiento tiene una base jurídica distinta del consentimiento o el contrato. Por su propia naturaleza, dicho derecho no debe ejercerse en contra de responsables que traten datos personales en el ejercicio de sus funciones públicas. Por lo tanto, no debe aplicarse, cuando el tratamiento de los datos personales sea necesario para cumplir una obligación legal aplicable al responsable o para el cumplimiento de una misión

(67) Methods by which to restrict the processing of personal data could include, inter alia, temporarily moving the selected data to another processing system, making the selected personal data unavailable to users, or temporarily removing published data from a website. In automated filing systems, the restriction of processing should in principle be ensured by technical means in such a manner that the personal data are not subject to further processing operations and cannot be changed. The fact that the processing of personal data is restricted should be clearly indicated in the system.

(68) To further strengthen the control over his or her own data, where the processing of personal data is carried out by automated means, the data subject should also be allowed to receive personal data concerning him or her which he or she has provided to a controller in a structured, commonly used, machine-readable and interoperable format, and to transmit it to another controller. Data controllers should be encouraged to develop interoperable formats that enable data portability. That right should apply where the data subject provided the personal data on the basis of his or her consent or the processing is necessary for the performance of a contract. It should not apply where processing is based on a legal ground other than consent or contract. By its very nature, that right should not be exercised against controllers processing personal data in the exercise of their public duties. It should therefore not apply where the processing of the personal data is necessary for compliance with a legal obligation to which the controller is subject or for the performance of a task carried out in the public interest

realizada en interés público o en el ejercicio de poderes públicos conferidos al responsable. El derecho del interesado a transmitir o recibir datos personales que lo conciernan no debe obligar al responsable a adoptar o mantener sistemas de tratamiento que sean técnicamente compatibles. Cuando un conjunto de datos personales determinado concierna a más de un interesado, el derecho a recibir tales datos se debe entender sin menoscabo de los derechos y libertades de otros interesados de conformidad con el presente Reglamento. Por otra parte, ese derecho no debe menoscabar el derecho del interesado a obtener la supresión de los datos personales y las limitaciones de ese derecho recogidas en el presente Reglamento, y en particular no debe implicar la supresión de los datos personales concernientes al interesado que este haya facilitado para la ejecución de un contrato, en la medida y durante el tiempo en que los datos personales sean necesarios para la ejecución de dicho contrato. El interesado debe tener derecho a que los datos personales se transmitan directamente de un responsable del tratamiento a otro, cuando sea técnicamente posible.

(69) En los casos en que los datos personales puedan ser tratados lícitamente porque el tratamiento es necesario para el cumplimiento de una misión realizada en interés público o en el ejercicio de poderes públicos conferidos al responsable del tratamiento o por motivos de intereses legítimos del responsable o de un tercero, el interesado debe, sin embargo, tener derecho a oponerse al tratamiento de cualquier dato personal relativo a su situación particular. Debe ser el responsable el que demuestre que sus intereses legítimos imperiosos prevalecen sobre los intereses o los

or in the exercise of an official authority vested in the controller. The data subject's right to transmit or receive personal data concerning him or her should not create an obligation for the controllers to adopt or maintain processing systems which are technically compatible. Where, in a certain set of personal data, more than one data subject is concerned, the right to receive the personal data should be without prejudice to the rights and freedoms of other data subjects in accordance with this Regulation. Furthermore, that right should not prejudice the right of the data subject to obtain the erasure of personal data and the limitations of that right as set out in this Regulation and should, in particular, not imply the erasure of personal data concerning the data subject which have been provided by him or her for the performance of a contract to the extent that and for as long as the personal data are necessary for the performance of that contract. Where technically feasible, the data subject should have the right to have the personal data transmitted directly from one controller to another.

(69) Where personal data might lawfully be processed because processing is necessary for the performance of a task carried out in the public interest or in the exercise of official authority vested in the controller, or on grounds of the legitimate interests of a controller or a third party, a data subject should, nevertheless, be entitled to object to the processing of any personal data relating to his or her particular situation. It should be for the controller to demonstrate that its compelling legitimate interest overrides the interests or the

derechos y libertades fundamentales del interesado.

(70) Si los datos personales son tratados con fines de mercadotecnia directa, el interesado debe tener derecho a oponerse a dicho tratamiento, inclusive a la elaboración de perfiles en la medida en que esté relacionada con dicha mercadotecnia directa, ya sea con respecto a un tratamiento inicial o ulterior, y ello en cualquier momento y sin coste alguno. Dicho derecho debe comunicarse explícitamente al interesado y presentarse claramente y al margen de cualquier otra información.

(71) El interesado debe tener derecho a no ser objeto de una decisión, que puede incluir una medida, que evalúe aspectos personales relativos a él, y que se base únicamente en el tratamiento automatizado y produzca efectos jurídicos en él o le afecte significativamente de modo similar, como la denegación automática de una solicitud de crédito en línea o los servicios de contratación en red en los que no medie intervención humana alguna. Este tipo de tratamiento incluye la elaboración de perfiles consistente en cualquier forma de tratamiento de los datos personales que evalúe aspectos personales relativos a una persona física, en particular para analizar o predecir aspectos relacionados con el rendimiento en el trabajo, la situación económica, la salud, las preferencias o intereses personales, la fiabilidad o el comportamiento, la situación o los movimientos del interesado, en la medida en que produzca efectos jurídicos en él o le afecte significativamente de modo similar. Sin embargo, se deben permitir las decisiones basadas en tal tratamiento, incluida la elaboración de perfiles, si lo autoriza expresamente el Derecho de la Unión o de los Estados miembros aplicable al responsable del tratamiento, incluso con fines de control y prevención

fundamental rights and freedoms of the data subject.

(70) Where personal data are processed for the purposes of direct marketing, the data subject should have the right to object to such processing, including profiling to the extent that it is related to such direct marketing, whether with regard to initial or further processing, at any time and free of charge. That right should be explicitly brought to the attention of the data subject and presented clearly and separately from any other information.

(71) The data subject should have the right not to be subject to a decision, which may include a measure, evaluating personal aspects relating to him or her which is based solely on automated processing and which produces legal effects concerning him or her or similarly significantly affects him or her, such as automatic refusal of an online credit application or e-recruiting practices without any human intervention. Such processing includes 'profiling' that consists of any form of automated processing of personal data evaluating the personal aspects relating to a natural person, in particular to analyse or predict aspects concerning the data subject's performance at work, economic situation, health, personal preferences or interests, reliability or behaviour, location or movements, where it produces legal effects concerning him or her or similarly significantly affects him or her. However, decision-making based on such processing, including profiling, should be allowed where expressly authorised by Union or Member State law to which the controller is subject, including for fraud and tax-evasion monitoring and prevention purposes conducted in accordance with the regulations, standards and recommendations of

del fraude y la evasión fiscal, realizada de conformidad con las reglamentaciones, normas y recomendaciones de las instituciones de la Unión o de los órganos de supervisión nacionales y para garantizar la seguridad y la fiabilidad de un servicio prestado por el responsable del tratamiento, o necesario para la conclusión o ejecución de un contrato entre el interesado y un responsable del tratamiento, o en los casos en los que el interesado haya dado su consentimiento explícito. En cualquier caso, dicho tratamiento debe estar sujeto a las garantías apropiadas, entre las que se deben incluir la información específica al interesado y el derecho a obtener intervención humana, a expresar su punto de vista, a recibir una explicación de la decisión tomada después de tal evaluación y a impugnar la decisión. Tal medida no debe afectar a un menor. A fin de garantizar un tratamiento leal y transparente respecto del interesado, teniendo en cuenta las circunstancias y contexto específicos en los que se tratan los datos personales, el responsable del tratamiento debe utilizar procedimientos matemáticos o estadísticos adecuados para la elaboración de perfiles, aplicar medidas técnicas y organizativas apropiadas para garantizar, en particular, que se corrigen los factores que introducen inexactitudes en los datos personales y se reduce al máximo el riesgo de error, asegurar los datos personales de forma que se tengan en cuenta los posibles riesgos para los intereses y derechos del interesado y se impidan, entre otras cosas, efectos discriminatorios en las personas físicas por motivos de raza u origen étnico, opiniones políticas, religión o creencias, afiliación sindical, condición genética o estado de salud u orientación sexual, o que den lugar a medidas que produzcan tal efecto. Las decisiones automatizadas y la elaboración de perfiles sobre la base de categorías particulares de datos

Union institutions or national oversight bodies and to ensure the security and reliability of a service provided by the controller, or necessary for the entering or performance of a contract between the data subject and a controller, or when the data subject has given his or her explicit consent. In any case, such processing should be subject to suitable safeguards, which should include specific information to the data subject and the right to obtain human intervention, to express his or her point of view, to obtain an explanation of the decision reached after such assessment and to challenge the decision. Such measure should not concern a child. In order to ensure fair and transparent processing in respect of the data subject, taking into account the specific circumstances and context in which the personal data are processed, the controller should use appropriate mathematical or statistical procedures for the profiling, implement technical and organisational measures appropriate to ensure, in particular, that factors which result in inaccuracies in personal data are corrected and the risk of errors is minimised, secure personal data in a manner that takes account of the potential risks involved for the interests and rights of the data subject and that prevents, inter alia, discriminatory effects on natural persons on the basis of racial or ethnic origin, political opinion, religion or beliefs, trade union membership, genetic or health status or sexual orientation, or that result in measures having such an effect. Automated decision-making and profiling based on special categories of personal data should be allowed only under specific conditions.

personales únicamente deben permitirse en condiciones específicas.

(72) La elaboración de perfiles está sujeta a las normas del presente Reglamento que rigen el tratamiento de datos personales, como los fundamentos jurídicos del tratamiento o los principios de la protección de datos. El Comité Europeo de Protección de Datos establecido por el presente Reglamento (en lo sucesivo, el «Comité») debe tener la posibilidad de formular orientaciones en este contexto.

(73) El Derecho de la Unión o de los Estados miembros puede imponer restricciones a determinados principios y a los derechos de información, acceso, rectificación o supresión de datos personales, al derecho a la portabilidad de los datos, al derecho de oposición, a las decisiones basadas en la elaboración de perfiles, así como a la comunicación de una violación de la seguridad de los datos personales a un interesado y a determinadas obligaciones conexas de los responsables del tratamiento, en la medida en que sea necesario y proporcionado en una sociedad democrática para salvaguardar la seguridad pública, incluida la protección de la vida humana, especialmente en respuesta a catástrofes naturales o de origen humano, la prevención, investigación y el enjuiciamiento de infracciones penales o la ejecución de sanciones penales, incluida la protección frente a las amenazas contra la seguridad pública o de violaciones de normas deontológicas en las profesiones reguladas, y su prevención, otros objetivos importantes de interés público general de la Unión o de un Estado miembro, en particular un importante interés económico o financiero de la Unión o de un Estado miembro, la llevanza de registros públicos por razones de interés público general, el tratamiento ulterior de datos personales archivados para ofrecer información

(72) Profiling is subject to the rules of this Regulation governing the processing of personal data, such as the legal grounds for processing or data protection principles. The European Data Protection Board established by this Regulation (the 'Board') should be able to issue guidance in that context.

(73) Restrictions concerning specific principles and the rights of information, access to and rectification or erasure of personal data, the right to data portability, the right to object, decisions based on profiling, as well as the communication of a personal data breach to a data subject and certain related obligations of the controllers may be imposed by Union or Member State law, as far as necessary and proportionate in a democratic society to safeguard public security, including the protection of human life especially in response to natural or manmade disasters, the prevention, investigation and prosecution of criminal offences or the execution of criminal penalties, including the safeguarding against and the prevention of threats to public security, or of breaches of ethics for regulated professions, other important objectives of general public interest of the Union or of a Member State, in particular an important economic or financial interest of the Union or of a Member State, the keeping of public registers kept for reasons of general public interest, further processing of archived personal data to provide specific information related to the political behaviour under former totalitarian state regimes or the protection of the data subject or the rights and freedoms of others,

específica relacionada con el comportamiento político durante los regímenes de antiguos Estados totalitarios, o la protección del interesado o de los derechos y libertades de otros, incluida la protección social, la salud pública y los fines humanitarios. Dichas restricciones deben ajustarse a lo dispuesto en la Carta y en el Convenio Europeo para la Protección de los Derechos Humanos y de las Libertades Fundamentales.

(74) Debe quedar establecida la responsabilidad del responsable del tratamiento por cualquier tratamiento de datos personales realizado por él mismo o por su cuenta. En particular, el responsable debe estar obligado a aplicar medidas oportunas y eficaces y ha de poder demostrar la conformidad de las actividades de tratamiento con el presente Reglamento, incluida la eficacia de las medidas. Dichas medidas deben tener en cuenta la naturaleza, el ámbito, el contexto y los fines del tratamiento así como el riesgo para los derechos y libertades de las personas físicas.

(75) Los riesgos para los derechos y libertades de las personas físicas, de gravedad y probabilidad variables, pueden deberse al tratamiento de datos que pudieran provocar daños y perjuicios físicos, materiales o inmateriales, en particular en los casos en los que el tratamiento pueda dar lugar a problemas de discriminación, usurpación de identidad o fraude, pérdidas financieras, daño para la reputación, pérdida de confidencialidad de datos sujetos al secreto profesional, reversión no autorizada de la seudonimización o cualquier otro perjuicio económico o social significativo; en los casos en los que se prive a los interesados de sus derechos y libertades o se les impida ejercer el control sobre sus datos personales; en los casos en los que los datos personales tratados revelen el

including social protection, public health and humanitarian purposes. Those restrictions should be in accordance with the requirements set out in the Charter and in the European Convention for the Protection of Human Rights and Fundamental Freedoms.

(74) The responsibility and liability of the controller for any processing of personal data carried out by the controller or on the controller's behalf should be established. In particular, the controller should be obliged to implement appropriate and effective measures and be able to demonstrate the compliance of processing activities with this Regulation, including the effectiveness of the measures. Those measures should take into account the nature, scope, context and purposes of the processing and the risk to the rights and freedoms of natural persons.

(75) The risk to the rights and freedoms of natural persons, of varying likelihood and severity, may result from personal data processing which could lead to physical, material or non-material damage, in particular: where the processing may give rise to discrimination, identity theft or fraud, financial loss, damage to the reputation, loss of confidentiality of personal data protected by professional secrecy, unauthorised reversal of pseudonymisation, or any other significant economic or social disadvantage; where data subjects might be deprived of their rights and freedoms or prevented from exercising control over their personal data; where personal data are processed which reveal racial or ethnic origin, political opinions, religion or philosophical

origen étnico o racial, las opiniones políticas, la religión o creencias filosóficas, la militancia en sindicatos y el tratamiento de datos genéticos, datos relativos a la salud o datos sobre la vida sexual, o las condenas e infracciones penales o medidas de seguridad conexas; en los casos en los que se evalúen aspectos personales, en particular el análisis o la predicción de aspectos referidos al rendimiento en el trabajo, situación económica, salud, preferencias o intereses personales, fiabilidad o comportamiento, situación o movimientos, con el fin de crear o utilizar perfiles personales; en los casos en los que se traten datos personales de personas vulnerables, en particular niños; o en los casos en los que el tratamiento implique una gran cantidad de datos personales y afecte a un gran número de interesados.

(76) La probabilidad y la gravedad del riesgo para los derechos y libertades del interesado debe determinarse con referencia a la naturaleza, el alcance, el contexto y los fines del tratamiento de datos. El riesgo debe ponderarse sobre la base de una evaluación objetiva mediante la cual se determine si las operaciones de tratamiento de datos suponen un riesgo o si el riesgo es alto.

(77) Se podrían proporcionar directrices para la aplicación de medidas oportunas y para demostrar el cumplimiento por parte del responsable o del encargado del tratamiento, especialmente con respecto a la identificación del riesgo relacionado con el tratamiento, a su evaluación en términos de origen, naturaleza, probabilidad y gravedad y a la identificación de buenas prácticas para mitigar el riesgo, que revistan, en particular, la forma de códigos de conducta aprobados, certificaciones aprobadas, directrices dadas por el Comité o indicaciones proporcionadas por un delegado de protección de datos. El Comité también puede emitir

beliefs, trade union membership, and the processing of genetic data, data concerning health or data concerning sex life or criminal convictions and offences or related security measures; where personal aspects are evaluated, in particular analysing or predicting aspects concerning performance at work, economic situation, health, personal preferences or interests, reliability or behaviour, location or movements, in order to create or use personal profiles; where personal data of vulnerable natural persons, in particular of children, are processed; or where processing involves a large amount of personal data and affects a large number of data subjects.

(76) The likelihood and severity of the risk to the rights and freedoms of the data subject should be determined by reference to the nature, scope, context and purposes of the processing. Risk should be evaluated on the basis of an objective assessment, by which it is established whether data processing operations involve a risk or a high risk.

(77) Guidance on the implementation of appropriate measures and on the demonstration of compliance by the controller or the processor, especially as regards the identification of the risk related to the processing, their assessment in terms of origin, nature, likelihood and severity, and the identification of best practices to mitigate the risk, could be provided in particular by means of approved codes of conduct, approved certifications, guidelines provided by the Board or indications provided by a data protection officer. The Board may also issue guidelines on processing operations that are considered to be

directrices sobre operaciones de tratamiento que se considere improbable supongan un alto riesgo para los derechos y libertades de las personas físicas, e indicar qué medidas pueden ser suficientes en dichos casos para afrontar el riesgo en cuestión.

(78) La protección de los derechos y libertades de las personas físicas con respecto al tratamiento de datos personales exige la adopción de medidas técnicas y organizativas apropiadas con el fin de garantizar el cumplimiento de los requisitos del presente Reglamento. A fin de poder demostrar la conformidad con el presente Reglamento, el responsable del tratamiento debe adoptar políticas internas y aplicar medidas que cumplan en particular los principios de protección de datos desde el diseño y por defecto. Dichas medidas podrían consistir, entre otras, en reducir al máximo el tratamiento de datos personales, seudonimizar lo antes posible los datos personales, dar transparencia a las funciones y el tratamiento de datos personales, permitiendo a los interesados supervisar el tratamiento de datos y al responsable del tratamiento crear y mejorar elementos de seguridad. Al desarrollar, diseñar, seleccionar y usar aplicaciones, servicios y productos que están basados en el tratamiento de datos personales o que tratan datos personales para cumplir su función, ha de alentarse a los productores de los productos, servicios y aplicaciones a que tengan en cuenta el derecho a la protección de datos cuando desarrollan y diseñen estos productos, servicios y aplicaciones, y que se aseguren, con la debida atención al estado de la técnica, de que los responsables y los encargados del tratamiento están en condiciones de cumplir sus obligaciones en materia de protección de datos. Los principios de la protección de datos desde el diseño y por defecto también deben tenerse en

(78) The protection of the rights and freedoms of natural persons with regard to the processing of personal data require that appropriate technical and organisational measures be taken to ensure that the requirements of this Regulation are met. In order to be able to demonstrate compliance with this Regulation, the controller should adopt internal policies and implement measures which meet in particular the principles of data protection by design and data protection by default. Such measures could consist, inter alia, of minimising the processing of personal data, pseudonymising personal data as soon as possible, transparency with regard to the functions and processing of personal data, enabling the data subject to monitor the data processing, enabling the controller to create and improve security features. When developing, designing, selecting and using applications, services and products that are based on the processing of personal data or process personal data to fulfil their task, producers of the products, services and applications should be encouraged to take into account the right to data protection when developing and designing such products, services and applications and, with due regard to the state of the art, to make sure that controllers and processors are able to fulfil their data protection obligations. The principles of data protection by design and by default should also be taken into consideration in the context of public tenders.

cuenta en el contexto de los contratos públicos.

(79) La protección de los derechos y libertades de los interesados, así como la responsabilidad de los responsables y encargados del tratamiento, también en lo que respecta a la supervisión por parte de las autoridades de control y a las medidas adoptadas por ellas, requieren una atribución clara de las responsabilidades en virtud del presente Reglamento, incluidos los casos en los que un responsable determine los fines y medios del tratamiento de forma conjunta con otros responsables, o en los que el tratamiento se lleve a cabo por cuenta de un responsable.

(80) El responsable o el encargado del tratamiento no establecido en la Unión que esté tratando datos personales de interesados que residan en la Unión y cuyas actividades de tratamiento están relacionadas con la oferta de bienes o servicios a dichos interesados en la Unión, independientemente de si se requiere un pago por parte de estos, o con el control de su comportamiento en la medida en que este tenga lugar en la Unión, debe designar a un representante, a menos que el tratamiento sea ocasional, no incluya el tratamiento a gran escala de categorías especiales de datos personales o el tratamiento de datos personales relativos a condenas e infracciones penales, y sea improbable que entrañe un riesgo para los derechos y libertades de las personas físicas, vista la naturaleza, el contexto, el ámbito y los fines del tratamiento, o si el responsable del tratamiento es una autoridad u organismo público. El representante debe actuar por cuenta del responsable o el encargado y puede ser contactado por cualquier autoridad de control. El representante debe ser designado expresamente por mandato escrito del responsable o del encargado para que actúe en su nombre con respecto a las

(79) The protection of the rights and freedoms of data subjects as well as the responsibility and liability of controllers and processors, also in relation to the monitoring by and measures of supervisory authorities, requires a clear allocation of the responsibilities under this Regulation, including where a controller determines the purposes and means of the processing jointly with other controllers or where a processing operation is carried out on behalf of a controller.

(80) Where a controller or a processor not established in the Union is processing personal data of data subjects who are in the Union whose processing activities are related to the offering of goods or services, irrespective of whether a payment of the data subject is required, to such data subjects in the Union, or to the monitoring of their behaviour as far as their behaviour takes place within the Union, the controller or the processor should designate a representative, unless the processing is occasional, does not include processing, on a large scale, of special categories of personal data or the processing of personal data relating to criminal convictions and offences, and is unlikely to result in a risk to the rights and freedoms of natural persons, taking into account the nature, context, scope and purposes of the processing or if the controller is a public authority or body. The representative should act on behalf of the controller or the processor and may be addressed by any supervisory authority. The representative should be explicitly designated by a written mandate of the controller or of the processor to act on its behalf with regard to its obligations

obligaciones que les incumben en virtud del presente Reglamento. La designación de dicho representante no afecta a la responsabilidad del responsable o del encargado en virtud del presente Reglamento. Dicho representante debe desempeñar sus funciones conforme al mandato recibido del responsable o del encargado, incluida la cooperación con las autoridades de control competentes en relación con cualquier medida que se tome para garantizar el cumplimiento del presente Reglamento. El representante designado debe estar sujeto a medidas coercitivas en caso de incumplimiento por parte del responsable o del encargado.

(81) Para garantizar el cumplimiento de las disposiciones del presente Reglamento respecto del tratamiento que lleve a cabo el encargado por cuenta del responsable, este, al encomendar actividades de tratamiento a un encargado, debe recurrir únicamente a encargados que ofrezcan suficientes garantías, en particular en lo que respecta a conocimientos especializados, fiabilidad y recursos, de cara a la aplicación de medidas técnicas y organizativas que cumplan los requisitos del presente Reglamento, incluida la seguridad del tratamiento. La adhesión del encargado a un código de conducta aprobado o a un mecanismo de certificación aprobado puede servir de elemento para demostrar el cumplimiento de las obligaciones por parte del responsable. El tratamiento por un encargado debe regirse por un contrato u otro acto jurídico con arreglo al Derecho de la Unión o de los Estados miembros que vincule al encargado con el responsable, que fije el objeto y la duración del tratamiento, la naturaleza y fines del tratamiento, el tipo de datos personales y las categorías de interesados, habida cuenta de las funciones y responsabilidades específicas del encargado en el contexto

under this Regulation. The designation of such a representative does not affect the responsibility or liability of the controller or of the processor under this Regulation. Such a representative should perform its tasks according to the mandate received from the controller or processor, including cooperating with the competent supervisory authorities with regard to any action taken to ensure compliance with this Regulation. The designated representative should be subject to enforcement proceedings in the event of non-compliance by the controller or processor.

(81) To ensure compliance with the requirements of this Regulation in respect of the processing to be carried out by the processor on behalf of the controller, when entrusting a processor with processing activities, the controller should use only processors providing sufficient guarantees, in particular in terms of expert knowledge, reliability and resources, to implement technical and organisational measures which will meet the requirements of this Regulation, including for the security of processing. The adherence of the processor to an approved code of conduct or an approved certification mechanism may be used as an element to demonstrate compliance with the obligations of the controller. The carrying-out of processing by a processor should be governed by a contract or other legal act under Union or Member State law, binding the processor to the controller, setting out the subject-matter and duration of the processing, the nature and purposes of the processing, the type of personal data and categories of data subjects, taking into account the specific tasks and responsibilities of the processor in the context of the processing to be

del tratamiento que ha de llevarse a cabo y del riesgo para los derechos y libertades del interesado. El responsable y el encargado pueden optar por basarse en un contrato individual o en cláusulas contractuales tipo que adopte directamente la Comisión o que primero adopte una autoridad de control de conformidad con el mecanismo de coherencia y posteriormente la Comisión. Una vez finalizado el tratamiento por cuenta del responsable, el encargado debe, a elección de aquel, devolver o suprimir los datos personales, salvo que el Derecho de la Unión o de los Estados miembros aplicable al encargado del tratamiento obligue a conservar los datos.

(82) Para demostrar la conformidad con el presente Reglamento, el responsable o el encargado del tratamiento debe mantener registros de las actividades de tratamiento bajo su responsabilidad. Todos los responsables y encargados están obligados a cooperar con la autoridad de control y a poner a su disposición, previa solicitud, dichos registros, de modo que puedan servir para supervisar las operaciones de tratamiento.

(83) A fin de mantener la seguridad y evitar que el tratamiento infrinja lo dispuesto en el presente Reglamento, el responsable o el encargado deben evaluar los riesgos inherentes al tratamiento y aplicar medidas para mitigarlos, como el cifrado. Estas medidas deben garantizar un nivel de seguridad adecuado, incluida la confidencialidad, teniendo en cuenta el estado de la técnica y el coste de su aplicación con respecto a los riesgos y la naturaleza de los datos personales que deban protegerse. Al evaluar el riesgo en relación con la seguridad de los datos, se deben tener en cuenta los riesgos que se derivan del tratamiento de los datos personales, como la destrucción, pérdida o alteración accidental o ilícita de datos

carried out and the risk to the rights and freedoms of the data subject. The controller and processor may choose to use an individual contract or standard contractual clauses which are adopted either directly by the Commission or by a supervisory authority in accordance with the consistency mechanism and then adopted by the Commission. After the completion of the processing on behalf of the controller, the processor should, at the choice of the controller, return or delete the personal data, unless there is a requirement to store the personal data under Union or Member State law to which the processor is subject.

(82) In order to demonstrate compliance with this Regulation, the controller or processor should maintain records of processing activities under its responsibility. Each controller and processor should be obliged to cooperate with the supervisory authority and make those records, on request, available to it, so that it might serve for monitoring those processing operations.

(83) In order to maintain security and to prevent processing in infringement of this Regulation, the controller or processor should evaluate the risks inherent in the processing and implement measures to mitigate those risks, such as encryption. Those measures should ensure an appropriate level of security, including confidentiality, taking into account the state of the art and the costs of implementation in relation to the risks and the nature of the personal data to be protected. In assessing data security risk, consideration should be given to the risks that are presented by personal data processing, such as accidental or unlawful destruction, loss, alteration, unauthorised

personales transmitidos, conservados o tratados de otra forma, o la comunicación o acceso no autorizados a dichos datos, susceptibles en particular de ocasionar daños y perjuicios físicos, materiales o inmateriales.

(84) A fin de mejorar el cumplimiento del presente Reglamento en aquellos casos en los que sea probable que las operaciones de tratamiento entrañen un alto riesgo para los derechos y libertades de las personas físicas, debe incumbir al responsable del tratamiento la realización de una evaluación de impacto relativa a la protección de datos, que evalúe, en particular, el origen, la naturaleza, la particularidad y la gravedad de dicho riesgo. El resultado de la evaluación debe tenerse en cuenta cuando se decidan las medidas adecuadas que deban tomarse con el fin de demostrar que el tratamiento de los datos personales es conforme con el presente Reglamento. Si una evaluación de impacto relativa a la protección de datos muestra que las operaciones de tratamiento entrañan un alto riesgo que el responsable no puede mitigar con medidas adecuadas en términos de tecnología disponible y costes de aplicación, debe consultarse a la autoridad de control antes del tratamiento.

(85) Si no se toman a tiempo medidas adecuadas, las violaciones de la seguridad de los datos personales pueden entrañar daños y perjuicios físicos, materiales o inmateriales para las personas físicas, como pérdida de control sobre sus datos personales o restricción de sus derechos, discriminación, usurpación de identidad, pérdidas financieras, reversión no autorizada de la seudonimización, daño para la reputación, pérdida de confidencialidad de datos sujetos al secreto profesional, o cualquier otro perjuicio económico o social significativo para la persona física en cuestión. Por

disclosure of, or access to, personal data transmitted, stored or otherwise processed which may in particular lead to physical, material or non-material damage.

(84) In order to enhance compliance with this Regulation where processing operations are likely to result in a high risk to the rights and freedoms of natural persons, the controller should be responsible for the carrying-out of a data protection impact assessment to evaluate, in particular, the origin, nature, particularity and severity of that risk. The outcome of the assessment should be taken into account when determining the appropriate measures to be taken in order to demonstrate that the processing of personal data complies with this Regulation. Where a data-protection impact assessment indicates that processing operations involve a high risk which the controller cannot mitigate by appropriate measures in terms of available technology and costs of implementation, a consultation of the supervisory authority should take place prior to the processing.

(85) A personal data breach may, if not addressed in an appropriate and timely manner, result in physical, material or non-material damage to natural persons such as loss of control over their personal data or limitation of their rights, discrimination, identity theft or fraud, financial loss, unauthorised reversal of pseudonymisation, damage to reputation, loss of confidentiality of personal data protected by professional secrecy or any other significant economic or social disadvantage to the natural person concerned. Therefore, as soon as the

consiguiente, tan pronto como el responsable del tratamiento tenga conocimiento de que se ha producido una violación de la seguridad de los datos personales, el responsable debe, sin dilación indebida y, de ser posible, a más tardar 72 horas después de que haya tenido constancia de ella, notificar la violación de la seguridad de los datos personales a la autoridad de control competente, a menos que el responsable pueda demostrar, atendiendo al principio de responsabilidad proactiva, la improbabilidad de que la violación de la seguridad de los datos personales entrañe un riesgo para los derechos y las libertades de las personas físicas. Si dicha notificación no es posible en el plazo de 72 horas, debe acompañarse de una indicación de los motivos de la dilación, pudiendo facilitarse información por fases sin más dilación indebida.

controller becomes aware that a personal data breach has occurred, the controller should notify the personal data breach to the supervisory authority without undue delay and, where feasible, not later than 72 hours after having become aware of it, unless the controller is able to demonstrate, in accordance with the accountability principle, that the personal data breach is unlikely to result in a risk to the rights and freedoms of natural persons. Where such notification cannot be achieved within 72 hours, the reasons for the delay should accompany the notification and information may be provided in phases without undue further delay.

(86) El responsable del tratamiento debe comunicar al interesado sin dilación indebida la violación de la seguridad de los datos personales en caso de que puede entrañar un alto riesgo para sus derechos y libertades, y permitirle tomar las precauciones necesarias. La comunicación debe describir la naturaleza de la violación de la seguridad de los datos personales y las recomendaciones para que la persona física afectada mitigue los potenciales efectos adversos resultantes de la violación. Dichas comunicaciones a los interesados deben realizarse tan pronto como sea razonablemente posible y en estrecha cooperación con la autoridad de control, siguiendo sus orientaciones o las de otras autoridades competentes, como las autoridades policiales. Así, por ejemplo, la necesidad de mitigar un riesgo de daños y perjuicios inmediatos justificaría una rápida comunicación con los interesados, mientras que cabe justificar que la comunicación lleve más tiempo por la necesidad de aplicar

(86) The controller should communicate to the data subject a personal data breach, without undue delay, where that personal data breach is likely to result in a high risk to the rights and freedoms of the natural person in order to allow him or her to take the necessary precautions. The communication should describe the nature of the personal data breach as well as recommendations for the natural person concerned to mitigate potential adverse effects. Such communications to data subjects should be made as soon as reasonably feasible and in close cooperation with the supervisory authority, respecting guidance provided by it or by other relevant authorities such as law-enforcement authorities. For example, the need to mitigate an immediate risk of damage would call for prompt communication with data subjects whereas the need to implement appropriate measures against continuing or similar personal data

medidas adecuadas para impedir violaciones de la seguridad de los datos personales continuas o similares.

(87) Debe verificarse si se ha aplicado toda la protección tecnológica adecuada y se han tomado las medidas organizativas oportunas para determinar de inmediato si se ha producido una violación de la seguridad de los datos personales y para informar sin dilación a la autoridad de control y al interesado. Debe verificarse que la notificación se ha realizado sin dilación indebida teniendo en cuenta, en particular, la naturaleza y gravedad de la violación de la seguridad de los datos personales y sus consecuencias y efectos adversos para el interesado. Dicha notificación puede resultar en una intervención de la autoridad de control de conformidad con las funciones y poderes que establece el presente Reglamento.

(88) Al establecer disposiciones de aplicación sobre el formato y los procedimientos aplicables a la notificación de las violaciones de la seguridad de los datos personales, hay que tener debidamente en cuenta las circunstancias de tal violación, inclusive si los datos personales habían sido protegidos mediante las medidas técnicas de protección adecuadas, limitando eficazmente la probabilidad de usurpación de identidad u otras formas de uso indebido. Asimismo, estas normas y procedimientos deben tener en cuenta los intereses legítimos de las autoridades policiales en caso de que una comunicación prematura pueda obstaculizar innecesariamente la investigación de las circunstancias de una violación de la seguridad de los datos personales.

(89) La Directiva 95/46/CE estableció la obligación general de notificar el tratamiento de datos personales a las autoridades de control. Pese a implicar cargas administrativas y financieras, dicha obligación, sin embargo, no

breaches may justify more time for communication.

(87) It should be ascertained whether all appropriate technological protection and organisational measures have been implemented to establish immediately whether a personal data breach has taken place and to inform promptly the supervisory authority and the data subject. The fact that the notification was made without undue delay should be established taking into account in particular the nature and gravity of the personal data breach and its consequences and adverse effects for the data subject. Such notification may result in an intervention of the supervisory authority in accordance with its tasks and powers laid down in this Regulation.

(88) In setting detailed rules concerning the format and procedures applicable to the notification of personal data breaches, due consideration should be given to the circumstances of that breach, including whether or not personal data had been protected by appropriate technical protection measures, effectively limiting the likelihood of identity fraud or other forms of misuse. Moreover, such rules and procedures should take into account the legitimate interests of law-enforcement authorities where early disclosure could unnecessarily hamper the investigation of the circumstances of a personal data breach.

(89) Directive 95/46/EC provided for a general obligation to notify the processing of personal data to the supervisory authorities. While that obligation produces administrative and financial burdens, it did not in all cases

contribuyó en todos los casos a mejorar la protección de los datos personales. Por tanto, estas obligaciones generales de notificación indiscriminada deben eliminarse y sustituirse por procedimientos y mecanismos eficaces que se centren, en su lugar, en los tipos de operaciones de tratamiento que, por su naturaleza, alcance, contexto y fines, entrañen probablemente un alto riesgo para los derechos y libertades de las personas físicas. Estos tipos de operaciones de tratamiento pueden ser, en particular, las que implican el uso de nuevas tecnologías, o son de una nueva clase y el responsable del tratamiento no ha realizado previamente una evaluación de impacto relativa a la protección de datos, o si resultan necesarias visto el tiempo transcurrido desde el tratamiento inicial.

(90) En tales casos, el responsable debe llevar a cabo, antes del tratamiento, una evaluación de impacto relativa a la protección de datos con el fin de valorar la particular gravedad y probabilidad del alto riesgo, teniendo en cuenta la naturaleza, ámbito, contexto y fines del tratamiento y los orígenes del riesgo. Dicha evaluación de impacto debe incluir, en particular, las medidas, garantías y mecanismos previstos para mitigar el riesgo, garantizar la protección de los datos personales y demostrar la conformidad con el presente Reglamento.

(91) Lo anterior debe aplicarse, en particular, a las operaciones de tratamiento a gran escala que persiguen tratar una cantidad considerable de datos personales a nivel regional, nacional o supranacional y que podrían afectar a un gran número de interesados y entrañen probablemente un alto riesgo, por ejemplo, debido a su sensibilidad, cuando, en función del nivel de conocimientos técnicos alcanzado, se haya utilizado una nueva tecnología a gran escala y a otras

contribute to improving the protection of personal data. Such indiscriminate general notification obligations should therefore be abolished, and replaced by effective procedures and mechanisms which focus instead on those types of processing operations which are likely to result in a high risk to the rights and freedoms of natural persons by virtue of their nature, scope, context and purposes. Such types of processing operations may be those which in, particular, involve using new technologies, or are of a new kind and where no data protection impact assessment has been carried out before by the controller, or where they become necessary in the light of the time that has elapsed since the initial processing.

(90) In such cases, a data protection impact assessment should be carried out by the controller prior to the processing in order to assess the particular likelihood and severity of the high risk, taking into account the nature, scope, context and purposes of the processing and the sources of the risk. That impact assessment should include, in particular, the measures, safeguards and mechanisms envisaged for mitigating that risk, ensuring the protection of personal data and demonstrating compliance with this Regulation.

(91) This should in particular apply to large-scale processing operations which aim to process a considerable amount of personal data at regional, national or supranational level and which could affect a large number of data subjects and which are likely to result in a high risk, for example, on account of their sensitivity, where in accordance with the achieved state of technological knowledge a new technology is used on a large scale as well as to other processing operations

operaciones de tratamiento que entrañan un alto riesgo para los derechos y libertades de los interesados, en particular cuando estas operaciones hace más difícil para los interesados el ejercicio de sus derechos. La evaluación de impacto relativa a la protección de datos debe realizarse también en los casos en los que se tratan datos personales para adoptar decisiones relativas a personas físicas concretas a raíz de una evaluación sistemática y exhaustiva de aspectos personales propios de personas físicas, basada en la elaboración de perfiles de dichos datos o a raíz del tratamiento de categorías especiales de datos personales, datos biométricos o datos sobre condenas e infracciones penales o medidas de seguridad conexas. También es necesaria una evaluación de impacto relativa a la protección de datos para el control de zonas de acceso público a gran escala, en particular cuando se utilicen dispositivos optoelectrónicos o para cualquier otro tipo de operación cuando la autoridad de control competente considere que el tratamiento entrañe probablemente un alto riesgo para los derechos y libertades de los interesados, en particular porque impida a los interesados ejercer un derecho o utilizar un servicio o ejecutar un contrato, o porque se efectúe sistemáticamente a gran escala. El tratamiento de datos personales no debe considerarse a gran escala si lo realiza, respecto de datos personales de pacientes o clientes, un solo médico, otro profesional de la salud o abogado. En estos casos, la evaluación de impacto de la protección de datos no debe ser obligatoria.

(92) Hay circunstancias en las que puede ser razonable y económico que una evaluación de impacto relativa a la protección de datos abarque más de un único proyecto, por ejemplo, en el caso de que las autoridades u organismos públicos prevean crear una aplicación o

which result in a high risk to the rights and freedoms of data subjects, in particular where those operations render it more difficult for data subjects to exercise their rights. A data protection impact assessment should also be made where personal data are processed for taking decisions regarding specific natural persons following any systematic and extensive evaluation of personal aspects relating to natural persons based on profiling those data or following the processing of special categories of personal data, biometric data, or data on criminal convictions and offences or related security measures. A data protection impact assessment is equally required for monitoring publicly accessible areas on a large scale, especially when using optic-electronic devices or for any other operations where the competent supervisory authority considers that the processing is likely to result in a high risk to the rights and freedoms of data subjects, in particular because they prevent data subjects from exercising a right or using a service or a contract, or because they are carried out systematically on a large scale. The processing of personal data should not be considered to be on a large scale if the processing concerns personal data from patients or clients by an individual physician, other health care professional or lawyer. In such cases, a data protection impact assessment should not be mandatory.

(92) There are circumstances under which it may be reasonable and economical for the subject of a data protection impact assessment to be broader than a single project, for example where public authorities or bodies intend to establish a common

plataforma común de tratamiento, o si varios responsables proyecten introducir una aplicación o un entorno de tratamiento común en un sector o segmento empresarial o para una actividad horizontal de uso generalizado.

(93) Los Estados miembros, al adoptar el Derecho en el que se basa el desempeño de las funciones de la autoridad pública o el organismo público y que regula la operación o el conjunto de operaciones de tratamiento en cuestión, pueden considerar necesario llevar a cabo dicha evaluación con carácter previo a las actividades de tratamiento.

(94) Debe consultarse a la autoridad de control antes de iniciar las actividades de tratamiento si una evaluación de impacto relativa a la protección de datos muestra que, en ausencia de garantías, medidas de seguridad y mecanismos destinados a mitigar los riesgos, el tratamiento entrañaría un alto riesgo para los derechos y libertades de las personas físicas, y el responsable del tratamiento considera que el riesgo no puede mitigarse por medios razonables en cuanto a tecnología disponible y costes de aplicación. Existe la probabilidad de que ese alto riesgo se deba a determinados tipos de tratamiento y al alcance y frecuencia de este, lo que también puede ocasionar daños y perjuicios o una injerencia en los derechos y libertades de la persona física. La autoridad de control debe responder a la solicitud de consulta dentro de un plazo determinado. Sin embargo, la ausencia de respuesta de la autoridad de control dentro de dicho plazo no debe obstar a cualquier intervención de dicha autoridad basada en las funciones y poderes que le atribuye el presente Reglamento, incluido el poder de prohibir operaciones de tratamiento. Como parte de dicho proceso de consulta, se puede presentar a la autoridad de control el resultado de una evaluación de impacto relativa a la

application or processing platform or where several controllers plan to introduce a common application or processing environment across an industry sector or segment or for a widely used horizontal activity.

(93) In the context of the adoption of the Member State law on which the performance of the tasks of the public authority or public body is based and which regulates the specific processing operation or set of operations in question, Member States may deem it necessary to carry out such assessment prior to the processing activities.

(94) Where a data protection impact assessment indicates that the processing would, in the absence of safeguards, security measures and mechanisms to mitigate the risk, result in a high risk to the rights and freedoms of natural persons and the controller is of the opinion that the risk cannot be mitigated by reasonable means in terms of available technologies and costs of implementation, the supervisory authority should be consulted prior to the start of processing activities. Such high risk is likely to result from certain types of processing and the extent and frequency of processing, which may result also in a realisation of damage or interference with the rights and freedoms of the natural person. The supervisory authority should respond to the request for consultation within a specified period. However, the absence of a reaction of the supervisory authority within that period should be without prejudice to any intervention of the supervisory authority in accordance with its tasks and powers laid down in this Regulation, including the power to prohibit processing operations. As part of that consultation process, the outcome of a data protection impact assessment carried out with regard to

protección de datos efectuada en relación con el tratamiento en cuestión, en particular las medidas previstas para mitigar los riesgos para los derechos y libertades de las personas físicas.

(95) El encargado del tratamiento debe asistir al responsable cuando sea necesario y a petición suya, a fin de asegurar que se cumplen las obligaciones que se derivan de la realización de las evaluaciones de impacto relativas a la protección de datos y de la consulta previa a la autoridad de control.

(96) Deben llevarse también a cabo consultas con la autoridad de control en el curso de la tramitación de una medida legislativa o reglamentaria que establezca el tratamiento de datos personales, a fin de garantizar la conformidad del tratamiento previsto con el presente Reglamento y, en particular, de mitigar el riesgo que implique el tratamiento para el interesado.

(97) Al supervisar la observancia interna del presente Reglamento, el responsable o el encargado del tratamiento debe contar con la ayuda de una persona con conocimientos especializados del Derecho y la práctica en materia de protección de datos si el tratamiento lo realiza una autoridad pública, a excepción de los tribunales u otras autoridades judiciales independientes en el ejercicio de su función judicial, si el tratamiento lo realiza en el sector privado un responsable cuyas actividades principales consisten en operaciones de tratamiento a gran escala que requieren un seguimiento habitual y sistemático de los interesados, o si las actividades principales del responsable o del encargado consisten en el tratamiento a gran escala de categorías especiales de datos personales y de datos relativos a condenas e infracciones penales. En el sector privado, las actividades principales de un responsable están relacionadas con sus actividades

the processing at issue may be submitted to the supervisory authority, in particular the measures envisaged to mitigate the risk to the rights and freedoms of natural persons.

(95) The processor should assist the controller, where necessary and upon request, in ensuring compliance with the obligations deriving from the carrying out of data protection impact assessments and from prior consultation of the supervisory authority.

(96) A consultation of the supervisory authority should also take place in the course of the preparation of a legislative or regulatory measure which provides for the processing of personal data, in order to ensure compliance of the intended processing with this Regulation and in particular to mitigate the risk involved for the data subject.

(97) Where the processing is carried out by a public authority, except for courts or independent judicial authorities when acting in their judicial capacity, where, in the private sector, processing is carried out by a controller whose core activities consist of processing operations that require regular and systematic monitoring of the data subjects on a large scale, or where the core activities of the controller or the processor consist of processing on a large scale of special categories of personal data and data relating to criminal convictions and offences, a person with expert knowledge of data protection law and practices should assist the controller or processor to monitor internal compliance with this Regulation. In the private sector, the core activities of a controller relate to its primary activities and do not relate to the processing of personal data as ancillary activities. The necessary level of

primarias y no están relacionadas con el tratamiento de datos personales como actividades auxiliares. El nivel de conocimientos especializados necesario se debe determinar, en particular, en función de las operaciones de tratamiento de datos que se lleven a cabo y de la protección exigida para los datos personales tratados por el responsable o el encargado. Tales delegados de protección de datos, sean o no empleados del responsable del tratamiento, deben estar en condiciones de desempeñar sus funciones y cometidos de manera independiente.

expert knowledge should be determined in particular according to the data processing operations carried out and the protection required for the personal data processed by the controller or the processor. Such data protection officers, whether or not they are an employee of the controller, should be in a position to perform their duties and tasks in an independent manner.

(98) Se debe incitar a las asociaciones u otros organismos que representen a categorías de responsables o encargados a que elaboren códigos de conducta, dentro de los límites fijados por el presente Reglamento, con el fin de facilitar su aplicación efectiva, teniendo en cuenta las características específicas del tratamiento llevado a cabo en determinados sectores y las necesidades específicas de las microempresas y las pequeñas y medianas empresas. Dichos códigos de conducta podrían en particular establecer las obligaciones de los responsables y encargados, teniendo en cuenta el riesgo probable para los derechos y libertades de las personas físicas que se derive del tratamiento.

(98) Associations or other bodies representing categories of controllers or processors should be encouraged to draw up codes of conduct, within the limits of this Regulation, so as to facilitate the effective application of this Regulation, taking account of the specific characteristics of the processing carried out in certain sectors and the specific needs of micro, small and medium enterprises. In particular, such codes of conduct could calibrate the obligations of controllers and processors, taking into account the risk likely to result from the processing for the rights and freedoms of natural persons.

(99) Al elaborar un código de conducta, o al modificar o ampliar dicho código, las asociaciones y otros organismos que representan a categorías de responsables o encargados deben consultar a las partes interesadas, incluidos los interesados cuando sea posible, y tener en cuenta las consideraciones transmitidas y las opiniones manifestadas en respuesta a dichas consultas.

(99) When drawing up a code of conduct, or when amending or extending such a code, associations and other bodies representing categories of controllers or processors should consult relevant stakeholders, including data subjects where feasible, and have regard to submissions received and views expressed in response to such consultations.

(100) A fin de aumentar la transparencia y el cumplimiento del presente Reglamento, debe fomentarse el establecimiento de mecanismos de

(100) In order to enhance transparency and compliance with this Regulation, the establishment of certification mechanisms and data protection seals

certificación y sellos y marcas de protección de datos, que permitan a los interesados evaluar con mayor rapidez el nivel de protección de datos de los productos y servicios correspondientes.

(101) Los flujos transfronterizos de datos personales a, y desde, países no pertenecientes a la Unión y organizaciones internacionales son necesarios para la expansión del comercio y la cooperación internacionales. El aumento de estos flujos plantea nuevos retos e inquietudes en lo que respecta a la protección de los datos de carácter personal. No obstante, si los datos personales se transfieren de la Unión a responsables, encargados u otros destinatarios en terceros países o a organizaciones internacionales, esto no debe menoscabar el nivel de protección de las personas físicas garantizado en la Unión por el presente Reglamento, ni siquiera en las transferencias ulteriores de datos personales desde el tercer país u organización internacional a responsables y encargados en el mismo u otro tercer país u organización internacional. En todo caso, las transferencias a terceros países y organizaciones internacionales solo pueden llevarse a cabo de plena conformidad con el presente Reglamento. Una transferencia solo podría tener lugar si, a reserva de las demás disposiciones del presente Reglamento, el responsable o encargado cumple las disposiciones del presente Reglamento relativas a la transferencia de datos personales a terceros países u organizaciones internacionales.

(102) El presente Reglamento se entiende sin perjuicio de los acuerdos internacionales celebrados entre la Unión y terceros países que regulan la transferencia de datos personales, incluidas las oportunas garantías para los interesados. Los Estados miembros pueden celebrar acuerdos internacionales que impliquen la

(101) Flows of personal data to and from countries outside the Union and international organisations are necessary for the expansion of international trade and international cooperation. The increase in such flows has raised new challenges and concerns with regard to the protection of personal data. However, when personal data are transferred from the Union to controllers, processors or other recipients in third countries or to international organisations, the level of protection of natural persons ensured in the Union by this Regulation should not be undermined, including in cases of onward transfers of personal data from the third country or international organisation to controllers, processors in the same or another third country or international organisation. In any event, transfers to third countries and international organisations may only be carried out in full compliance with this Regulation. A transfer could take place only if, subject to the other provisions of this Regulation, the conditions laid down in the provisions of this Regulation relating to the transfer of personal data to third countries or international organisations are complied with by the controller or processor.

(102) This Regulation is without prejudice to international agreements concluded between the Union and third countries regulating the transfer of personal data including appropriate safeguards for the data subjects. Member States may conclude international agreements which involve the transfer of personal data to

transferencia de datos personales a terceros países u organizaciones internacionales siempre que dichos acuerdos no afecten al presente Reglamento ni a ninguna otra disposición del Derecho de la Unión e incluyan un nivel adecuado de protección de los derechos fundamentales de los interesados.

(103) La Comisión puede decidir, con efectos para toda la Unión, que un tercer país, un territorio o un sector específico de un tercer país, o una organización internacional ofrece un nivel de protección de datos adecuado, aportando de esta forma en toda la Unión seguridad y uniformidad jurídicas en lo que se refiere al tercer país u organización internacional que se considera ofrece tal nivel de protección. En estos casos, se pueden realizar transferencias de datos personales a estos países sin que se requiera obtener otro tipo de autorización. La Comisión también puede decidir revocar esa decisión, previo aviso y completa declaración motivada al tercer país u organización internacional.

(104) En consonancia con los valores fundamentales en los que se basa la Unión, en particular la protección de los derechos humanos, la Comisión, en su evaluación del tercer país, o de un territorio o un sector específico de un tercer país, debe tener en cuenta de qué manera respeta un determinado tercer país respeta el Estado de Derecho, el acceso a la justicia y las normas y criterios internacionales en materia de derechos humanos y su Derecho general y sectorial, incluida la legislación relativa a la seguridad pública, la defensa y la seguridad nacional, así como el orden público y el Derecho penal. En la adopción de una decisión de adecuación con respecto a un territorio o un sector específico de un tercer país

third countries or international organisations, as far as such agreements do not affect this Regulation or any other provisions of Union law and include an appropriate level of protection for the fundamental rights of the data subjects.

(103) The Commission may decide with effect for the entire Union that a third country, a territory or specified sector within a third country, or an international organisation, offers an adequate level of data protection, thus providing legal certainty and uniformity throughout the Union as regards the third country or international organisation which is considered to provide such level of protection. In such cases, transfers of personal data to that third country or international organisation may take place without the need to obtain any further authorisation. The Commission may also decide, having given notice and a full statement setting out the reasons to the third country or international organisation, to revoke such a decision.

(104) In line with the fundamental values on which the Union is founded, in particular the protection of human rights, the Commission should, in its assessment of the third country, or of a territory or specified sector within a third country, take into account how a particular third country respects the rule of law, access to justice as well as international human rights norms and standards and its general and sectoral law, including legislation concerning public security, defence and national security as well as public order and criminal law. The adoption of an adequacy decision with regard to a territory or a specified sector in a third country should take into account clear and objective criteria, such as specific

se deben tener en cuenta criterios claros y objetivos, como las actividades concretas de tratamiento y el alcance de las normas jurídicas aplicables y la legislación vigente en el tercer país. El tercer país debe ofrecer garantías que aseguren un nivel adecuado de protección equivalente en lo esencial al ofrecido en la Unión, en particular cuando los datos personales son objeto de tratamiento en uno o varios sectores específicos. En particular, el tercer país debe garantizar que haya un control verdaderamente independiente de la protección de datos y establecer mecanismos de cooperación con las autoridades de protección de datos de los Estados miembros, así como reconocer a los interesados derechos efectivos y exigibles y acciones administrativas y judiciales efectivas.

(105) Aparte de los compromisos internacionales adquiridos por el tercer país u organización internacional, la Comisión debe tener en cuenta las obligaciones resultantes de la participación del tercer país u organización internacional en sistemas multilaterales o regionales, en particular en relación con la protección de los datos personales, y el cumplimiento de esas obligaciones. En particular, debe tenerse en cuenta la adhesión del país al Convenio del Consejo de Europa, de 28 de enero de 1981, para la protección de las personas con respecto al tratamiento automatizado de datos de carácter personal y su Protocolo adicional. La Comisión debe consultar al Comité al evaluar el nivel de protección existente en terceros países u organizaciones internacionales.

(106) La Comisión debe supervisar la aplicación de las decisiones sobre el nivel de protección en un país tercero, un territorio o un sector específico de un país tercero, o una organización internacional, y la aplicación las

processing activities and the scope of applicable legal standards and legislation in force in the third country. The third country should offer guarantees ensuring an adequate level of protection essentially equivalent to that ensured within the Union, in particular where personal data are processed in one or several specific sectors. In particular, the third country should ensure effective independent data protection supervision and should provide for cooperation mechanisms with the Member States' data protection authorities, and the data subjects should be provided with effective and enforceable rights and effective administrative and judicial redress.

(105) Apart from the international commitments the third country or international organisation has entered into, the Commission should take account of obligations arising from the third country's or international organisation's participation in multilateral or regional systems in particular in relation to the protection of personal data, as well as the implementation of such obligations. In particular, the third country's accession to the Council of Europe Convention of 28 January 1981 for the Protection of Individuals with regard to the Automatic Processing of Personal Data and its Additional Protocol should be taken into account. The Commission should consult the Board when assessing the level of protection in third countries or international organisations.

(106) The Commission should monitor the functioning of decisions on the level of protection in a third country, a territory or specified sector within a third country, or an international organisation, and monitor the

decisiones adoptadas sobre la base del artículo 25, apartado 6, o el artículo 26, apartado 4, de la Directiva 95/46/CE. En sus decisiones de adecuación, la Comisión debe establecer un mecanismo para la revisión periódica de su aplicación. Dicha revisión periódica debe realizarse en colaboración con el tercer país u organización internacional de que se trate y tener en cuenta todos los cambios en la materia que se produzcan en dicho tercer país u organización internacional. A efectos de la supervisión y realización de las revisiones periódicas, la Comisión debe tomar en consideración las opiniones y conclusiones del Parlamento Europeo y del Consejo, así como de otros organismos y fuentes pertinentes. La Comisión debe evaluar, en un plazo razonable, la aplicación de dichas decisiones e informar de cualquier conclusión pertinente al Comité que, en el sentido del Reglamento (UE) n.o 182/2011 del Parlamento Europeo y del Consejo (12), establece el presente Reglamento, y al Parlamento Europeo y el Consejo.

(107) La Comisión puede reconocer que un tercer país, un territorio o sector específico en un tercer país, o una organización internacional ya no garantiza un nivel de protección de datos adecuado. En consecuencia, debe prohibirse la transferencia de datos personales a dicho tercer país u organización internacional, salvo que se cumplan los requisitos del presente Reglamento relativos a las transferencias basadas en garantías adecuadas, incluidas las normas corporativas vinculantes, y a las excepciones aplicadas a situaciones específicas. En ese caso, debe establecerse la celebración de consultas entre la Comisión y esos terceros países u organizaciones internacionales. La Comisión debe informar en tiempo

functioning of decisions adopted on the basis of Article 25(6) or Article 26(4) of Directive 95/46/EC. In its adequacy decisions, the Commission should provide for a periodic review mechanism of their functioning. That periodic review should be conducted in consultation with the third country or international organisation in question and take into account all relevant developments in the third country or international organisation. For the purposes of monitoring and of carrying out the periodic reviews, the Commission should take into consideration the views and findings of the European Parliament and of the Council as well as of other relevant bodies and sources. The Commission should evaluate, within a reasonable time, the functioning of the latter decisions and report any relevant findings to the Committee within the meaning of Regulation (EU) No 182/2011 of the European Parliament and of the Council (12) as established under this Regulation, to the European Parliament and to the Council.

(107) The Commission may recognise that a third country, a territory or a specified sector within a third country, or an international organisation no longer ensures an adequate level of data protection. Consequently the transfer of personal data to that third country or international organisation should be prohibited, unless the requirements in this Regulation relating to transfers subject to appropriate safeguards, including binding corporate rules, and derogations for specific situations are fulfilled. In that case, provision should be made for consultations between the Commission and such third countries or international organisations. The Commission should, in a timely manner, inform the third country or

oportuno al tercer país u organización internacional de las razones y entablar consultas a fin de subsanar la situación.

(108) En ausencia de una decisión por la que se constate la adecuación de la protección de los datos, el responsable o el encargado del tratamiento deben tomar medidas para compensar la falta de protección de datos en un tercer país mediante garantías adecuadas para el interesado. Tales garantías adecuadas pueden consistir en el recurso a normas corporativas vinculantes, a cláusulas tipo de protección de datos adoptadas por la Comisión o por una autoridad de control, o a cláusulas contractuales autorizadas por una autoridad de control. Esas garantías deben asegurar la observancia de requisitos de protección de datos y derechos de los interesados adecuados al tratamiento dentro de la Unión, incluida la disponibilidad por parte de los interesados de derechos exigibles y de acciones legales efectivas, lo que incluye el derecho a obtener una reparación administrativa o judicial efectiva y a reclamar una indemnización, en la Unión o en un tercer país. En particular, deben referirse al cumplimiento de los principios generales relativos al tratamiento de los datos personales y los principios de la protección de datos desde el diseño y por defecto. Las transferencias también pueden realizarlas autoridades o entidades públicas con entidades o autoridades públicas de terceros países o con organizaciones internacionales con competencias o funciones correspondientes, igualmente sobre la base de disposiciones incorporadas a acuerdos administrativos, como un memorando de entendimiento, que reconozcan derechos exigibles y efectivos a los interesados. Si las garantías figuran en acuerdos administrativos que no sean jurídicamente vinculantes se debe

international organisation of the reasons and enter into consultations with it in order to remedy the situation.

(108) In the absence of an adequacy decision, the controller or processor should take measures to compensate for the lack of data protection in a third country by way of appropriate safeguards for the data subject. Such appropriate safeguards may consist of making use of binding corporate rules, standard data protection clauses adopted by the Commission, standard data protection clauses adopted by a supervisory authority or contractual clauses authorised by a supervisory authority. Those safeguards should ensure compliance with data protection requirements and the rights of the data subjects appropriate to processing within the Union, including the availability of enforceable data subject rights and of effective legal remedies, including to obtain effective administrative or judicial redress and to claim compensation, in the Union or in a third country. They should relate in particular to compliance with the general principles relating to personal data processing, the principles of data protection by design and by default. Transfers may also be carried out by public authorities or bodies with public authorities or bodies in third countries or with international organisations with corresponding duties or functions, including on the basis of provisions to be inserted into administrative arrangements, such as a memorandum of understanding, providing for enforceable and effective rights for data subjects. Authorisation by the competent supervisory authority should be obtained when the safeguards are provided for in administrative arrangements that are not legally binding.

recabar la autorización de la autoridad de control competente.

(109) La posibilidad de que el responsable o el encargado del tratamiento recurran a cláusulas tipo de protección de datos adoptadas por la Comisión o una autoridad de control no debe obstar a que los responsables o encargados incluyan las cláusulas tipo de protección de datos en un contrato más amplio, como un contrato entre dos encargados, o a que añadan otras cláusulas o garantías adicionales, siempre que no contradigan, directa o indirectamente, las cláusulas contractuales tipo adoptadas por la Comisión o por una autoridad de control, ni mermen los derechos o las libertades fundamentales de los interesados. Se debe alentar a los responsables y encargados del tratamiento a ofrecer garantías adicionales mediante compromisos contractuales que complementen las cláusulas tipo de protección de datos.

(110) Todo grupo empresarial o unión de empresas dedicadas a una actividad económica conjunta debe tener la posibilidad de invocar normas corporativas vinculantes autorizadas para sus transferencias internacionales de la Unión a organizaciones dentro del mismo grupo empresarial o unión de empresas dedicadas a una actividad económica conjunta, siempre que tales normas corporativas incorporen todos los principios esenciales y derechos aplicables con el fin de ofrecer garantías adecuadas para las transferencias o categorías de transferencias de datos de carácter personal.

(111) Se debe establecer la posibilidad de realizar transferencias en determinadas circunstancias, de mediar el consentimiento explícito del interesado, si la transferencia es ocasional y necesaria en relación con un contrato o una reclamación,

(109) The possibility for the controller or processor to use standard data-protection clauses adopted by the Commission or by a supervisory authority should prevent controllers or processors neither from including the standard data-protection clauses in a wider contract, such as a contract between the processor and another processor, nor from adding other clauses or additional safeguards provided that they do not contradict, directly or indirectly, the standard contractual clauses adopted by the Commission or by a supervisory authority or prejudice the fundamental rights or freedoms of the data subjects. Controllers and processors should be encouraged to provide additional safeguards via contractual commitments that supplement standard protection clauses.

(110) A group of undertakings, or a group of enterprises engaged in a joint economic activity, should be able to make use of approved binding corporate rules for its international transfers from the Union to organisations within the same group of undertakings, or group of enterprises engaged in a joint economic activity, provided that such corporate rules include all essential principles and enforceable rights to ensure appropriate safeguards for transfers or categories of transfers of personal data.

(111) Provisions should be made for the possibility for transfers in certain circumstances where the data subject has given his or her explicit consent, where the transfer is occasional and necessary in relation to a contract or a legal claim, regardless of whether in a

independientemente de tratarse de un procedimiento judicial o un procedimiento administrativo o extrajudicial, incluidos los procedimientos ante organismos reguladores. También se debe establecer la posibilidad de realizar transferencias cuando así lo requieran razones importantes de interés público establecidas por el Derecho de la Unión o de los Estados miembros, o cuando la transferencia se haga a partir de un registro establecido por ley y se destine a consulta por el público o por personas que tengan un interés legítimo. En este último caso la transferencia no debe afectar a la totalidad de los datos personales o de las categorías de datos incluidos en el registro y, cuando el registro esté destinado a su consulta por personas que tengan un interés legítimo, la transferencia solo debe efectuarse a petición de dichas personas o, si estas van a ser las destinatarias, teniendo plenamente en cuenta los intereses y los derechos fundamentales del interesado.

(112) Dichas excepciones deben aplicarse en particular a las transferencias de datos requeridas y necesarias por razones importantes de interés público, por ejemplo en caso de intercambios internacionales de datos entre autoridades en el ámbito de la competencia, administraciones fiscales o aduaneras, entre autoridades de supervisión financiera, entre servicios competentes en materia de seguridad social o de sanidad pública, por ejemplo en caso contactos destinados a localizar enfermedades contagiosas o para reducir y/o eliminar el dopaje en el deporte. La transferencia de datos personales también debe considerarse lícita en caso de que sea necesaria para proteger un interés esencial para los intereses vitales del interesado o de otra persona, incluida la integridad física o la vida, si el interesado no está en condiciones de dar su consentimiento. En ausencia de

judicial procedure or whether in an administrative or any out-of-court procedure, including procedures before regulatory bodies. Provision should also be made for the possibility for transfers where important grounds of public interest laid down by Union or Member State law so require or where the transfer is made from a register established by law and intended for consultation by the public or persons having a legitimate interest. In the latter case, such a transfer should not involve the entirety of the personal data or entire categories of the data contained in the register and, when the register is intended for consultation by persons having a legitimate interest, the transfer should be made only at the request of those persons or, if they are to be the recipients, taking into full account the interests and fundamental rights of the data subject.

(112) Those derogations should in particular apply to data transfers required and necessary for important reasons of public interest, for example in cases of international data exchange between competition authorities, tax or customs administrations, between financial supervisory authorities, between services competent for social security matters, or for public health, for example in the case of contact tracing for contagious diseases or in order to reduce and/or eliminate doping in sport. A transfer of personal data should also be regarded as lawful where it is necessary to protect an interest which is essential for the data subject's or another person's vital interests, including physical integrity or life, if the data subject is incapable of giving consent. In the absence of an adequacy decision, Union or Member State law may, for important

una decisión de adecuación, el Derecho de la Unión o de los Estados miembros puede limitar expresamente, por razones importantes de interés público, la transferencia de categorías específicas de datos a un tercer país o a una organización internacional. Los Estados miembros deben notificar esas disposiciones a la Comisión. Puede considerarse necesaria, por una razón importante de interés público o por ser de interés vital para el interesado, toda transferencia a una organización internacional humanitaria de datos personales de un interesado que no tenga capacidad física o jurídica para dar su consentimiento, con el fin de desempeñar un cometido basado en las Convenciones de Ginebra o de conformarse al Derecho internacional humanitario aplicable en caso de conflictos armados.

(113) Las transferencias que pueden calificarse de no repetitivas y sólo se refieren a un número limitado de interesados, también han de ser posibles en caso de servir a intereses legítimos imperiosos del responsable del tratamiento, si no prevalecen sobre ellos los intereses o los derechos y libertades del interesado y el responsable ha evaluado todas las circunstancias concurrentes en la transferencia de datos. El responsable debe prestar especial atención a la naturaleza de los datos personales, la finalidad y la duración de la operación o las operaciones de tratamiento propuestas, así como la situación en el país de origen, el tercer país y el país de destino final, y ofrecer, garantías apropiadas para proteger los derechos fundamentales y las libertades de las personas físicas con respecto al tratamiento de sus datos personales. Dichas transferencias sólo deben ser posibles en casos aislados, cuando ninguno de los otros motivos para la transferencia sean aplicables. Las legítimas expectativas de la sociedad en

reasons of public interest, expressly set limits to the transfer of specific categories of data to a third country or an international organisation. Member States should notify such provisions to the Commission. Any transfer to an international humanitarian organisation of personal data of a data subject who is physically or legally incapable of giving consent, with a view to accomplishing a task incumbent under the Geneva Conventions or to complying with international humanitarian law applicable in armed conflicts, could be considered to be necessary for an important reason of public interest or because it is in the vital interest of the data subject.

(113) Transfers which can be qualified as not repetitive and that only concern a limited number of data subjects, could also be possible for the purposes of the compelling legitimate interests pursued by the controller, when those interests are not overridden by the interests or rights and freedoms of the data subject and when the controller has assessed all the circumstances surrounding the data transfer. The controller should give particular consideration to the nature of the personal data, the purpose and duration of the proposed processing operation or operations, as well as the situation in the country of origin, the third country and the country of final destination, and should provide suitable safeguards to protect fundamental rights and freedoms of natural persons with regard to the processing of their personal data. Such transfers should be possible only in residual cases where none of the other grounds for transfer are applicable. For scientific or historical research

un aumento del conocimiento se deben tener en cuenta para fines de investigación científica o histórica o fines estadísticos. El responsable debe informar de la transferencia a la autoridad de control y al interesado.

(114) En cualquier caso, cuando la Comisión no haya tomado ninguna decisión sobre el nivel adecuado de la protección de datos en un tercer país, el responsable o el encargado del tratamiento deben arbitrar soluciones que garanticen a los interesados derechos exigibles y efectivos con respecto al tratamiento de sus datos en la Unión, una vez transferidos estos, de forma que sigan beneficiándose de derechos fundamentales y garantías.

(115) Algunos países terceros adoptan leyes, reglamentaciones y otros actos jurídicos con los que se pretende regular directamente las actividades de tratamiento de personas físicas y jurídicas bajo jurisdicción de los Estados miembros. Esto puede incluir sentencias de órganos jurisdiccionales o decisiones de autoridades administrativas de terceros países que obliguen a un responsable o un encargado del tratamiento a transferir o comunicar datos personales, y que no se basen en un acuerdo internacional, como un tratado de asistencia judicial mutua, en vigor entre el tercer país requirente y la Unión o un Estado miembro. La aplicación extraterritorial de dichas leyes, reglamentaciones y otros actos jurídicos puede ser contraria al Derecho internacional e impedir la protección de las personas físicas garantizada en la Unión en virtud del presente Reglamento. Las transferencias solo deben autorizarse cuando se cumplan las condiciones del presente Reglamento relativas a las transferencias a terceros países. Tal puede ser el caso, entre otros, cuando la comunicación sea necesaria por una razón importante de

purposes or statistical purposes, the legitimate expectations of society for an increase of knowledge should be taken into consideration. The controller should inform the supervisory authority and the data subject about the transfer.

(114) In any case, where the Commission has taken no decision on the adequate level of data protection in a third country, the controller or processor should make use of solutions that provide data subjects with enforceable and effective rights as regards the processing of their data in the Union once those data have been transferred so that that they will continue to benefit from fundamental rights and safeguards.

(115) Some third countries adopt laws, regulations and other legal acts which purport to directly regulate the processing activities of natural and legal persons under the jurisdiction of the Member States. This may include judgments of courts or tribunals or decisions of administrative authorities in third countries requiring a controller or processor to transfer or disclose personal data, and which are not based on an international agreement, such as a mutual legal assistance treaty, in force between the requesting third country and the Union or a Member State. The extraterritorial application of those laws, regulations and other legal acts may be in breach of international law and may impede the attainment of the protection of natural persons ensured in the Union by this Regulation. Transfers should only be allowed where the conditions of this Regulation for a transfer to third countries are met. This may be the case, inter alia, where disclosure is necessary for an important ground of public interest recognised in Union or Member State law to which the controller is subject.

interés público reconocida por el Derecho de la Unión o de los Estados miembros aplicable al responsable del tratamiento.

(116) Cuando los datos personales circulan a través de las fronteras hacia el exterior de la Unión se puede poner en mayor riesgo la capacidad de las personas físicas para ejercer los derechos de protección de datos, en particular con el fin de protegerse contra la utilización o comunicación ilícitas de dicha información. Al mismo tiempo, es posible que las autoridades de control se vean en la imposibilidad de tramitar reclamaciones o realizar investigaciones relativas a actividades desarrolladas fuera de sus fronteras. Sus esfuerzos por colaborar en el contexto transfronterizo también pueden verse obstaculizados por poderes preventivos o correctivos insuficientes, regímenes jurídicos incoherentes y obstáculos prácticos, como la escasez de recursos. Por consiguiente, es necesario fomentar una cooperación más estrecha entre las autoridades de control encargadas de la protección de datos para ayudarlas a intercambiar información y a llevar a cabo investigaciones con sus homólogos internacionales. A fin de desarrollar mecanismos de cooperación internacional que faciliten y proporcionen asistencia internacional mutua en la ejecución de legislación en materia de protección de datos personales, la Comisión y las autoridades de control deben intercambiar información y cooperar en actividades relativas al ejercicio de sus competencias con las autoridades competentes de terceros países, sobre la base de la reciprocidad y de conformidad con el presente Reglamento.

(117) El establecimiento en los Estados miembros de autoridades de control capacitadas para desempeñar sus funciones y ejercer sus competencias con plena independencia constituye un

(116) When personal data moves across borders outside the Union it may put at increased risk the ability of natural persons to exercise data protection rights in particular to protect themselves from the unlawful use or disclosure of that information. At the same time, supervisory authorities may find that they are unable to pursue complaints or conduct investigations relating to the activities outside their borders. Their efforts to work together in the cross-border context may also be hampered by insufficient preventative or remedial powers, inconsistent legal regimes, and practical obstacles like resource constraints. Therefore, there is a need to promote closer cooperation among data protection supervisory authorities to help them exchange information and carry out investigations with their international counterparts. For the purposes of developing international cooperation mechanisms to facilitate and provide international mutual assistance for the enforcement of legislation for the protection of personal data, the Commission and the supervisory authorities should exchange information and cooperate in activities related to the exercise of their powers with competent authorities in third countries, based on reciprocity and in accordance with this Regulation.

(117) The establishment of supervisory authorities in Member States, empowered to perform their tasks and exercise their powers with complete independence, is an essential

elemento esencial de la protección de las personas físicas con respecto al tratamiento de datos de carácter personal. Los Estados miembros deben tener la posibilidad de establecer más de una autoridad de control, a fin de reflejar su estructura constitucional, organizativa y administrativa.

(118) La independencia de las autoridades de control no debe significar que dichas autoridades puedan quedar exentas de mecanismos de control o supervisión en relación con sus gastos financieros, o de control judicial.

(119) Si un Estado miembro establece varias autoridades de control, debe disponer por ley mecanismos que garanticen la participación efectiva de dichas autoridades de control en el mecanismo de coherencia. Tal Estado miembro debe, en particular, designar a la autoridad de control que actuará como punto de contacto único de cara a la participación efectiva de dichas autoridades en el citado mecanismo, garantizando así una cooperación rápida y fluida con otras autoridades de control, el Comité y la Comisión.

(120) Todas las autoridades de control deben estar dotadas de los recursos financieros y humanos, los locales y las infraestructuras que sean necesarios para la realización eficaz de sus funciones, en particular las relacionadas con la asistencia recíproca y la cooperación con otras autoridades de control de la Unión. Cada autoridad de control debe disponer de un presupuesto anual público propio, que podrá formar parte del presupuesto general del Estado o de otro ámbito nacional.

(121) Las condiciones generales aplicables al miembro o los miembros de la autoridad de control deben establecerse por ley en cada Estado miembro y disponer, en particular, que dichos miembros han de ser nombrados,

component of the protection of natural persons with regard to the processing of their personal data. Member States should be able to establish more than one supervisory authority, to reflect their constitutional, organisational and administrative structure.

(118) The independence of supervisory authorities should not mean that the supervisory authorities cannot be subject to control or monitoring mechanisms regarding their financial expenditure or to judicial review.

(119) Where a Member State establishes several supervisory authorities, it should establish by law mechanisms for ensuring the effective participation of those supervisory authorities in the consistency mechanism. That Member State should in particular designate the supervisory authority which functions as a single contact point for the effective participation of those authorities in the mechanism, to ensure swift and smooth cooperation with other supervisory authorities, the Board and the Commission.

(120) Each supervisory authority should be provided with the financial and human resources, premises and infrastructure necessary for the effective performance of their tasks, including those related to mutual assistance and cooperation with other supervisory authorities throughout the Union. Each supervisory authority should have a separate, public annual budget, which may be part of the overall state or national budget.

(121) The general conditions for the member or members of the supervisory authority should be laid down by law in each Member State and should in particular provide that those members are to be appointed, by means of a

por un procedimiento transparente, por el Parlamento, el Gobierno o el jefe de Estado del Estado miembro, a propuesta del Gobierno, de un miembro del Gobierno o del Parlamento o una de sus cámaras, o por un organismo independiente encargado del nombramiento en virtud del Derecho de los Estados miembros. A fin de garantizar la independencia de la autoridad de control, sus miembros deben actuar con integridad, abstenerse de cualquier acción que sea incompatible con sus funciones y no participar, mientras dure su mandato, en ninguna actividad profesional incompatible, sea o no remunerada. La autoridad de control debe tener su propio personal, seleccionado por esta o por un organismo independiente establecido por el Derecho de los Estados miembros, que esté subordinado exclusivamente al miembro o los miembros de la autoridad de control.

(122) Cada autoridad de control debe ser competente, en el territorio de su Estado miembro, para ejercer los poderes y desempeñar las funciones que se le confieran de conformidad con el presente Reglamento. Lo anterior debe abarcar, en particular, el tratamiento en el contexto de las actividades de un establecimiento del responsable o del encargado en el territorio de su Estado miembro, el tratamiento de datos personales realizado por autoridades públicas o por organismos privados que actúen en interés público, el tratamiento que afecte a interesados en su territorio, o el tratamiento realizado por un responsable o un encargado que no esté establecido en la Unión cuando sus destinatarios sean interesados residentes en su territorio. Debe incluirse el examen de reclamaciones presentadas por un interesado, la realización de investigaciones sobre la aplicación del presente Reglamento y el fomento de la sensibilización del público

transparent procedure, either by the parliament, government or the head of State of the Member State on the basis of a proposal from the government, a member of the government, the parliament or a chamber of the parliament, or by an independent body entrusted under Member State law. In order to ensure the independence of the supervisory authority, the member or members should act with integrity, refrain from any action that is incompatible with their duties and should not, during their term of office, engage in any incompatible occupation, whether gainful or not. The supervisory authority should have its own staff, chosen by the supervisory authority or an independent body established by Member State law, which should be subject to the exclusive direction of the member or members of the supervisory authority.

(122) Each supervisory authority should be competent on the territory of its own Member State to exercise the powers and to perform the tasks conferred on it in accordance with this Regulation. This should cover in particular the processing in the context of the activities of an establishment of the controller or processor on the territory of its own Member State, the processing of personal data carried out by public authorities or private bodies acting in the public interest, processing affecting data subjects on its territory or processing carried out by a controller or processor not established in the Union when targeting data subjects residing on its territory. This should include handling complaints lodged by a data subject, conducting investigations on the application of this Regulation and promoting public awareness of the risks, rules, safeguards and rights in relation to the processing of personal data.

acerca de los riesgos, las normas, las garantías y los derechos en relación con el tratamiento de datos personales.

(123) A fin de proteger a las personas físicas con respecto al tratamiento de sus datos personales y de facilitar la libre circulación de los datos personales en el mercado interior, las autoridades de control deben supervisar la aplicación de las disposiciones adoptadas de conformidad con el presente Reglamento y contribuir a su aplicación coherente en toda la Unión. A tal efecto, las autoridades de control deben cooperar entre ellas y con la Comisión, sin necesidad de acuerdo alguno entre Estados miembros sobre la prestación de asistencia mutua ni sobre dicha cooperación.

(124) Si el tratamiento de datos personales se realiza en el contexto de las actividades de un establecimiento de un responsable o un encargado en la Unión y el responsable o el encargado está establecido en más de un Estado miembro, o si el tratamiento en el contexto de las actividades de un único establecimiento de un responsable o un encargado en la Unión afecta o es probable que afecte sustancialmente a interesados en más de un Estado miembro, la autoridad de control del establecimiento principal o del único establecimiento del responsable o del encargado debe actuar como autoridad principal. Dicha autoridad debe cooperar con las demás autoridades interesadas, ya sea porque el responsable o el encargado tenga un establecimiento en el territorio de su Estado miembro, porque afecte sustancialmente a interesados que residen en su territorio, o porque se haya presentado una reclamación ante ellas. Asimismo, cuando un interesado que no resida en ese Estado miembro haya presentado una reclamación, la autoridad de control ante la que se haya presentado esta también debe ser autoridad de control

(123) The supervisory authorities should monitor the application of the provisions pursuant to this Regulation and contribute to its consistent application throughout the Union, in order to protect natural persons in relation to the processing of their personal data and to facilitate the free flow of personal data within the internal market. For that purpose, the supervisory authorities should cooperate with each other and with the Commission, without the need for any agreement between Member States on the provision of mutual assistance or on such cooperation.

(124) Where the processing of personal data takes place in the context of the activities of an establishment of a controller or a processor in the Union and the controller or processor is established in more than one Member State, or where processing taking place in the context of the activities of a single establishment of a controller or processor in the Union substantially affects or is likely to substantially affect data subjects in more than one Member State, the supervisory authority for the main establishment of the controller or processor or for the single establishment of the controller or processor should act as lead authority. It should cooperate with the other authorities concerned, because the controller or processor has an establishment on the territory of their Member State, because data subjects residing on their territory are substantially affected, or because a complaint has been lodged with them. Also where a data subject not residing in that Member State has lodged a complaint, the supervisory authority with which such complaint has been

interesada. En el marco de sus funciones de formulación de directrices sobre cualquier cuestión relacionada con la aplicación del presente Reglamento, el Comité debe estar facultado para formular directrices, en particular sobre los criterios que han de tenerse en cuenta para determinar si el tratamiento en cuestión afecta sustancialmente a interesados de más de un Estado miembro y sobre lo que constituya una objeción pertinente y motivada.

(125) La autoridad principal debe ser competente para adoptar decisiones vinculantes relativas a las medidas de aplicación de los poderes conferidos con arreglo al presente Reglamento. En su calidad de autoridad principal, la autoridad de control debe implicar estrechamente y coordinar a las autoridades de control interesadas en el proceso de toma de decisiones. En los casos en los que la decisión consista en rechazar total o parcialmente la reclamación del interesado, esa decisión debe ser adoptada por la autoridad de control ante la que se haya presentado la reclamación.

(126) La decisión debe ser acordada conjuntamente por la autoridad de control principal y las autoridades de control interesadas y debe dirigirse al establecimiento principal o único del responsable o del encargado del tratamiento y ser vinculante para ambos. El responsable o el encargado deben tomar las medidas necesarias para garantizar el cumplimiento del presente Reglamento y la aplicación de la decisión notificada por la autoridad de control principal al establecimiento principal del responsable o del encargado en lo que se refiere a las actividades de tratamiento en la Unión.

(127) Cada autoridad de control que no actúa como autoridad principal debe ser competente para tratar asuntos locales en los que, si bien el responsable o el

lodged should also be a supervisory authority concerned. Within its tasks to issue guidelines on any question covering the application of this Regulation, the Board should be able to issue guidelines in particular on the criteria to be taken into account in order to ascertain whether the processing in question substantially affects data subjects in more than one Member State and on what constitutes a relevant and reasoned objection.

(125) The lead authority should be competent to adopt binding decisions regarding measures applying the powers conferred on it in accordance with this Regulation. In its capacity as lead authority, the supervisory authority should closely involve and coordinate the supervisory authorities concerned in the decision-making process. Where the decision is to reject the complaint by the data subject in whole or in part, that decision should be adopted by the supervisory authority with which the complaint has been lodged.

(126) The decision should be agreed jointly by the lead supervisory authority and the supervisory authorities concerned and should be directed towards the main or single establishment of the controller or processor and be binding on the controller and processor. The controller or processor should take the necessary measures to ensure compliance with this Regulation and the implementation of the decision notified by the lead supervisory authority to the main establishment of the controller or processor as regards the processing activities in the Union.

(127) Each supervisory authority not acting as the lead supervisory authority should be competent to handle local cases where the controller or processor

encargado del tratamiento está establecido en más de un Estado miembro, el objeto del tratamiento específico se refiere exclusivamente al tratamiento efectuado en un único Estado miembro y afecta exclusivamente a interesados de ese único Estado miembro, por ejemplo cuando el tratamiento tiene como objeto datos personales de empleados en el contexto específico de empleo de un Estado miembro. En tales casos, la autoridad de control debe informar sin dilación al respecto a la autoridad de control principal. Una vez informada, la autoridad de control principal debe decidir si tratará el asunto de acuerdo con la disposición aplicable a la cooperación entre la autoridad de control principal y otras autoridades de control interesadas («mecanismo de ventanilla única»), o si lo debe tratar localmente la autoridad de control que le haya informado. Al decidir si trata el asunto, la autoridad de control principal debe considerar si existe un establecimiento del responsable o del encargado en el Estado miembro de la autoridad de control que le haya informado, con el fin de garantizar la ejecución efectiva de la decisión respecto del responsable o encargado del tratamiento. Si la autoridad de control principal decide tratar el asunto, se debe ofrecer a la autoridad de control informante la posibilidad de presentar un proyecto de decisión, que la autoridad de control principal ha de tener en cuenta en la mayor medida posible al preparar su proyecto de decisión al amparo del mecanismo de ventanilla única.

(128) Las normas sobre la autoridad de control principal y el mecanismo de ventanilla única no deben aplicarse cuando el tratamiento sea realizado por autoridades públicas u organismos privados en interés público. En tales casos, la única autoridad de control

is established in more than one Member State, but the subject matter of the specific processing concerns only processing carried out in a single Member State and involves only data subjects in that single Member State, for example, where the subject matter concerns the processing of employees' personal data in the specific employment context of a Member State. In such cases, the supervisory authority should inform the lead supervisory authority without delay about the matter. After being informed, the lead supervisory authority should decide, whether it will handle the case pursuant to the provision on cooperation between the lead supervisory authority and other supervisory authorities concerned ('one-stop-shop mechanism'), or whether the supervisory authority which informed it should handle the case at local level. When deciding whether it will handle the case, the lead supervisory authority should take into account whether there is an establishment of the controller or processor in the Member State of the supervisory authority which informed it in order to ensure effective enforcement of a decision vis-à-vis the controller or processor. Where the lead supervisory authority decides to handle the case, the supervisory authority which informed it should have the possibility to submit a draft for a decision, of which the lead supervisory authority should take utmost account when preparing its draft decision in that one-stop-shop mechanism.

(128) The rules on the lead supervisory authority and the one-stop-shop mechanism should not apply where the processing is carried out by public authorities or private bodies in the public interest. In such cases the only supervisory authority competent to

competente para ejercer los poderes conferidos con arreglo al presente Reglamento debe ser la autoridad de control del Estado miembro en el que estén establecidos la autoridad pública o el organismo privado.

(129) Para garantizar la supervisión y ejecución coherentes del presente Reglamento en toda la Unión, las autoridades de control deben tener en todos los Estados miembros las mismas funciones y poderes efectivos, incluidos poderes de investigación, poderes correctivos y sancionadores, y poderes de autorización y consultivos, especialmente en casos de reclamaciones de personas físicas, y sin perjuicio de las competencias de las autoridades encargadas de la persecución de los delitos con arreglo al Derecho de los Estados miembros para poner en conocimiento de las autoridades judiciales las infracciones del presente Reglamento y ejercitar acciones judiciales. Dichos poderes deben incluir también el poder de imponer una limitación temporal o definitiva al tratamiento, incluida su prohibición. Los Estados miembros pueden especificar otras funciones relacionadas con la protección de datos personales con arreglo al presente Reglamento. Los poderes de las autoridades de control deben ejercerse de conformidad con garantías procesales adecuadas establecidas en el Derecho de la Unión y los Estados miembros, de forma imparcial, equitativa y en un plazo razonable. En particular, toda medida debe ser adecuada, necesaria y proporcionada con vistas a garantizar el cumplimiento del presente Reglamento, teniendo en cuenta las circunstancias de cada caso concreto, respetar el derecho de todas las personas a ser oídas antes de que se adopte cualquier medida que las afecte negativamente y evitar costes superfluos y molestias excesivas para las personas afectadas. Los poderes de

exercise the powers conferred to it in accordance with this Regulation should be the supervisory authority of the Member State where the public authority or private body is established.

(129) In order to ensure consistent monitoring and enforcement of this Regulation throughout the Union, the supervisory authorities should have in each Member State the same tasks and effective powers, including powers of investigation, corrective powers and sanctions, and authorisation and advisory powers, in particular in cases of complaints from natural persons, and without prejudice to the powers of prosecutorial authorities under Member State law, to bring infringements of this Regulation to the attention of the judicial authorities and engage in legal proceedings. Such powers should also include the power to impose a temporary or definitive limitation, including a ban, on processing. Member States may specify other tasks related to the protection of personal data under this Regulation. The powers of supervisory authorities should be exercised in accordance with appropriate procedural safeguards set out in Union and Member State law, impartially, fairly and within a reasonable time. In particular each measure should be appropriate, necessary and proportionate in view of ensuring compliance with this Regulation, taking into account the circumstances of each individual case, respect the right of every person to be heard before any individual measure which would affect him or her adversely is taken and avoid superfluous costs and excessive inconveniences for the persons concerned. Investigatory powers as regards access to premises should be exercised in accordance with specific requirements in Member State

investigación en lo que se refiere al acceso a instalaciones deben ejercerse de conformidad con los requisitos específicos del Derecho procesal de los Estados miembros, como el de la autorización judicial previa. Toda medida jurídicamente vinculante de la autoridad de control debe constar por escrito, ser clara e inequívoca, indicar la autoridad de control que dictó la medida y la fecha en que se dictó, llevar la firma del director o de un miembro de la autoridad de control autorizado por este, especificar los motivos de la medida y mencionar el derecho a la tutela judicial efectiva. Esto no debe obstar a que se impongan requisitos adicionales con arreglo al Derecho procesal de los Estados miembros. La adopción de una decisión jurídicamente vinculante implica que puede ser objeto de control judicial en el Estado miembro de la autoridad de control que adoptó la decisión.

(130) Cuando la autoridad de control ante la cual se haya presentado la reclamación no sea la autoridad de control principal, esta última debe cooperar estrechamente con la primera con arreglo a las disposiciones sobre cooperación y coherencia establecidas en el presente Reglamento. En tales casos, la autoridad de control principal, al tomar medidas concebidas para producir efectos jurídicos, incluida la imposición de multas administrativas, debe tener en cuenta en la mayor medida posible la opinión de la autoridad de control ante la cual se haya presentado la reclamación y la cual debe seguir siendo competente para realizar cualquier investigación en el territorio de su propio Estado miembro en enlace con la autoridad de control competente.

(131) En casos en los que otra autoridad de control deba actuar como autoridad de control principal para las actividades de tratamiento del responsable o del

procedural law, such as the requirement to obtain a prior judicial authorisation. Each legally binding measure of the supervisory authority should be in writing, be clear and unambiguous, indicate the supervisory authority which has issued the measure, the date of issue of the measure, bear the signature of the head, or a member of the supervisory authority authorised by him or her, give the reasons for the measure, and refer to the right of an effective remedy. This should not preclude additional requirements pursuant to Member State procedural law. The adoption of a legally binding decision implies that it may give rise to judicial review in the Member State of the supervisory authority that adopted the decision.

(130) Where the supervisory authority with which the complaint has been lodged is not the lead supervisory authority, the lead supervisory authority should closely cooperate with the supervisory authority with which the complaint has been lodged in accordance with the provisions on cooperation and consistency laid down in this Regulation. In such cases, the lead supervisory authority should, when taking measures intended to produce legal effects, including the imposition of administrative fines, take utmost account of the view of the supervisory authority with which the complaint has been lodged and which should remain competent to carry out any investigation on the territory of its own Member State in liaison with the competent supervisory authority.

(131) Where another supervisory authority should act as a lead supervisory authority for the processing activities of the controller

encargado pero el objeto concreto de una reclamación o la posible infracción afecta únicamente a las actividades de tratamiento del responsable o del encargado en el Estado miembro en el que se haya presentado la reclamación o detectado la posible infracción y el asunto no afecta sustancialmente ni es probable que afecte sustancialmente a interesados de otros Estados miembros, la autoridad de control que reciba una reclamación o que detecte situaciones que conlleven posibles infracciones del presente Reglamento o reciba de otra manera información sobre estas debe tratar de llegar a un arreglo amistoso con el responsable del tratamiento y, si no prospera, ejercer todos sus poderes. En lo anterior se debe incluir el tratamiento específico realizado en el territorio del Estado miembro de la autoridad de control o con respecto a interesados en el territorio de dicho Estado miembro; el tratamiento efectuado en el contexto de una oferta de bienes o servicios destinada específicamente a interesados en el territorio del Estado miembro de la autoridad de control; o el tratamiento que deba evaluarse teniendo en cuenta las obligaciones legales pertinentes en virtud del Derecho de los Estados miembros.

(132) Entre las actividades de sensibilización del público por parte de las autoridades de control deben incluirse medidas específicas dirigidas a los responsables y los encargados del tratamiento, incluidas las microempresas y las pequeñas y medianas empresas, así como las personas físicas, en particular en el contexto educativo.

(133) Las autoridades de control se deben ayudar una a otra en el desempeño de sus funciones y prestar asistencia mutua, con el fin de garantizar la aplicación y ejecución coherentes del presente Reglamento en el mercado interior. Una autoridad de

or processor but the concrete subject matter of a complaint or the possible infringement concerns only processing activities of the controller or processor in the Member State where the complaint has been lodged or the possible infringement detected and the matter does not substantially affect or is not likely to substantially affect data subjects in other Member States, the supervisory authority receiving a complaint or detecting or being informed otherwise of situations that entail possible infringements of this Regulation should seek an amicable settlement with the controller and, if this proves unsuccessful, exercise its full range of powers. This should include: specific processing carried out in the territory of the Member State of the supervisory authority or with regard to data subjects on the territory of that Member State; processing that is carried out in the context of an offer of goods or services specifically aimed at data subjects in the territory of the Member State of the supervisory authority; or processing that has to be assessed taking into account relevant legal obligations under Member State law.

(132) Awareness-raising activities by supervisory authorities addressed to the public should include specific measures directed at controllers and processors, including micro, small and medium-sized enterprises, as well as natural persons in particular in the educational context.

(133) The supervisory authorities should assist each other in performing their tasks and provide mutual assistance, so as to ensure the consistent application and enforcement of this Regulation in the internal market. A supervisory

control que solicite asistencia mutua puede adoptar una medida provisional si no recibe respuesta a su solicitud de asistencia en el plazo de un mes a partir de su recepción por la otra autoridad de control.

(134) Cada autoridad de control debe participar, cuando proceda, en operaciones conjuntas con otras autoridades de control. La autoridad de control a la que se solicite ayuda debe tener la obligación de responder a la solicitud en un plazo de tiempo determinado.

(135) A fin de garantizar la aplicación coherente del presente Reglamento en toda la Unión, debe establecerse un mecanismo de coherencia para la cooperación entre las autoridades de control. Este mecanismo debe aplicarse en particular cuando una autoridad de control prevea adoptar una medida dirigida a producir efectos jurídicos en lo que se refiere a operaciones de tratamiento que afecten sustancialmente a un número significativo de interesados en varios Estados miembros. También debe aplicarse cuando cualquier autoridad de control interesada o la Comisión soliciten que dicho asunto se trate al amparo del mecanismo de coherencia. Dicho mecanismo debe entenderse sin perjuicio de cualesquiera medidas que la Comisión pueda adoptar en el ejercicio de sus poderes con arreglo a los Tratados.

(136) En aplicación del mecanismo de coherencia, el Comité debe, en un plazo determinado, emitir un dictamen, si así lo decide una mayoría de sus miembros o si así lo solicita cualquier autoridad de control interesada o la Comisión. El Comité también debe estar facultado para adoptar decisiones jurídicamente vinculantes en caso de diferencias entre autoridades de control. A tal efecto debe dictar, en principio por mayoría de dos tercios de sus miembros, decisiones

authority requesting mutual assistance may adopt a provisional measure if it receives no response to a request for mutual assistance within one month of the receipt of that request by the other supervisory authority.

(134) Each supervisory authority should, where appropriate, participate in joint operations with other supervisory authorities. The requested supervisory authority should be obliged to respond to the request within a specified time period.

(135) In order to ensure the consistent application of this Regulation throughout the Union, a consistency mechanism for cooperation between the supervisory authorities should be established. That mechanism should in particular apply where a supervisory authority intends to adopt a measure intended to produce legal effects as regards processing operations which substantially affect a significant number of data subjects in several Member States. It should also apply where any supervisory authority concerned or the Commission requests that such matter should be handled in the consistency mechanism. That mechanism should be without prejudice to any measures that the Commission may take in the exercise of its powers under the Treaties.

(136) In applying the consistency mechanism, the Board should, within a determined period of time, issue an opinion, if a majority of its members so decides or if so requested by any supervisory authority concerned or the Commission. The Board should also be empowered to adopt legally binding decisions where there are disputes between supervisory authorities. For that purpose, it should issue, in principle by a two-thirds majority of its

jurídicamente vinculantes en casos claramente especificados en los que exista conflicto de opiniones entre las autoridades de control, en particular en el mecanismo de cooperación entre la autoridad de control principal y las autoridades de control interesadas sobre el fondo del asunto, especialmente en caso de infracción del presente Reglamento.

(137) La necesidad urgente de actuar puede obedecer a la necesidad de proteger los derechos y libertades de los interesados, en particular cuando exista el riesgo de que pueda verse considerablemente obstaculizado el reconocimiento de alguno de sus derechos. Por lo tanto, una autoridad de control debe poder adoptar en su territorio medidas provisionales, debidamente justificadas, con un plazo de validez determinado no superior a tres meses.

(138) La aplicación de tal mecanismo debe ser una condición para la licitud de una medida de una autoridad de control destinada a producir efectos jurídicos, en aquellos casos en los que su aplicación sea obligatoria. En otros casos de relevancia transfronteriza, la autoridad de control principal y las autoridades de control interesadas deben aplicar entre sí el mecanismo de cooperación, y las autoridades de control interesadas pueden prestarse asistencia mutua y realizar entre sí operaciones conjuntas, sobre una base bilateral o multilateral, sin tener que aplicarlo.

(139) A fin de fomentar la aplicación coherente del presente Reglamento, el Comité debe constituirse como organismo independiente de la Unión. Para cumplir sus objetivos, el Comité debe tener personalidad jurídica. Su presidente debe ostentar su representación. El Comité debe sustituir al Grupo de protección de las personas

members, legally binding decisions in clearly specified cases where there are conflicting views among supervisory authorities, in particular in the cooperation mechanism between the lead supervisory authority and supervisory authorities concerned on the merits of the case, in particular whether there is an infringement of this Regulation.

(137) There may be an urgent need to act in order to protect the rights and freedoms of data subjects, in particular when the danger exists that the enforcement of a right of a data subject could be considerably impeded. A supervisory authority should therefore be able to adopt duly justified provisional measures on its territory with a specified period of validity which should not exceed three months.

(138) The application of such mechanism should be a condition for the lawfulness of a measure intended to produce legal effects by a supervisory authority in those cases where its application is mandatory. In other cases of cross-border relevance, the cooperation mechanism between the lead supervisory authority and supervisory authorities concerned should be applied and mutual assistance and joint operations might be carried out between the supervisory authorities concerned on a bilateral or multilateral basis without triggering the consistency mechanism.

(139) In order to promote the consistent application of this Regulation, the Board should be set up as an independent body of the Union. To fulfil its objectives, the Board should have legal personality. The Board should be represented by its Chair. It should replace the Working Party on the Protection of Individuals

en lo que respecta al tratamiento de datos personales creado por la Directiva 95/46/CE. Debe estar compuesto por el director de una autoridad de control de cada Estado miembro y el Supervisor Europeo de Protección de Datos, o por sus respectivos representantes. La Comisión debe participar en las actividades del Comité sin derecho a voto y se deben reconocer derechos de voto específicos al Supervisor Europeo de Protección de Datos. El Comité debe contribuir a la aplicación coherente del presente Reglamento en toda la Unión, entre otras cosas asesorando a la Comisión, en particular sobre el nivel de protección en terceros países u organizaciones internacionales, y fomentando la cooperación de las autoridades de control en toda la Unión. El Comité debe actuar con independencia en el cumplimiento de sus funciones.

(140) El Comité debe contar con una secretaría, a cargo el Supervisor Europeo de Protección de Datos. El personal del Supervisor Europeo de Protección de Datos que participe en la realización de las funciones conferidas al Comité por el presente Reglamento debe desempeñar sus funciones siguiendo exclusivamente las instrucciones del presidente del Comité y responder ante él.

(141) Todo interesado debe tener derecho a presentar una reclamación ante una autoridad de control única, en particular en el Estado miembro de su residencia habitual, y derecho a la tutela judicial efectiva de conformidad con el artículo 47 de la Carta si considera que se vulneran sus derechos con arreglo al presente Reglamento o en caso de que la autoridad de control no responda a una reclamación, rechace o desestime total o parcialmente una reclamación o no actúe cuando sea necesario para proteger los derechos del interesado. La investigación a raíz de una reclamación debe llevarse a cabo, bajo control

with Regard to the Processing of Personal Data established by Directive 95/46/EC. It should consist of the head of a supervisory authority of each Member State and the European Data Protection Supervisor or their respective representatives. The Commission should participate in the Board's activities without voting rights and the European Data Protection Supervisor should have specific voting rights. The Board should contribute to the consistent application of this Regulation throughout the Union, including by advising the Commission, in particular on the level of protection in third countries or international organisations, and promoting cooperation of the supervisory authorities throughout the Union. The Board should act independently when performing its tasks.

(140) The Board should be assisted by a secretariat provided by the European Data Protection Supervisor. The staff of the European Data Protection Supervisor involved in carrying out the tasks conferred on the Board by this Regulation should perform its tasks exclusively under the instructions of, and report to, the Chair of the Board.

(141) Every data subject should have the right to lodge a complaint with a single supervisory authority, in particular in the Member State of his or her habitual residence, and the right to an effective judicial remedy in accordance with Article 47 of the Charter if the data subject considers that his or her rights under this Regulation are infringed or where the supervisory authority does not act on a complaint, partially or wholly rejects or dismisses a complaint or does not act where such action is necessary to protect the rights of the data subject. The investigation following a complaint

judicial, si procede en el caso concreto. La autoridad de control debe informar al interesado de la evolución y el resultado de la reclamación en un plazo razonable. Si el asunto requiere una mayor investigación o coordinación con otra autoridad de control, se debe facilitar información intermedia al interesado. Para facilitar la presentación de reclamaciones, cada autoridad de control debe adoptar medidas como el suministro de un formulario de reclamaciones, que pueda cumplimentarse también por medios electrónicos, sin excluir otros medios de comunicación.

(142) El interesado que considere vulnerados los derechos reconocidos por el presente Reglamento debe tener derecho a conferir mandato a una entidad, organización o asociación sin ánimo de lucro que esté constituida con arreglo al Derecho de un Estado miembro, tenga objetivos estatutarios que sean de interés público y actúe en el ámbito de la protección de los datos personales, para que presente en su nombre una reclamación ante la autoridad de control, ejerza el derecho a la tutela judicial en nombre de los interesados o, si así lo establece el Derecho del Estado miembro, ejerza el derecho a recibir una indemnización en nombre de estos. Un Estado miembro puede reconocer a tal entidad, organización o asociación el derecho a presentar en él una reclamación con independencia del mandato de un interesado y el derecho a la tutela judicial efectiva, cuando existan motivos para creer que se han vulnerado los derechos de un interesado como consecuencia de un tratamiento de datos personales que sea contrario al presente Reglamento. Esa entidad, organización o asociación no puede estar autorizada a reclamar una indemnización en nombre

should be carried out, subject to judicial review, to the extent that is appropriate in the specific case. The supervisory authority should inform the data subject of the progress and the outcome of the complaint within a reasonable period. If the case requires further investigation or coordination with another supervisory authority, intermediate information should be given to the data subject. In order to facilitate the submission of complaints, each supervisory authority should take measures such as providing a complaint submission form which can also be completed electronically, without excluding other means of communication.

(142) Where a data subject considers that his or her rights under this Regulation are infringed, he or she should have the right to mandate a not-for-profit body, organisation or association which is constituted in accordance with the law of a Member State, has statutory objectives which are in the public interest and is active in the field of the protection of personal data to lodge a complaint on his or her behalf with a supervisory authority, exercise the right to a judicial remedy on behalf of data subjects or, if provided for in Member State law, exercise the right to receive compensation on behalf of data subjects. A Member State may provide for such a body, organisation or association to have the right to lodge a complaint in that Member State, independently of a data subject's mandate, and the right to an effective judicial remedy where it has reasons to consider that the rights of a data subject have been infringed as a result of the processing of personal data which infringes this Regulation. That body, organisation or association may not be allowed to claim compensation on a data subject's behalf

de un interesado al margen del mandato de este último.

(143) Toda persona física o jurídica tiene derecho a interponer ante el Tribunal de Justicia recurso de anulación de decisiones del Comité, en las condiciones establecidas en el artículo 263 del TFUE. Como destinatarias de dichas decisiones, las autoridades de control interesadas que quieran impugnarlas tienen que interponer recurso en el plazo de dos meses a partir del momento en que les fueron notificadas, de conformidad con el artículo 263 del TFUE. En caso de que las decisiones del Comité afecten directa e individualmente a un responsable, un encargado o al reclamante, estos pueden interponer recurso de anulación de dichas decisiones en el plazo de dos meses a partir de su publicación en el sitio web del Comité, de conformidad con el artículo 263 del TFUE. Sin perjuicio de lo dispuesto en el artículo 263 del TFUE, toda persona física o jurídica debe tener derecho a la tutela judicial efectiva ante el tribunal nacional competente contra las decisiones de una autoridad de control que produzcan efectos jurídicos que le afecten. Tales decisiones se refieren en particular al ejercicio de los poderes de investigación, corrección y autorización por parte de la autoridad de control o a la desestimación o rechazo de reclamaciones. No obstante, el derecho a la tutela judicial efectiva no incluye medidas adoptadas por las autoridades de control que no sean jurídicamente vinculantes, como los dictámenes publicados o el asesoramiento facilitado por ellas. Las acciones contra una autoridad de control deben ejercitarse ante los tribunales del Estado miembro en el que esté establecida y tramitarse con arreglo al Derecho procesal de dicho Estado miembro. Dichos tribunales deben tener plena jurisdicción, incluida la competencia para examinar todos los elementos de hecho y de Derecho

(143) Any natural or legal person has the right to bring an action for annulment of decisions of the Board before the Court of Justice under the conditions provided for in Article 263 TFEU. As addressees of such decisions, the supervisory authorities concerned which wish to challenge them have to bring action within two months of being notified of them, in accordance with Article 263 TFEU. Where decisions of the Board are of direct and individual concern to a controller, processor or complainant, the latter may bring an action for annulment against those decisions within two months of their publication on the website of the Board, in accordance with Article 263 TFEU. Without prejudice to this right under Article 263 TFEU, each natural or legal person should have an effective judicial remedy before the competent national court against a decision of a supervisory authority which produces legal effects concerning that person. Such a decision concerns in particular the exercise of investigative, corrective and authorisation powers by the supervisory authority or the dismissal or rejection of complaints. However, the right to an effective judicial remedy does not encompass measures taken by supervisory authorities which are not legally binding, such as opinions issued by or advice provided by the supervisory authority. Proceedings against a supervisory authority should be brought before the courts of the Member State where the supervisory authority is established and should be conducted in accordance with that Member State's procedural law. Those courts should exercise full jurisdiction, which should include jurisdiction to examine all questions of fact and law

relativos a la causa de la que conozcan. Si una autoridad de control rechaza o desestima una reclamación, el reclamante puede ejercitar una acción ante los tribunales del mismo Estado miembro. En el contexto de las acciones judiciales relacionadas con la aplicación del presente Reglamento, los tribunales nacionales que estimen necesaria una decisión al respecto para poder emitir su fallo pueden, o en el caso establecido en el artículo 267 del TFUE, deben solicitar al Tribunal de Justicia que se pronuncie con carácter prejudicial sobre la interpretación del Derecho de la Unión, incluido el presente Reglamento. Además, si una decisión de una autoridad de control por la que se ejecuta una decisión del Comité se impugna ante un tribunal nacional y se cuestiona la validez de la decisión del Comité, dicho tribunal nacional no es competente para declarar inválida la decisión del Comité, sino que, si la considera inválida, tiene que remitir la cuestión de la validez al Tribunal de Justicia de conformidad con el artículo 267 del TFUE, según la interpretación de este. No obstante, un tribunal nacional puede no remitir la cuestión de la validez de la decisión del Comité a instancia de una persona física o jurídica que, habiendo tenido la oportunidad de interponer recurso de anulación de dicha decisión, en particular si dicha decisión la afectaba directa e individualmente, no lo hizo en el plazo establecido en el artículo 263 del TFUE.

(144) Si un tribunal ante el cual se ejercitaron acciones contra una decisión de una autoridad de control tiene motivos para creer que se ejercitaron acciones ante un tribunal competente de otro Estado miembro relativas al mismo tratamiento, como tener el mismo asunto con respecto a un tratamiento por el mismo responsable o encargado, o la misma causa de la acción, debe ponerse en contacto con ese tribunal para

relevant to the dispute before them. Where a complaint has been rejected or dismissed by a supervisory authority, the complainant may bring proceedings before the courts in the same Member State. In the context of judicial remedies relating to the application of this Regulation, national courts which consider a decision on the question necessary to enable them to give judgment, may, or in the case provided for in Article 267 TFEU, must, request the Court of Justice to give a preliminary ruling on the interpretation of Union law, including this Regulation. Furthermore, where a decision of a supervisory authority implementing a decision of the Board is challenged before a national court and the validity of the decision of the Board is at issue, that national court does not have the power to declare the Board's decision invalid but must refer the question of validity to the Court of Justice in accordance with Article 267 TFEU as interpreted by the Court of Justice, where it considers the decision invalid. However, a national court may not refer a question on the validity of the decision of the Board at the request of a natural or legal person which had the opportunity to bring an action for annulment of that decision, in particular if it was directly and individually concerned by that decision, but had not done so within the period laid down in Article 263 TFEU.

(144) Where a court seized of proceedings against a decision by a supervisory authority has reason to believe that proceedings concerning the same processing, such as the same subject matter as regards processing by the same controller or processor, or the same cause of action, are brought before a competent court in another Member State, it should contact that court in order to confirm the existence

confirmar la existencia de tales acciones conexas. Si dichas acciones conexas están pendientes ante un tribunal de otro Estado miembro, cualquier otro tribunal distinto de aquel ante el cual se ejercitó la acción en primer lugar puede suspender el procedimiento o, a instancia de una de las partes, inhibirse a favor del tribunal ante el cual se ejercitó la acción en primer lugar si este último es competente para su conocimiento y su acumulación es conforme a Derecho. Se consideran conexas las acciones vinculadas entre sí por una relación tan estrecha que procede tramitarlas y resolverlas conjuntamente a fin de evitar resoluciones que podrían ser incompatibles si se sustanciaran como causas separadas.

(145) Por lo que respecta a las acciones contra los responsables o encargados del tratamiento, el reclamante debe tener la opción de ejercitarlas ante los tribunales de los Estados miembros en los que el responsable o el encargado tenga un establecimiento o resida el interesado, a menos que el responsable sea una autoridad pública de un Estado miembro que actúe en el ejercicio de poderes públicos.

(146) El responsable o el encargado del tratamiento debe indemnizar cualesquiera daños y perjuicios que pueda sufrir una persona como consecuencia de un tratamiento en infracción del presente Reglamento. El responsable o el encargado deben quedar exentos de responsabilidad si se demuestra que en modo alguno son responsables de los daños y perjuicios. El concepto de daños y perjuicios debe interpretarse en sentido amplio a la luz de la jurisprudencia del Tribunal de Justicia, de tal modo que se respeten plenamente los objetivos del presente Reglamento. Lo anterior se entiende sin perjuicio de cualquier reclamación por daños y perjuicios derivada de la

of such related proceedings. If related proceedings are pending before a court in another Member State, any court other than the court first seized may stay its proceedings or may, on request of one of the parties, decline jurisdiction in favour of the court first seized if that court has jurisdiction over the proceedings in question and its law permits the consolidation of such related proceedings. Proceedings are deemed to be related where they are so closely connected that it is expedient to hear and determine them together in order to avoid the risk of irreconcilable judgments resulting from separate proceedings.

(145) For proceedings against a controller or processor, the plaintiff should have the choice to bring the action before the courts of the Member States where the controller or processor has an establishment or where the data subject resides, unless the controller is a public authority of a Member State acting in the exercise of its public powers.

(146) The controller or processor should compensate any damage which a person may suffer as a result of processing that infringes this Regulation. The controller or processor should be exempt from liability if it proves that it is not in any way responsible for the damage. The concept of damage should be broadly interpreted in the light of the case-law of the Court of Justice in a manner which fully reflects the objectives of this Regulation. This is without prejudice to any claims for damage deriving from the violation of other rules in Union or Member State law. Processing that infringes this Regulation also includes processing

vulneración de otras normas del Derecho de la Unión o de los Estados miembros. Un tratamiento en infracción del presente Reglamento también incluye aquel tratamiento que infringe actos delegados y de ejecución adoptados de conformidad con el presente Reglamento y el Derecho de los Estados miembros que especifique las normas del presente Reglamento. Los interesados deben recibir una indemnización total y efectiva por los daños y perjuicios sufridos. Si los responsables o encargados participan en el mismo tratamiento, cada responsable o encargado debe ser considerado responsable de la totalidad de los daños y perjuicios. No obstante, si se acumulan en la misma causa de conformidad con el Derecho de los Estados miembros, la indemnización puede prorratearse en función de la responsabilidad de cada responsable o encargado por los daños y perjuicios causados por el tratamiento, siempre que se garantice la indemnización total y efectiva del interesado que sufrió los daños y perjuicios. Todo responsable o encargado que haya abonado la totalidad de la indemnización puede interponer recurso posteriormente contra otros responsables o encargados que hayan participado en el mismo tratamiento.

(147) En los casos en que el presente Reglamento contiene normas específicas sobre competencia judicial, en particular por lo que respecta a las acciones que tratan de obtener satisfacción por la vía judicial, incluida la indemnización, contra un responsable o encargado del tratamiento, las normas generales de competencia judicial como las establecidas en el Reglamento (UE) n.o 1215/2012 del Parlamento Europeo y del Consejo (13) deben entenderse sin perjuicio de la aplicación de dichas normas específicas.

(148) A fin de reforzar la aplicación de las normas del presente Reglamento,

that infringes delegated and implementing acts adopted in accordance with this Regulation and Member State law specifying rules of this Regulation. Data subjects should receive full and effective compensation for the damage they have suffered. Where controllers or processors are involved in the same processing, each controller or processor should be held liable for the entire damage. However, where they are joined to the same judicial proceedings, in accordance with Member State law, compensation may be apportioned according to the responsibility of each controller or processor for the damage caused by the processing, provided that full and effective compensation of the data subject who suffered the damage is ensured. Any controller or processor which has paid full compensation may subsequently institute recourse proceedings against other controllers or processors involved in the same processing.

(147) Where specific rules on jurisdiction are contained in this Regulation, in particular as regards proceedings seeking a judicial remedy including compensation, against a controller or processor, general jurisdiction rules such as those of Regulation (EU) No 1215/2012 of the European Parliament and of the Council (13) should not prejudice the application of such specific rules.

(148) In order to strengthen the enforcement of the rules of this

cualquier infracción de este debe ser castigada con sanciones, incluidas multas administrativas, con carácter adicional a medidas adecuadas impuestas por la autoridad de control en virtud del presente Reglamento, o en sustitución de estas. En caso de infracción leve, o si la multa que probablemente se impusiera constituyese una carga desproporcionada para una persona física, en lugar de sanción mediante multa puede imponerse un apercibimiento. Debe no obstante prestarse especial atención a la naturaleza, gravedad y duración de la infracción, a su carácter intencional, a las medidas tomadas para paliar los daños y perjuicios sufridos, al grado de responsabilidad o a cualquier infracción anterior pertinente, a la forma en que la autoridad de control haya tenido conocimiento de la infracción, al cumplimiento de medidas ordenadas contra el responsable o encargado, a la adhesión a códigos de conducta y a cualquier otra circunstancia agravante o atenuante. La imposición de sanciones, incluidas las multas administrativas, debe estar sujeta a garantías procesales suficientes conforme a los principios generales del Derecho de la Unión y de la Carta, entre ellas el derecho a la tutela judicial efectiva y a un proceso con todas las garantías.

(149) Los Estados miembros deben tener la posibilidad de establecer normas en materia de sanciones penales por infracciones del presente Reglamento, incluidas las infracciones de normas nacionales adoptadas con arreglo a él y dentro de sus límites. Dichas sanciones penales pueden asimismo autorizar la privación de los beneficios obtenidos en infracción del presente Reglamento. No obstante, la imposición de sanciones penales por infracciones de dichas normas nacionales y de sanciones administrativas no debe entrañar la

Regulation, penalties including administrative fines should be imposed for any infringement of this Regulation, in addition to, or instead of appropriate measures imposed by the supervisory authority pursuant to this Regulation. In a case of a minor infringement or if the fine likely to be imposed would constitute a disproportionate burden to a natural person, a reprimand may be issued instead of a fine. Due regard should however be given to the nature, gravity and duration of the infringement, the intentional character of the infringement, actions taken to mitigate the damage suffered, degree of responsibility or any relevant previous infringements, the manner in which the infringement became known to the supervisory authority, compliance with measures ordered against the controller or processor, adherence to a code of conduct and any other aggravating or mitigating factor. The imposition of penalties including administrative fines should be subject to appropriate procedural safeguards in accordance with the general principles of Union law and the Charter, including effective judicial protection and due process.

(149) Member States should be able to lay down the rules on criminal penalties for infringements of this Regulation, including for infringements of national rules adopted pursuant to and within the limits of this Regulation. Those criminal penalties may also allow for the deprivation of the profits obtained through infringements of this Regulation. However, the imposition of criminal penalties for infringements of such national rules and of administrative penalties should not lead to a breach of the principle of ne

vulneración del principio ne bis in idem, según la interpretación del Tribunal de Justicia.

(150) A fin de reforzar y armonizar las sanciones administrativas por infracción del presente Reglamento, cada autoridad de control debe estar facultada para imponer multas administrativas. El presente Reglamento debe indicar las infracciones así como el límite máximo y los criterios para fijar las correspondientes multas administrativas, que la autoridad de control competente debe determinar en cada caso individual teniendo en cuenta todas las circunstancias concurrentes en él, atendiendo en particular a la naturaleza, gravedad y duración de la infracción y sus consecuencias y a las medidas tomadas para garantizar el cumplimiento de las obligaciones impuestas por el presente Reglamento e impedir o mitigar las consecuencias de la infracción. Si las multas administrativas se imponen a una empresa, por tal debe entenderse una empresa con arreglo a los artículos 101 y 102 del TFUE. Si las multas administrativas se imponen a personas que no son una empresa, la autoridad de control debe tener en cuenta al valorar la cuantía apropiada de la multa el nivel general de ingresos prevaleciente en el Estado miembro así como la situación económica de la persona. El mecanismo de coherencia también puede emplearse para fomentar una aplicación coherente de las multas administrativas. Debe corresponder a los Estados miembros determinar si y en qué medida se debe imponer multas administrativas a las autoridades públicas. La imposición de una multa administrativa o de una advertencia no afecta al ejercicio de otras competencias de las autoridades de control ni a la aplicación de otras sanciones al amparo del presente Reglamento.

bis in idem, as interpreted by the Court of Justice.

(150) In order to strengthen and harmonise administrative penalties for infringements of this Regulation, each supervisory authority should have the power to impose administrative fines. This Regulation should indicate infringements and the upper limit and criteria for setting the related administrative fines, which should be determined by the competent supervisory authority in each individual case, taking into account all relevant circumstances of the specific situation, with due regard in particular to the nature, gravity and duration of the infringement and of its consequences and the measures taken to ensure compliance with the obligations under this Regulation and to prevent or mitigate the consequences of the infringement. Where administrative fines are imposed on an undertaking, an undertaking should be understood to be an undertaking in accordance with Articles 101 and 102 TFEU for those purposes. Where administrative fines are imposed on persons that are not an undertaking, the supervisory authority should take account of the general level of income in the Member State as well as the economic situation of the person in considering the appropriate amount of the fine. The consistency mechanism may also be used to promote a consistent application of administrative fines. It should be for the Member States to determine whether and to which extent public authorities should be subject to administrative fines. Imposing an administrative fine or giving a warning does not affect the application of other powers of the supervisory authorities or of other penalties under this Regulation.

(151) Los ordenamientos jurídicos de Dinamarca y Estonia no permiten las multas administrativas según lo dispuesto en el presente Reglamento. Las normas sobre multas administrativas pueden ser aplicadas en Dinamarca de tal manera que la multa sea impuesta por los tribunales nacionales competentes en cuanto sanción penal, y en Estonia de tal manera que la multa sea impuesta por la autoridad de control en el marco de un juicio de faltas, siempre que tal aplicación de las normas en dichos Estados miembros tenga un efecto equivalente a las multas administrativas impuestas por las autoridades de control. Por lo tanto los tribunales nacionales competentes deben tener en cuenta la recomendación de la autoridad de control que incoe la multa. En todo caso, las multas impuestas deben ser efectivas, proporcionadas y disuasorias.

(152) En los casos en que el presente Reglamento no armoniza las sanciones administrativas, o en otros casos en que se requiera, por ejemplo en casos de infracciones graves del presente Reglamento, los Estados miembros deben aplicar un sistema que establezca sanciones efectivas, proporcionadas y disuasorias. La naturaleza de dichas sanciones, ya sea penal o administrativa, debe ser determinada por el Derecho de los Estados miembros.

(153) El Derecho de los Estados miembros debe conciliar las normas que rigen la libertad de expresión e información, incluida la expresión periodística, académica, artística o literaria, con el derecho a la protección de los datos personales con arreglo al presente Reglamento. El tratamiento de datos personales con fines exclusivamente periodísticos o con fines de expresión académica, artística o literaria debe estar sujeto a excepciones o exenciones de determinadas disposiciones del presente Reglamento si así se requiere

(151) The legal systems of Denmark and Estonia do not allow for administrative fines as set out in this Regulation. The rules on administrative fines may be applied in such a manner that in Denmark the fine is imposed by competent national courts as a criminal penalty and in Estonia the fine is imposed by the supervisory authority in the framework of a misdemeanour procedure, provided that such an application of the rules in those Member States has an equivalent effect to administrative fines imposed by supervisory authorities. Therefore the competent national courts should take into account the recommendation by the supervisory authority initiating the fine. In any event, the fines imposed should be effective, proportionate and dissuasive.

(152) Where this Regulation does not harmonise administrative penalties or where necessary in other cases, for example in cases of serious infringements of this Regulation, Member States should implement a system which provides for effective, proportionate and dissuasive penalties. The nature of such penalties, criminal or administrative, should be determined by Member State law.

(153) Member States law should reconcile the rules governing freedom of expression and information, including journalistic, academic, artistic and or literary expression with the right to the protection of personal data pursuant to this Regulation. The processing of personal data solely for journalistic purposes, or for the purposes of academic, artistic or literary expression should be subject to derogations or exemptions from certain provisions of this Regulation if necessary to reconcile the right to the

para conciliar el derecho a la protección de los datos personales con el derecho a la libertad de expresión y de información consagrado en el artículo 11 de la Carta. Esto debe aplicarse en particular al tratamiento de datos personales en el ámbito audiovisual y en los archivos de noticias y hemerotecas. Por tanto, los Estados miembros deben adoptar medidas legislativas que establezcan las exenciones y excepciones necesarias para equilibrar estos derechos fundamentales. Los Estados miembros deben adoptar tales exenciones y excepciones con relación a los principios generales, los derechos del interesado, el responsable y el encargado del tratamiento, la transferencia de datos personales a terceros países u organizaciones internacionales, las autoridades de control independientes, la cooperación y la coherencia, y las situaciones específicas de tratamiento de datos. Si dichas exenciones o excepciones difieren de un Estado miembro a otro debe regir el Derecho del Estado miembro que sea aplicable al responsable del tratamiento. A fin de tener presente la importancia del derecho a la libertad de expresión en toda sociedad democrática, es necesario que nociones relativas a dicha libertad, como el periodismo, se interpreten en sentido amplio.

(154) El presente Reglamento permite que, al aplicarlo, se tenga en cuenta el principio de acceso del público a los documentos oficiales. El acceso del público a documentos oficiales puede considerarse de interés público. Los datos personales de documentos que se encuentren en poder de una autoridad pública o un organismo público deben poder ser comunicados públicamente por dicha autoridad u organismo si así lo establece el Derecho de la Unión o los Estados miembros aplicable a dicha autoridad u organismo. Ambos Derechos deben conciliar el acceso del público a

protection of personal data with the right to freedom of expression and information, as enshrined in Article 11 of the Charter. This should apply in particular to the processing of personal data in the audiovisual field and in news archives and press libraries. Therefore, Member States should adopt legislative measures which lay down the exemptions and derogations necessary for the purpose of balancing those fundamental rights. Member States should adopt such exemptions and derogations on general principles, the rights of the data subject, the controller and the processor, the transfer of personal data to third countries or international organisations, the independent supervisory authorities, cooperation and consistency, and specific data-processing situations. Where such exemptions or derogations differ from one Member State to another, the law of the Member State to which the controller is subject should apply. In order to take account of the importance of the right to freedom of expression in every democratic society, it is necessary to interpret notions relating to that freedom, such as journalism, broadly.

(154) This Regulation allows the principle of public access to official documents to be taken into account when applying this Regulation. Public access to official documents may be considered to be in the public interest. Personal data in documents held by a public authority or a public body should be able to be publicly disclosed by that authority or body if the disclosure is provided for by Union or Member State law to which the public authority or public body is subject. Such laws should reconcile public access to official documents and the reuse of

documentos oficiales y la reutilización de la información del sector público con el derecho a la protección de los datos personales y, por tanto, pueden establecer la necesaria conciliación con el derecho a la protección de los datos personales de conformidad con el presente Reglamento. La referencia a autoridades y organismos públicos debe incluir, en este contexto, a todas las autoridades u otros organismos a los que se aplica el Derecho de los Estados miembros sobre el acceso del público a documentos. La Directiva 2003/98/CE del Parlamento Europeo y del Consejo (14) no altera ni afecta en modo alguno al nivel de protección de las personas físicas con respecto al tratamiento de datos personales con arreglo a las disposiciones del Derecho de la Unión y los Estados miembros y, en particular, no altera las obligaciones ni los derechos establecidos en el presente Reglamento. En concreto, dicha Directiva no debe aplicarse a los documentos a los que no pueda accederse o cuyo acceso esté limitado en virtud de regímenes de acceso por motivos de protección de datos personales, ni a partes de documentos accesibles en virtud de dichos regímenes que contengan datos personales cuya reutilización haya quedado establecida por ley como incompatible con el Derecho relativo a la protección de las personas físicas con respecto al tratamiento de los datos personales.

(155) El Derecho de los Estados miembros o los convenios colectivos, incluidos los «convenios de empresa», pueden establecer normas específicas relativas al tratamiento de datos personales de los trabajadores en el ámbito laboral, en particular en relación con las condiciones en las que los datos personales en el contexto laboral pueden ser objeto de tratamiento sobre la base del consentimiento del trabajador, los fines de la contratación, la ejecución del

public sector information with the right to the protection of personal data and may therefore provide for the necessary reconciliation with the right to the protection of personal data pursuant to this Regulation. The reference to public authorities and bodies should in that context include all authorities or other bodies covered by Member State law on public access to documents. Directive 2003/98/EC of the European Parliament and of the Council (14) leaves intact and in no way affects the level of protection of natural persons with regard to the processing of personal data under the provisions of Union and Member State law, and in particular does not alter the obligations and rights set out in this Regulation. In particular, that Directive should not apply to documents to which access is excluded or restricted by virtue of the access regimes on the grounds of protection of personal data, and parts of documents accessible by virtue of those regimes which contain personal data the re-use of which has been provided for by law as being incompatible with the law concerning the protection of natural persons with regard to the processing of personal data.

(155) Member State law or collective agreements, including 'works agreements', may provide for specific rules on the processing of employees' personal data in the employment context, in particular for the conditions under which personal data in the employment context may be processed on the basis of the consent of the employee, the purposes of the recruitment, the performance of the contract of employment, including

contrato laboral, incluido el cumplimiento de las obligaciones establecidas por la ley o por convenio colectivo, la gestión, planificación y organización del trabajo, la igualdad y seguridad en el lugar de trabajo, la salud y seguridad en el trabajo, así como a los fines del ejercicio y disfrute, sea individual o colectivo, de derechos y prestaciones relacionados con el empleo y a efectos de la rescisión de la relación laboral.

(156) El tratamiento de datos personales con fines de archivo en interés público, fines de investigación científica o histórica o fines estadísticos debe estar supeditado a unas garantías adecuadas para los derechos y libertades del interesado de conformidad con el presente Reglamento. Esas garantías deben asegurar que se aplican medidas técnicas y organizativas para que se observe, en particular, el principio de minimización de los datos. El tratamiento ulterior de datos personales con fines de archivo en interés público, fines de investigación científica o histórica o fines estadísticos ha de efectuarse cuando el responsable del tratamiento haya evaluado la viabilidad de cumplir esos fines mediante un tratamiento de datos que no permita identificar a los interesados, o que ya no lo permita, siempre que existan las garantías adecuadas (como, por ejemplo, la seudonimización de datos). Los Estados miembros deben establecer garantías adecuadas para el tratamiento de datos personales con fines de archivo en interés público, fines de investigación científica o histórica o fines estadísticos. Debe autorizarse que los Estados miembros establezcan, bajo condiciones específicas y a reserva de garantías adecuadas para los interesados, especificaciones y excepciones con respecto a los requisitos de información y los derechos de rectificación, de supresión, al olvido, de limitación del

discharge of obligations laid down by law or by collective agreements, management, planning and organisation of work, equality and diversity in the workplace, health and safety at work, and for the purposes of the exercise and enjoyment, on an individual or collective basis, of rights and benefits related to employment, and for the purpose of the termination of the employment relationship.

(156) The processing of personal data for archiving purposes in the public interest, scientific or historical research purposes or statistical purposes should be subject to appropriate safeguards for the rights and freedoms of the data subject pursuant to this Regulation. Those safeguards should ensure that technical and organisational measures are in place in order to ensure, in particular, the principle of data minimisation. The further processing of personal data for archiving purposes in the public interest, scientific or historical research purposes or statistical purposes is to be carried out when the controller has assessed the feasibility to fulfil those purposes by processing data which do not permit or no longer permit the identification of data subjects, provided that appropriate safeguards exist (such as, for instance, pseudonymisation of the data). Member States should provide for appropriate safeguards for the processing of personal data for archiving purposes in the public interest, scientific or historical research purposes or statistical purposes. Member States should be authorised to provide, under specific conditions and subject to appropriate safeguards for data subjects, specifications and derogations with regard to the information requirements and rights to rectification, to erasure,

tratamiento, a la portabilidad de los datos y de oposición, cuando se traten datos personales con fines de archivo en interés público, fines de investigación científica e histórica o fines estadísticos. Las condiciones y garantías en cuestión pueden conllevar procedimientos específicos para que los interesados ejerzan dichos derechos si resulta adecuado a la luz de los fines perseguidos por el tratamiento específico, junto con las medidas técnicas y organizativas destinadas a minimizar el tratamiento de datos personales atendiendo a los principios de proporcionalidad y necesidad. El tratamiento de datos personales con fines científicos también debe observar otras normas pertinentes, como las relativas a los ensayos clínicos.

(157) Combinando información procedente de registros, los investigadores pueden obtener nuevos conocimientos de gran valor sobre condiciones médicas extendidas, como las enfermedades cardiovasculares, el cáncer y la depresión. Partiendo de registros, los resultados de las investigaciones pueden ser más sólidos, ya que se basan en una población mayor. Dentro de las ciencias sociales, la investigación basada en registros permite que los investigadores obtengan conocimientos esenciales acerca de la correlación a largo plazo, con otras condiciones de vida, de diversas condiciones sociales, como el desempleo y la educación. Los resultados de investigaciones obtenidos de registros proporcionan conocimientos sólidos y de alta calidad que pueden servir de base para la concepción y ejecución de políticas basada en el conocimiento, mejorar la calidad de vida de numerosas personas y mejorar la eficiencia de los servicios sociales. Para facilitar la investigación científica, los datos personales pueden tratarse con fines científicos, a reserva de condiciones y

to be forgotten, to restriction of processing, to data portability, and to object when processing personal data for archiving purposes in the public interest, scientific or historical research purposes or statistical purposes. The conditions and safeguards in question may entail specific procedures for data subjects to exercise those rights if this is appropriate in the light of the purposes sought by the specific processing along with technical and organisational measures aimed at minimising the processing of personal data in pursuance of the proportionality and necessity principles. The processing of personal data for scientific purposes should also comply with other relevant legislation such as on clinical trials.

(157) By coupling information from registries, researchers can obtain new knowledge of great value with regard to widespread medical conditions such as cardiovascular disease, cancer and depression. On the basis of registries, research results can be enhanced, as they draw on a larger population. Within social science, research on the basis of registries enables researchers to obtain essential knowledge about the long-term correlation of a number of social conditions such as unemployment and education with other life conditions. Research results obtained through registries provide solid, high-quality knowledge which can provide the basis for the formulation and implementation of knowledge-based policy, improve the quality of life for a number of people and improve the efficiency of social services. In order to facilitate scientific research, personal data can be processed for scientific research purposes, subject to appropriate conditions and safeguards set out in Union or Member State law.

garantías adecuadas establecidas en el Derecho de la Unión o de los Estados miembros.

(158) El presente Reglamento también debe aplicarse al tratamiento de datos personales realizado con fines de archivo, teniendo presente que no debe se de aplicación a personas fallecidas. Las autoridades públicas o los organismos públicos o privados que llevan registros de interés público deben ser servicios que están obligados, con arreglo al Derecho de la Unión o de los Estados miembros, a adquirir, mantener, evaluar, organizar, describir, comunicar, promover y difundir registros de valor perdurable para el interés público general y facilitar acceso a ellos. Los Estados miembros también debe estar autorizados a establecer el tratamiento ulterior de datos personales con fines de archivo, por ejemplo a fin de ofrecer información específica relacionada con el comportamiento político bajo antiguos regímenes de Estados totalitarios, el genocidio, los crímenes contra la humanidad, en particular el Holocausto, o los crímenes de guerra.

(159) El presente Reglamento también debe aplicarse al tratamiento datos personales que se realice con fines de investigación científica. El tratamiento de datos personales con fines de investigación científica debe interpretarse, a efectos del presente Reglamento, de manera amplia, que incluya, por ejemplo, el desarrollo tecnológico y la demostración, la investigación fundamental, la investigación aplicada y la investigación financiada por el sector privado. Además, debe tener en cuenta el objetivo de la Unión establecido en el artículo 179, apartado 1, del TFUE de realizar un espacio europeo de investigación. Entre los fines de investigación científica también se deben incluir los estudios realizados en interés público en el ámbito de la salud

(158) Where personal data are processed for archiving purposes, this Regulation should also apply to that processing, bearing in mind that this Regulation should not apply to deceased persons. Public authorities or public or private bodies that hold records of public interest should be services which, pursuant to Union or Member State law, have a legal obligation to acquire, preserve, appraise, arrange, describe, communicate, promote, disseminate and provide access to records of enduring value for general public interest. Member States should also be authorised to provide for the further processing of personal data for archiving purposes, for example with a view to providing specific information related to the political behaviour under former totalitarian state regimes, genocide, crimes against humanity, in particular the Holocaust, or war crimes.

(159) Where personal data are processed for scientific research purposes, this Regulation should also apply to that processing. For the purposes of this Regulation, the processing of personal data for scientific research purposes should be interpreted in a broad manner including for example technological development and demonstration, fundamental research, applied research and privately funded research. In addition, it should take into account the Union's objective under Article 179(1) TFEU of achieving a European Research Area. Scientific research purposes should also include studies conducted in the public interest in the area of public health. To meet the specificities of processing personal data for scientific research

pública. Para cumplir las especificidades del tratamiento de datos personales con fines de investigación científica deben aplicarse condiciones específicas, en particular en lo que se refiere a la publicación o la comunicación de otro modo de datos personales en el contexto de fines de investigación científica. Si el resultado de la investigación científica, en particular en el ámbito de la salud, justifica otras medidas en beneficio del interesado, las normas generales del presente Reglamento deben aplicarse teniendo en cuenta tales medidas.

(160) El presente Reglamento debe aplicarse asimismo al tratamiento datos personales que se realiza con fines de investigación histórica. Esto incluye asimismo la investigación histórica y la investigación para fines genealógicos, teniendo en cuenta que el presente Reglamento no es de aplicación a personas fallecidas.

(161) Al objeto de otorgar el consentimiento para la participación en actividades de investigación científica en ensayos clínicos, deben aplicarse las disposiciones pertinentes del Reglamento (UE) n.o 536/2014 del Parlamento Europeo y del Consejo (15).

(162) El presente Reglamento debe aplicarse al tratamiento de datos personales con fines estadísticos. El contenido estadístico, el control de accesos, las especificaciones para el tratamiento de datos personales con fines estadísticos y las medidas adecuadas para salvaguardar los derechos y las libertades de los interesados y garantizar la confidencialidad estadística deben ser establecidos, dentro de los límites del presente Reglamento, por el Derecho de la Unión o de los Estados miembros. Por fines estadísticos se entiende cualquier operación de recogida y tratamiento de datos personales necesarios para encuestas estadísticas o para la producción de resultados estadísticos.

purposes, specific conditions should apply in particular as regards the publication or otherwise disclosure of personal data in the context of scientific research purposes. If the result of scientific research in particular in the health context gives reason for further measures in the interest of the data subject, the general rules of this Regulation should apply in view of those measures.

(160) Where personal data are processed for historical research purposes, this Regulation should also apply to that processing. This should also include historical research and research for genealogical purposes, bearing in mind that this Regulation should not apply to deceased persons.

(161) For the purpose of consenting to the participation in scientific research activities in clinical trials, the relevant provisions of Regulation (EU) No 536/2014 of the European Parliament and of the Council (15) should apply.

(162) Where personal data are processed for statistical purposes, this Regulation should apply to that processing. Union or Member State law should, within the limits of this Regulation, determine statistical content, control of access, specifications for the processing of personal data for statistical purposes and appropriate measures to safeguard the rights and freedoms of the data subject and for ensuring statistical confidentiality. Statistical purposes mean any operation of collection and the processing of personal data necessary for statistical surveys or for the production of statistical results. Those statistical results may further be used for different purposes, including a

Estos resultados estadísticos pueden además utilizarse con diferentes fines, incluidos fines de investigación científica. El fin estadístico implica que el resultado del tratamiento con fines estadísticos no sean datos personales, sino datos agregados, y que este resultado o los datos personales no se utilicen para respaldar medidas o decisiones relativas a personas físicas concretas.

scientific research purpose. The statistical purpose implies that the result of processing for statistical purposes is not personal data, but aggregate data, and that this result or the personal data are not used in support of measures or decisions regarding any particular natural person.

(163) Debe protegerse la información confidencial que las autoridades estadísticas de la Unión y nacionales recojan para la elaboración de las estadísticas oficiales europeas y nacionales. Las estadísticas europeas deben desarrollarse, elaborarse y difundirse con arreglo a los principios estadísticos fijados en el artículo 338, apartado 2, del TFUE, mientras que las estadísticas nacionales deben cumplir asimismo el Derecho de los Estados miembros. El Reglamento (CE) n.o 223/2009 del Parlamento Europeo y del Consejo (16) facilita especificaciones adicionales sobre la confidencialidad estadística aplicada a las estadísticas europeas.

(163) The confidential information which the Union and national statistical authorities collect for the production of official European and official national statistics should be protected. European statistics should be developed, produced and disseminated in accordance with the statistical principles as set out in Article 338(2) TFEU, while national statistics should also comply with Member State law. Regulation (EC) No 223/2009 of the European Parliament and of the Council (16) provides further specifications on statistical confidentiality for European statistics.

(164) Por lo que respecta a los poderes de las autoridades de control para obtener del responsable o del encargado del tratamiento acceso a los datos personales y a sus locales, los Estados miembros pueden adoptar por ley, dentro de los límites fijados por el presente Reglamento, normas específicas con vistas a salvaguardar el deber de secreto profesional u obligaciones equivalentes, en la medida necesaria para conciliar el derecho a la protección de los datos personales con el deber de secreto profesional. Lo anterior se entiende sin perjuicio de las obligaciones existentes para los Estados miembros de adoptar normas sobre el secreto profesional cuando así lo exija el Derecho de la Unión.

(164) As regards the powers of the supervisory authorities to obtain from the controller or processor access to personal data and access to their premises, Member States may adopt by law, within the limits of this Regulation, specific rules in order to safeguard the professional or other equivalent secrecy obligations, in so far as necessary to reconcile the right to the protection of personal data with an obligation of professional secrecy. This is without prejudice to existing Member State obligations to adopt rules on professional secrecy where required by Union law.

(165) El presente Reglamento respeta y no prejuzga el estatuto reconocido en los Estados miembros, en virtud del Derecho constitucional, a las iglesias y las asociaciones o comunidades religiosas, tal como se reconoce en el artículo 17 del TFUE.

(166) A fin de cumplir los objetivos del presente Reglamento, a saber, proteger los derechos y las libertades fundamentales de las personas físicas y, en particular, su derecho a la protección de los datos personales, y garantizar la libre circulación de los datos personales en la Unión, debe delegarse en la Comisión el poder de adoptar actos de conformidad con el artículo 290 del TFUE. En particular, deben adoptarse actos delegados en relación con los criterios y requisitos para los mecanismos de certificación, la información que debe presentarse mediante iconos normalizados y los procedimientos para proporcionar dichos iconos. Reviste especial importancia que la Comisión lleve a cabo las consultas oportunas durante la fase preparatoria, en particular con expertos. Al preparar y redactar los actos delegados, la Comisión debe garantizar la transmisión simultánea, oportuna y apropiada de los documentos pertinentes al Parlamento Europeo y al Consejo.

(167) A fin de garantizar condiciones uniformes de ejecución del presente Reglamento, deben conferirse a la Comisión competencias de ejecución cuando así lo establezca el presente Reglamento. Dichas competencias deben ejercerse de conformidad con el Reglamento (UE) n.o 182/2011 del Parlamento Europeo y del Consejo. En este contexto, la Comisión debe considerar la adopción de medidas específicas para las microempresas y las pequeñas y medianas empresas.

(168) El procedimiento de examen debe seguirse para la adopción de actos de ejecución sobre cláusulas contractuales

(165) This Regulation respects and does not prejudice the status under existing constitutional law of churches and religious associations or communities in the Member States, as recognised in Article 17 TFEU.

(166) In order to fulfil the objectives of this Regulation, namely to protect the fundamental rights and freedoms of natural persons and in particular their right to the protection of personal data and to ensure the free movement of personal data within the Union, the power to adopt acts in accordance with Article 290 TFEU should be delegated to the Commission. In particular, delegated acts should be adopted in respect of criteria and requirements for certification mechanisms, information to be presented by standardised icons and procedures for providing such icons. It is of particular importance that the Commission carry out appropriate consultations during its preparatory work, including at expert level. The Commission, when preparing and drawing-up delegated acts, should ensure a simultaneous, timely and appropriate transmission of relevant documents to the European Parliament and to the Council.

(167) In order to ensure uniform conditions for the implementation of this Regulation, implementing powers should be conferred on the Commission when provided for by this Regulation. Those powers should be exercised in accordance with Regulation (EU) No 182/2011. In that context, the Commission should consider specific measures for micro, small and medium-sized enterprises.

(168) The examination procedure should be used for the adoption of implementing acts on standard

tipo entre responsables y encargados del tratamiento y entre responsables del tratamiento; códigos de conducta; normas técnicas y mecanismos de certificación; el nivel adecuado de protección ofrecido por un tercer país, un territorio o un sector específico en ese tercer país, o una organización internacional; cláusulas tipo de protección; formatos y procedimientos para el intercambio de información entre responsables, encargados y autoridades de control respecto de normas corporativas vinculantes; asistencia mutua; y modalidades de intercambio de información por medios electrónicos entre las autoridades de control, y entre las autoridades de control y el Comité.

(169) La Comisión debe adoptar actos de ejecución inmediatamente aplicables cuando las pruebas disponibles muestren que un tercer país, un territorio o un sector específico en ese tercer país, o una organización internacional no garantizan un nivel de protección adecuado y así lo requieran razones imperiosas de urgencia.

(170) Dado que el objetivo del presente Reglamento, a saber, garantizar un nivel equivalente de protección de las personas físicas y la libre circulación de datos personales en la Unión Europea, no puede ser alcanzado de manera suficiente por los Estados miembros, sino que, debido a las dimensiones o los efectos de la acción, puede lograrse mejor a escala de la Unión, esta puede adoptar medidas, de acuerdo con el principio de subsidiariedad establecido en el artículo 5 del Tratado de la Unión Europea (TUE). De conformidad con el principio de proporcionalidad establecido en el mismo artículo, el presente Reglamento no excede de lo necesario para alcanzar dicho objetivo.

contractual clauses between controllers and processors and between processors; codes of conduct; technical standards and mechanisms for certification; the adequate level of protection afforded by a third country, a territory or a specified sector within that third country, or an international organisation; standard protection clauses; formats and procedures for the exchange of information by electronic means between controllers, processors and supervisory authorities for binding corporate rules; mutual assistance; and arrangements for the exchange of information by electronic means between supervisory authorities, and between supervisory authorities and the Board.

(169) The Commission should adopt immediately applicable implementing acts where available evidence reveals that a third country, a territory or a specified sector within that third country, or an international organisation does not ensure an adequate level of protection, and imperative grounds of urgency so require.

(170) Since the objective of this Regulation, namely to ensure an equivalent level of protection of natural persons and the free flow of personal data throughout the Union, cannot be sufficiently achieved by the Member States and can rather, by reason of the scale or effects of the action, be better achieved at Union level, the Union may adopt measures, in accordance with the principle of subsidiarity as set out in Article 5 of the Treaty on European Union (TEU). In accordance with the principle of proportionality as set out in that Article, this Regulation does not go beyond what is necessary in order to achieve that objective.

(171) La Directiva 95/46/CE debe ser derogada por el presente Reglamento. Todo tratamiento ya iniciado en la fecha de aplicación del presente Reglamento debe ajustarse al presente Reglamento en el plazo de dos años a partir de la fecha de su entrada en vigor. Cuando el tratamiento se base en el consentimiento de conformidad con la Directiva 95/46/CE, no es necesario que el interesado dé su consentimiento de nuevo si la forma en que se dio el consentimiento se ajusta a las condiciones del presente Reglamento, a fin de que el responsable pueda continuar dicho tratamiento tras la fecha de aplicación del presente Reglamento. Las decisiones de la Comisión y las autorizaciones de las autoridades de control basadas en la Directiva 95/46/CE permanecen en vigor hasta que sean modificadas, sustituidas o derogadas.

(172) De conformidad con el artículo 28, apartado 2, del Reglamento (CE) n.o 45/2001, se consultó al Supervisor Europeo de Protección de Datos, y éste emitió su dictamen el 7 de marzo de 2012 (17).

(173) El presente Reglamento debe aplicarse a todas las cuestiones relativas a la protección de los derechos y las libertades fundamentales en relación con el tratamiento de datos personales que no están sujetas a obligaciones específicas con el mismo objetivo establecidas en la Directiva 2002/58/CE del Parlamento Europeo y del Consejo (18), incluidas las obligaciones del responsable del tratamiento y los derechos de las personas físicas. Para aclarar la relación entre el presente Reglamento y la Directiva 2002/58/CE, esta última debe ser modificada en consecuencia. Una vez que se adopte el presente Reglamento, debe revisarse la Directiva 2002/58/CE, en particular con objeto de garantizar la coherencia con el presente Reglamento.

(171) Directive 95/46/EC should be repealed by this Regulation. Processing already under way on the date of application of this Regulation should be brought into conformity with this Regulation within the period of two years after which this Regulation enters into force. Where processing is based on consent pursuant to Directive 95/46/EC, it is not necessary for the data subject to give his or her consent again if the manner in which the consent has been given is in line with the conditions of this Regulation, so as to allow the controller to continue such processing after the date of application of this Regulation. Commission decisions adopted and authorisations by supervisory authorities based on Directive 95/46/EC remain in force until amended, replaced or repealed.

(172) The European Data Protection Supervisor was consulted in accordance with Article 28(2) of Regulation (EC) No 45/2001 and delivered an opinion on 7 March 2012 (17).

(173) This Regulation should apply to all matters concerning the protection of fundamental rights and freedoms vis-à-vis the processing of personal data which are not subject to specific obligations with the same objective set out in Directive 2002/58/EC of the European Parliament and of the Council (18), including the obligations on the controller and the rights of natural persons. In order to clarify the relationship between this Regulation and Directive 2002/58/EC, that Directive should be amended accordingly. Once this Regulation is adopted, Directive 2002/58/EC should be reviewed in particular in order to ensure consistency with this Regulation,

HAN ADOPTADO EL PRESENTE REGLAMENTO:

CAPÍTULO I

Disposiciones generales

Artículo 1

Objeto

1. El presente Reglamento establece las normas relativas a la protección de las personas físicas en lo que respecta al tratamiento de los datos personales y las normas relativas a la libre circulación de tales datos.

2. El presente Reglamento protege los derechos y libertades fundamentales de las personas físicas y, en particular, su derecho a la protección de los datos personales.

3. La libre circulación de los datos personales en la Unión no podrá ser restringida ni prohibida por motivos relacionados con la protección de las personas físicas en lo que respecta al tratamiento de datos personales.

Artículo 2

Ámbito de aplicación material

1. El presente Reglamento se aplica al tratamiento total o parcialmente automatizado de datos personales, así como al tratamiento no automatizado de datos personales contenidos o destinados a ser incluidos en un fichero.

2. El presente Reglamento no se aplica al tratamiento de datos personales:

a) en el ejercicio de una actividad no comprendida en el ámbito de aplicación del Derecho de la Unión;

b) por parte de los Estados miembros cuando lleven a cabo actividades comprendidas en el ámbito de aplicación del capítulo 2 del título V del TUE;

HAVE ADOPTED THIS REGULATION:

CHAPTER I

General provisions

Article 1

Subject-matter and objectives

1. This Regulation lays down rules relating to the protection of natural persons with regard to the processing of personal data and rules relating to the free movement of personal data.

2. This Regulation protects fundamental rights and freedoms of natural persons and in particular their right to the protection of personal data.

3. The free movement of personal data within the Union shall be neither restricted nor prohibited for reasons connected with the protection of natural persons with regard to the processing of personal data.

Article 2

Material scope

1. This Regulation applies to the processing of personal data wholly or partly by automated means and to the processing other than by automated means of personal data which form part of a filing system or are intended to form part of a filing system.

2. This Regulation does not apply to the processing of personal data:

(a) in the course of an activity which falls outside the scope of Union law;

(b) by the Member States when carrying out activities which fall within the scope of Chapter 2 of Title V of the TEU;

c) efectuado por una persona física en el ejercicio de actividades exclusivamente personales o domésticas;

d) por parte de las autoridades competentes con fines de prevención, investigación, detección o enjuiciamiento de infracciones penales, o de ejecución de sanciones penales, incluida la de protección frente a amenazas a la seguridad pública y su prevención.

3. El Reglamento (CE) n.o 45/2001 es de aplicación al tratamiento de datos de carácter personal por parte de las instituciones, órganos y organismos de la Unión. El Reglamento (CE) n.o 45/2001 y otros actos jurídicos de la Unión aplicables a dicho tratamiento de datos de carácter personal se adaptarán a los principios y normas del presente Reglamento de conformidad con su artículo 98.

4. El presente Reglamento se entenderá sin perjuicio de la aplicación de la Directiva 2000/31/CE, en particular sus normas relativas a la responsabilidad de los prestadores de servicios intermediarios establecidas en sus artículos 12 a 15.

Artículo 3

Ámbito territorial

1. El presente Reglamento se aplica al tratamiento de datos personales en el contexto de las actividades de un establecimiento del responsable o del encargado en la Unión, independientemente de que el tratamiento tenga lugar en la Unión o no.

2. El presente Reglamento se aplica al tratamiento de datos personales de interesados que residan en la Unión por parte de un responsable o encargado no establecido en la Unión, cuando las actividades de tratamiento estén relacionadas con:

a) la oferta de bienes o servicios a dichos interesados en la Unión,

(c) by a natural person in the course of a purely personal or household activity;

(d) by competent authorities for the purposes of the prevention, investigation, detection or prosecution of criminal offences or the execution of criminal penalties, including the safeguarding against and the prevention of threats to public security.

3. For the processing of personal data by the Union institutions, bodies, offices and agencies, Regulation (EC) No 45/2001 applies. Regulation (EC) No 45/2001 and other Union legal acts applicable to such processing of personal data shall be adapted to the principles and rules of this Regulation in accordance with Article 98.

4. This Regulation shall be without prejudice to the application of Directive 2000/31/EC, in particular of the liability rules of intermediary service providers in Articles 12 to 15 of that Directive.

Article 3

Territorial scope

1. This Regulation applies to the processing of personal data in the context of the activities of an establishment of a controller or a processor in the Union, regardless of whether the processing takes place in the Union or not.

2. This Regulation applies to the processing of personal data of data subjects who are in the Union by a controller or processor not established in the Union, where the processing activities are related to:

(a) the offering of goods or services, irrespective of whether a payment of

independientemente de si a estos se les requiere su pago, o

b) el control de su comportamiento, en la medida en que este tenga lugar en la Unión.

3. El presente Reglamento se aplica al tratamiento de datos personales por parte de un responsable que no esté establecido en la Unión sino en un lugar en que el Derecho de los Estados miembros sea de aplicación en virtud del Derecho internacional público.

Artículo 4

Definiciones

A efectos del presente Reglamento se entenderá por:

1) «datos personales»: toda información sobre una persona física identificada o identificable («el interesado»); se considerará persona física identificable toda persona cuya identidad pueda determinarse, directa o indirectamente, en particular mediante un identificador, como por ejemplo un nombre, un número de identificación, datos de localización, un identificador en línea o uno o varios elementos propios de la identidad física, fisiológica, genética, psíquica, económica, cultural o social de dicha persona;

2) «tratamiento»: cualquier operación o conjunto de operaciones realizadas sobre datos personales o conjuntos de datos personales, ya sea por procedimientos automatizados o no, como la recogida, registro, organización, estructuración, conservación, adaptación o modificación, extracción, consulta, utilización, comunicación por transmisión, difusión o cualquier otra forma de habilitación de acceso, cotejo o interconexión, limitación, supresión o destrucción;

3) «limitación del tratamiento»: el marcado de los datos de carácter

the data subject is required, to such data subjects in the Union; or

(b) the monitoring of their behaviour as far as their behaviour takes place within the Union.

3. This Regulation applies to the processing of personal data by a controller not established in the Union, but in a place where Member State law applies by virtue of public international law.

Article 4

Definitions

For the purposes of this Regulation:

(1) 'personal data' means any information relating to an identified or identifiable natural person ('data subject'); an identifiable natural person is one who can be identified, directly or indirectly, in particular by reference to an identifier such as a name, an identification number, location data, an online identifier or to one or more factors specific to the physical, physiological, genetic, mental, economic, cultural or social identity of that natural person;

(2) 'processing' means any operation or set of operations which is performed on personal data or on sets of personal data, whether or not by automated means, such as collection, recording, organisation, structuring, storage, adaptation or alteration, retrieval, consultation, use, disclosure by transmission, dissemination or otherwise making available, alignment or combination, restriction, erasure or destruction;

(3) 'restriction of processing' means the marking of stored personal data

personal conservados con el fin de limitar su tratamiento en el futuro;

4) «elaboración de perfiles»: toda forma de tratamiento automatizado de datos personales consistente en utilizar datos personales para evaluar determinados aspectos personales de una persona física, en particular para analizar o predecir aspectos relativos al rendimiento profesional, situación económica, salud, preferencias personales, intereses, fiabilidad, comportamiento, ubicación o movimientos de dicha persona física;

5) «seudonimización»: el tratamiento de datos personales de manera tal que ya no puedan atribuirse a un interesado sin utilizar información adicional, siempre que dicha información adicional figure por separado y esté sujeta a medidas técnicas y organizativas destinadas a garantizar que los datos personales no se atribuyan a una persona física identificada o identificable;

6) «fichero»: todo conjunto estructurado de datos personales, accesibles con arreglo a criterios determinados, ya sea centralizado, descentralizado o repartido de forma funcional o geográfica;

7) «responsable del tratamiento» o «responsable»: la persona física o jurídica, autoridad pública, servicio u otro organismo que, solo o junto con otros, determine los fines y medios del tratamiento; si el Derecho de la Unión o de los Estados miembros determina los fines y medios del tratamiento, el responsable del tratamiento o los criterios específicos para su nombramiento podrá establecerlos el Derecho de la Unión o de los Estados miembros;

8) «encargado del tratamiento» o «encargado»: la persona física o jurídica, autoridad pública, servicio u otro

with the aim of limiting their processing in the future;

(4) 'profiling' means any form of automated processing of personal data consisting of the use of personal data to evaluate certain personal aspects relating to a natural person, in particular to analyse or predict aspects concerning that natural person's performance at work, economic situation, health, personal preferences, interests, reliability, behaviour, location or movements;

(5) 'pseudonymisation' means the processing of personal data in such a manner that the personal data can no longer be attributed to a specific data subject without the use of additional information, provided that such additional information is kept separately and is subject to technical and organisational measures to ensure that the personal data are not attributed to an identified or identifiable natural person;

(6) 'filing system' means any structured set of personal data which are accessible according to specific criteria, whether centralised, decentralised or dispersed on a functional or geographical basis;

(7) 'controller' means the natural or legal person, public authority, agency or other body which, alone or jointly with others, determines the purposes and means of the processing of personal data; where the purposes and means of such processing are determined by Union or Member State law, the controller or the specific criteria for its nomination may be provided for by Union or Member State law;

(8) 'processor' means a natural or legal person, public authority, agency or

organismo que trate datos personales por cuenta del responsable del tratamiento;

9) «destinatario»: la persona física o jurídica, autoridad pública, servicio u otro organismo al que se comuniquen datos personales, se trate o no de un tercero. No obstante, no se considerarán destinatarios las autoridades públicas que puedan recibir datos personales en el marco de una investigación concreta de conformidad con el Derecho de la Unión o de los Estados miembros; el tratamiento de tales datos por dichas autoridades públicas será conforme con las normas en materia de protección de datos aplicables a los fines del tratamiento;

10) «tercero»: persona física o jurídica, autoridad pública, servicio u organismo distinto del interesado, del responsable del tratamiento, del encargado del tratamiento y de las personas autorizadas para tratar los datos personales bajo la autoridad directa del responsable o del encargado;

11) «consentimiento del interesado»: toda manifestación de voluntad libre, específica, informada e inequívoca por la que el interesado acepta, ya sea mediante una declaración o una clara acción afirmativa, el tratamiento de datos personales que le conciernen;

12) «violación de la seguridad de los datos personales»: toda violación de la seguridad que ocasione la destrucción, pérdida o alteración accidental o ilícita de datos personales transmitidos, conservados o tratados de otra forma, o la comunicación o acceso no autorizados a dichos datos;

13) «datos genéticos»: datos personales relativos a las características genéticas heredadas o adquiridas de una persona física que proporcionen una información única sobre la fisiología o la salud de esa persona, obtenidos en particular del

other body which processes personal data on behalf of the controller;

(9) 'recipient' means a natural or legal person, public authority, agency or another body, to which the personal data are disclosed, whether a third party or not. However, public authorities which may receive personal data in the framework of a particular inquiry in accordance with Union or Member State law shall not be regarded as recipients; the processing of those data by those public authorities shall be in compliance with the applicable data protection rules according to the purposes of the processing;

(10) 'third party' means a natural or legal person, public authority, agency or body other than the data subject, controller, processor and persons who, under the direct authority of the controller or processor, are authorised to process personal data;

(11) 'consent' of the data subject means any freely given, specific, informed and unambiguous indication of the data subject's wishes by which he or she, by a statement or by a clear affirmative action, signifies agreement to the processing of personal data relating to him or her;

(12) 'personal data breach' means a breach of security leading to the accidental or unlawful destruction, loss, alteration, unauthorised disclosure of, or access to, personal data transmitted, stored or otherwise processed;

(13) 'genetic data' means personal data relating to the inherited or acquired genetic characteristics of a natural person which give unique information about the physiology or the health of that natural person and which result, in particular, from an

análisis de una muestra biológica de tal persona;

14) «datos biométricos»: datos personales obtenidos a partir de un tratamiento técnico específico, relativos a las características físicas, fisiológicas o conductuales de una persona física que permitan o confirmen la identificación única de dicha persona, como imágenes faciales o datos dactiloscópicos;

15) «datos relativos a la salud»: datos personales relativos a la salud física o mental de una persona física, incluida la prestación de servicios de atención sanitaria, que revelen información sobre su estado de salud;

16) «establecimiento principal»: a) en lo que se refiere a un responsable del tratamiento con establecimientos en más de un Estado miembro, el lugar de su administración central en la Unión, salvo que las decisiones sobre los fines y los medios del tratamiento se tomen en otro establecimiento del responsable en la Unión y este último establecimiento tenga el poder de hacer aplicar tales decisiones, en cuyo caso el establecimiento que haya adoptado tales decisiones se considerará establecimiento principal; b) en lo que se refiere a un encargado del tratamiento con establecimientos en más de un Estado miembro, el lugar de su administración central en la Unión o, si careciera de esta, el establecimiento del encargado en la Unión en el que se realicen las principales actividades de tratamiento en el contexto de las actividades de un establecimiento del encargado en la medida en que el encargado esté sujeto a obligaciones específicas con arreglo al presente Reglamento;

17) «representante»: persona física o jurídica establecida en la Unión que, habiendo sido designada por escrito por el responsable o el encargado del

analysis of a biological sample from the natural person in question;

(14) 'biometric data' means personal data resulting from specific technical processing relating to the physical, physiological or behavioural characteristics of a natural person, which allow or confirm the unique identification of that natural person, such as facial images or dactyloscopic data;

(15) 'data concerning health' means personal data related to the physical or mental health of a natural person, including the provision of health care services, which reveal information about his or her health status;

(16) 'main establishment' means: (a) as regards a controller with establishments in more than one Member State, the place of its central administration in the Union, unless the decisions on the purposes and means of the processing of personal data are taken in another establishment of the controller in the Union and the latter establishment has the power to have such decisions implemented, in which case the establishment having taken such decisions is to be considered to be the main establishment; (b) as regards a processor with establishments in more than one Member State, the place of its central administration in the Union, or, if the processor has no central administration in the Union, the establishment of the processor in the Union where the main processing activities in the context of the activities of an establishment of the processor take place to the extent that the processor is subject to specific obligations under this Regulation;

(17) 'representative' means a natural or legal person established in the Union who, designated by the controller or processor in writing pursuant to

tratamiento con arreglo al artículo 27, represente al responsable o al encargado en lo que respecta a sus respectivas obligaciones en virtud del presente Reglamento;

18) «empresa»: persona física o jurídica dedicada a una actividad económica, independientemente de su forma jurídica, incluidas las sociedades o asociaciones que desempeñen regularmente una actividad económica;

19) «grupo empresarial»: grupo constituido por una empresa que ejerce el control y sus empresas controladas;

20) «normas corporativas vinculantes»: las políticas de protección de datos personales asumidas por un responsable o encargado del tratamiento establecido en el territorio de un Estado miembro para transferencias o un conjunto de transferencias de datos personales a un responsable o encargado en uno o más países terceros, dentro de un grupo empresarial o una unión de empresas dedicadas a una actividad económica conjunta;

21) «autoridad de control»: la autoridad pública independiente establecida por un Estado miembro con arreglo a lo dispuesto en el artículo 51;

22) «autoridad de control interesada»: la autoridad de control a la que afecta el tratamiento de datos personales debido a que: a) el responsable o el encargado del tratamiento está establecido en el territorio del Estado miembro de esa autoridad de control; b) los interesados que residen en el Estado miembro de esa autoridad de control se ven sustancialmente afectados o es probable que se vean sustancialmente afectados por el tratamiento, o c) se ha presentado una reclamación ante esa autoridad de control;

23) «tratamiento transfronterizo»: a) el tratamiento de datos personales realizado en el contexto de las

Article 27, represents the controller or processor with regard to their respective obligations under this Regulation;

(18) 'enterprise' means a natural or legal person engaged in an economic activity, irrespective of its legal form, including partnerships or associations regularly engaged in an economic activity;

(19) 'group of undertakings' means a controlling undertaking and its controlled undertakings;

(20) 'binding corporate rules' means personal data protection policies which are adhered to by a controller or processor established on the territory of a Member State for transfers or a set of transfers of personal data to a controller or processor in one or more third countries within a group of undertakings, or group of enterprises engaged in a joint economic activity;

(21) 'supervisory authority' means an independent public authority which is established by a Member State pursuant to Article 51;

(22) 'supervisory authority concerned' means a supervisory authority which is concerned by the processing of personal data because: (a) the controller or processor is established on the territory of the Member State of that supervisory authority; (b) data subjects residing in the Member State of that supervisory authority are substantially affected or likely to be substantially affected by the processing; or (c) a complaint has been lodged with that supervisory authority;

(23) 'cross-border processing' means either: (a) processing of personal data which takes place in the context of the

actividades de establecimientos en más de un Estado miembro de un responsable o un encargado del tratamiento en la Unión, si el responsable o el encargado está establecido en más de un Estado miembro, o b) el tratamiento de datos personales realizado en el contexto de las actividades de un único establecimiento de un responsable o un encargado del tratamiento en la Unión, pero que afecta sustancialmente o es probable que afecte sustancialmente a interesados en más de un Estado miembro;

24) «objeción pertinente y motivada»: la objeción a una propuesta de decisión sobre la existencia o no de infracción del presente Reglamento, o sobre la conformidad con el presente Reglamento de acciones previstas en relación con el responsable o el encargado del tratamiento, que demuestre claramente la importancia de los riesgos que entraña el proyecto de decisión para los derechos y libertades fundamentales de los interesados y, en su caso, para la libre circulación de datos personales dentro de la Unión;

25) «servicio de la sociedad de la información»: todo servicio conforme a la definición del artículo 1, apartado 1, letra b), de la Directiva (UE) 2015/1535 del Parlamento Europeo y del Consejo (19);

26) «organización internacional»: una organización internacional y sus entes subordinados de Derecho internacional público o cualquier otro organismo creado mediante un acuerdo entre dos o más países o en virtud de tal acuerdo.

activities of establishments in more than one Member State of a controller or processor in the Union where the controller or processor is established in more than one Member State; or (b) processing of personal data which takes place in the context of the activities of a single establishment of a controller or processor in the Union but which substantially affects or is likely to substantially affect data subjects in more than one Member State.

(24) 'relevant and reasoned objection' means an objection to a draft decision as to whether there is an infringement of this Regulation, or whether envisaged action in relation to the controller or processor complies with this Regulation, which clearly demonstrates the significance of the risks posed by the draft decision as regards the fundamental rights and freedoms of data subjects and, where applicable, the free flow of personal data within the Union;

(25) 'information society service' means a service as defined in point (b) of Article 1(1) of Directive (EU) 2015/1535 of the European Parliament and of the Council (19);

(26) 'international organisation' means an organisation and its subordinate bodies governed by public international law, or any other body which is set up by, or on the basis of, an agreement between two or more countries.

CAPÍTULO II

Principios

Artículo 5

Principios relativos al tratamiento

1. Los datos personales serán:

CHAPTER II

Principles

Article 5

Principles relating to processing of personal data

1. Personal data shall be:

a) tratados de manera lícita, leal y transparente en relación con el interesado («licitud, lealtad y transparencia»);

b) recogidos con fines determinados, explícitos y legítimos, y no serán tratados ulteriormente de manera incompatible con dichos fines; de acuerdo con el artículo 89, apartado 1, el tratamiento ulterior de los datos personales con fines de archivo en interés público, fines de investigación científica e histórica o fines estadísticos no se considerará incompatible con los fines iniciales («limitación de la finalidad»);

c) adecuados, pertinentes y limitados a lo necesario en relación con los fines para los que son tratados («minimización de datos»);

d) exactos y, si fuera necesario, actualizados; se adoptarán todas las medidas razonables para que se supriman o rectifiquen sin dilación los datos personales que sean inexactos con respecto a los fines para los que se tratan («exactitud»);

e) mantenidos de forma que se permita la identificación de los interesados durante no más tiempo del necesario para los fines del tratamiento de los datos personales; los datos personales podrán conservarse durante períodos más largos siempre que se traten exclusivamente con fines de archivo en interés público, fines de investigación científica o histórica o fines estadísticos, de conformidad con el artículo 89, apartado 1, sin perjuicio de la aplicación de las medidas técnicas y organizativas apropiadas que impone el presente Reglamento a fin de proteger los derechos y libertades del interesado («limitación del plazo de conservación»);

f) tratados de tal manera que se garantice una seguridad adecuada de los datos personales, incluida la protección contra el tratamiento no autorizado o

(a) processed lawfully, fairly and in a transparent manner in relation to the data subject ('lawfulness, fairness and transparency');

(b) collected for specified, explicit and legitimate purposes and not further processed in a manner that is incompatible with those purposes; further processing for archiving purposes in the public interest, scientific or historical research purposes or statistical purposes shall, in accordance with Article 89(1), not be considered to be incompatible with the initial purposes ('purpose limitation');

(c) adequate, relevant and limited to what is necessary in relation to the purposes for which they are processed ('data minimisation');

(d) accurate and, where necessary, kept up to date; every reasonable step must be taken to ensure that personal data that are inaccurate, having regard to the purposes for which they are processed, are erased or rectified without delay ('accuracy');

(e) kept in a form which permits identification of data subjects for no longer than is necessary for the purposes for which the personal data are processed; personal data may be stored for longer periods insofar as the personal data will be processed solely for archiving purposes in the public interest, scientific or historical research purposes or statistical purposes in accordance with Article 89(1) subject to implementation of the appropriate technical and organisational measures required by this Regulation in order to safeguard the rights and freedoms of the data subject ('storage limitation');

(f) processed in a manner that ensures appropriate security of the personal data, including protection against unauthorised or unlawful processing

ilícito y contra su pérdida, destrucción o daño accidental, mediante la aplicación de medidas técnicas u organizativas apropiadas («integridad y confidencialidad»).

2. El responsable del tratamiento será responsable del cumplimiento de lo dispuesto en el apartado 1 y capaz de demostrarlo («responsabilidad proactiva»).

Artículo 6

Licitud del tratamiento

1. El tratamiento solo será lícito si se cumple al menos una de las siguientes condiciones:

a) el interesado dio su consentimiento para el tratamiento de sus datos personales para uno o varios fines específicos;

b) el tratamiento es necesario para la ejecución de un contrato en el que el interesado es parte o para la aplicación a petición de este de medidas precontractuales;

c) el tratamiento es necesario para el cumplimiento de una obligación legal aplicable al responsable del tratamiento;

d) el tratamiento es necesario para proteger intereses vitales del interesado o de otra persona física;

e) el tratamiento es necesario para el cumplimiento de una misión realizada en interés público o en el ejercicio de poderes públicos conferidos al responsable del tratamiento;

f) el tratamiento es necesario para la satisfacción de intereses legítimos perseguidos por el responsable del tratamiento o por un tercero, siempre que sobre dichos intereses no prevalezcan los intereses o los derechos y libertades fundamentales del interesado que requieran la protección de datos personales, en particular cuando el interesado sea un niño.

and against accidental loss, destruction or damage, using appropriate technical or organisational measures ('integrity and confidentiality').

2. The controller shall be responsible for, and be able to demonstrate compliance with, paragraph 1 ('accountability').

Article 6

Lawfulness of processing

1. Processing shall be lawful only if and to the extent that at least one of the following applies:

(a) the data subject has given consent to the processing of his or her personal data for one or more specific purposes;

(b) processing is necessary for the performance of a contract to which the data subject is party or in order to take steps at the request of the data subject prior to entering into a contract;

(c) processing is necessary for compliance with a legal obligation to which the controller is subject;

(d) processing is necessary in order to protect the vital interests of the data subject or of another natural person;

(e) processing is necessary for the performance of a task carried out in the public interest or in the exercise of official authority vested in the controller;

(f) processing is necessary for the purposes of the legitimate interests pursued by the controller or by a third party, except where such interests are overridden by the interests or fundamental rights and freedoms of the data subject which require protection of personal data, in particular where the data subject is a child.

Lo dispuesto en la letra f) del párrafo primero no será de aplicación al tratamiento realizado por las autoridades públicas en el ejercicio de sus funciones.

2. Los Estados miembros podrán mantener o introducir disposiciones más específicas a fin de adaptar la aplicación de las normas del presente Reglamento con respecto al tratamiento en cumplimiento del apartado 1, letras c) y e), fijando de manera más precisa requisitos específicos de tratamiento y otras medidas que garanticen un tratamiento lícito y equitativo, con inclusión de otras situaciones específicas de tratamiento a tenor del capítulo IX.

3. La base del tratamiento indicado en el apartado 1, letras c) y e), deberá ser establecida por:

a) el Derecho de la Unión, o

b) el Derecho de los Estados miembros que se aplique al responsable del tratamiento.

La finalidad del tratamiento deberá quedar determinada en dicha base jurídica o, en lo relativo al tratamiento a que se refiere el apartado 1, letra e), será necesaria para el cumplimiento de una misión realizada en interés público o en el ejercicio de poderes públicos conferidos al responsable del tratamiento. Dicha base jurídica podrá contener disposiciones específicas para adaptar la aplicación de normas del presente Reglamento, entre otras: las condiciones generales que rigen la licitud del tratamiento por parte del responsable; los tipos de datos objeto de tratamiento; los interesados afectados; las entidades a las que se pueden comunicar datos personales y los fines de tal comunicación; la limitación de la finalidad; los plazos de conservación de los datos, así como las operaciones y los procedimientos del tratamiento, incluidas las medidas para garantizar un tratamiento lícito y equitativo, como las

Point (f) of the first subparagraph shall not apply to processing carried out by public authorities in the performance of their tasks.

2. Member States may maintain or introduce more specific provisions to adapt the application of the rules of this Regulation with regard to processing for compliance with points (c) and (e) of paragraph 1 by determining more precisely specific requirements for the processing and other measures to ensure lawful and fair processing including for other specific processing situations as provided for in Chapter IX.

3. The basis for the processing referred to in point (c) and (e) of paragraph 1 shall be laid down by:

(a) Union law; or

(b) Member State law to which the controller is subject.

The purpose of the processing shall be determined in that legal basis or, as regards the processing referred to in point (e) of paragraph 1, shall be necessary for the performance of a task carried out in the public interest or in the exercise of official authority vested in the controller. That legal basis may contain specific provisions to adapt the application of rules of this Regulation, inter alia: the general conditions governing the lawfulness of processing by the controller; the types of data which are subject to the processing; the data subjects concerned; the entities to, and the purposes for which, the personal data may be disclosed; the purpose limitation; storage periods; and processing operations and processing procedures, including measures to ensure lawful and fair processing such as those for other specific processing situations as provided for in Chapter IX. The Union

relativas a otras situaciones específicas de tratamiento a tenor del capítulo IX. El Derecho de la Unión o de los Estados miembros cumplirá un objetivo de interés público y será proporcional al fin legítimo perseguido.

4. Cuando el tratamiento para otro fin distinto de aquel para el que se recogieron los datos personales no esté basado en el consentimiento del interesado o en el Derecho de la Unión o de los Estados miembros que constituya una medida necesaria y proporcional en una sociedad democrática para salvaguardar los objetivos indicados en el artículo 23, apartado 1, el responsable del tratamiento, con objeto de determinar si el tratamiento con otro fin es compatible con el fin para el cual se recogieron inicialmente los datos personales, tendrá en cuenta, entre otras cosas:

a) cualquier relación entre los fines para los cuales se hayan recogido los datos personales y los fines del tratamiento ulterior previsto;

b) el contexto en que se hayan recogido los datos personales, en particular por lo que respecta a la relación entre los interesados y el responsable del tratamiento;

c) la naturaleza de los datos personales, en concreto cuando se traten categorías especiales de datos personales, de conformidad con el artículo 9, o datos personales relativos a condenas e infracciones penales, de conformidad con el artículo 10;

d) las posibles consecuencias para los interesados del tratamiento ulterior previsto;

e) la existencia de garantías adecuadas, que podrán incluir el cifrado o la seudonimización.

Artículo 7

Condiciones para el consentimiento

or the Member State law shall meet an objective of public interest and be proportionate to the legitimate aim pursued.

4. Where the processing for a purpose other than that for which the personal data have been collected is not based on the data subject's consent or on a Union or Member State law which constitutes a necessary and proportionate measure in a democratic society to safeguard the objectives referred to in Article 23(1), the controller shall, in order to ascertain whether processing for another purpose is compatible with the purpose for which the personal data are initially collected, take into account, inter alia:

(a) any link between the purposes for which the personal data have been collected and the purposes of the intended further processing;

(b) the context in which the personal data have been collected, in particular regarding the relationship between data subjects and the controller;

(c) the nature of the personal data, in particular whether special categories of personal data are processed, pursuant to Article 9, or whether personal data related to criminal convictions and offences are processed, pursuant to Article 10;

(d) the possible consequences of the intended further processing for data subjects;

(e) the existence of appropriate safeguards, which may include encryption or pseudonymisation.

Article 7

Conditions for consent

1. Cuando el tratamiento se base en el consentimiento del interesado, el responsable deberá ser capaz de demostrar que aquel consintió el tratamiento de sus datos personales.

2. Si el consentimiento del interesado se da en el contexto de una declaración escrita que también se refiera a otros asuntos, la solicitud de consentimiento se presentará de tal forma que se distinga claramente de los demás asuntos, de forma inteligible y de fácil acceso y utilizando un lenguaje claro y sencillo. No será vinculante ninguna parte de la declaración que constituya infracción del presente Reglamento.

3. El interesado tendrá derecho a retirar su consentimiento en cualquier momento. La retirada del consentimiento no afectará a la licitud del tratamiento basada en el consentimiento previo a su retirada. Antes de dar su consentimiento, el interesado será informado de ello. Será tan fácil retirar el consentimiento como darlo.

4. Al evaluar si el consentimiento se ha dado libremente, se tendrá en cuenta en la mayor medida posible el hecho de si, entre otras cosas, la ejecución de un contrato, incluida la prestación de un servicio, se supedita al consentimiento al tratamiento de datos personales que no son necesarios para la ejecución de dicho contrato.

Artículo 8

Condiciones aplicables al consentimiento del niño en relación con los servicios de la sociedad de la información

1. Cuando se aplique el artículo 6, apartado 1, letra a), en relación con la oferta directa a niños de servicios de la sociedad de la información, el tratamiento de los datos personales de un niño se considerará lícito cuando

1. Where processing is based on consent, the controller shall be able to demonstrate that the data subject has consented to processing of his or her personal data.

2. If the data subject's consent is given in the context of a written declaration which also concerns other matters, the request for consent shall be presented in a manner which is clearly distinguishable from the other matters, in an intelligible and easily accessible form, using clear and plain language. Any part of such a declaration which constitutes an infringement of this Regulation shall not be binding.

3. The data subject shall have the right to withdraw his or her consent at any time. The withdrawal of consent shall not affect the lawfulness of processing based on consent before its withdrawal. Prior to giving consent, the data subject shall be informed thereof. It shall be as easy to withdraw as to give consent.

4. When assessing whether consent is freely given, utmost account shall be taken of whether, inter alia, the performance of a contract, including the provision of a service, is conditional on consent to the processing of personal data that is not necessary for the performance of that contract.

Article 8

Conditions applicable to child's consent in relation to information society services

1. Where point (a) of Article 6(1) applies, in relation to the offer of information society services directly to a child, the processing of the personal data of a child shall be lawful where the child is at least 16 years old. Where

tenga como mínimo 16 años. Si el niño es menor de 16 años, tal tratamiento únicamente se considerará lícito si el consentimiento lo dio o autorizó el titular de la patria potestad o tutela sobre el niño, y solo en la medida en que se dio o autorizó.

Los Estados miembros podrán establecer por ley una edad inferior a tales fines, siempre que esta no sea inferior a 13 años.

2. El responsable del tratamiento hará esfuerzos razonables para verificar en tales casos que el consentimiento fue dado o autorizado por el titular de la patria potestad o tutela sobre el niño, teniendo en cuenta la tecnología disponible.

3. El apartado 1 no afectará a las disposiciones generales del Derecho contractual de los Estados miembros, como las normas relativas a la validez, formación o efectos de los contratos en relación con un niño.

Artículo 9

Tratamiento de categorías especiales de datos personales

1. Quedan prohibidos el tratamiento de datos personales que revelen el origen étnico o racial, las opiniones políticas, las convicciones religiosas o filosóficas, o la afiliación sindical, y el tratamiento de datos genéticos, datos biométricos dirigidos a identificar de manera unívoca a una persona física, datos relativos a la salud o datos relativos a la vida sexual o las orientación sexuales de una persona física.

2. El apartado 1 no será de aplicación cuando concurra una de las circunstancias siguientes:

a) el interesado dio su consentimiento explícito para el tratamiento de dichos datos personales con uno o más de los fines especificados, excepto cuando el Derecho de la Unión o de los Estados miembros establezca que la prohibición

the child is below the age of 16 years, such processing shall be lawful only if and to the extent that consent is given or authorised by the holder of parental responsibility over the child.

Member States may provide by law for a lower age for those purposes provided that such lower age is not below 13 years.

2. The controller shall make reasonable efforts to verify in such cases that consent is given or authorised by the holder of parental responsibility over the child, taking into consideration available technology.

3. Paragraph 1 shall not affect the general contract law of Member States such as the rules on the validity, formation or effect of a contract in relation to a child.

Article 9

Processing of special categories of personal data

1. Processing of personal data revealing racial or ethnic origin, political opinions, religious or philosophical beliefs, or trade union membership, and the processing of genetic data, biometric data for the purpose of uniquely identifying a natural person, data concerning health or data concerning a natural person's sex life or sexual orientation shall be prohibited.

2. Paragraph 1 shall not apply if one of the following applies:

(a) the data subject has given explicit consent to the processing of those personal data for one or more specified purposes, except where Union or Member State law provide that the

mencionada en el apartado 1 no puede ser levantada por el interesado;

b) el tratamiento es necesario para el cumplimiento de obligaciones y el ejercicio de derechos específicos del responsable del tratamiento o del interesado en el ámbito del Derecho laboral y de la seguridad y protección social, en la medida en que así lo autorice el Derecho de la Unión de los Estados miembros o un convenio colectivo con arreglo al Derecho de los Estados miembros que establezca garantías adecuadas del respeto de los derechos fundamentales y de los intereses del interesado;

c) el tratamiento es necesario para proteger intereses vitales del interesado o de otra persona física, en el supuesto de que el interesado no esté capacitado, física o jurídicamente, para dar su consentimiento;

d) el tratamiento es efectuado, en el ámbito de sus actividades legítimas y con las debidas garantías, por una fundación, una asociación o cualquier otro organismo sin ánimo de lucro, cuya finalidad sea política, filosófica, religiosa o sindical, siempre que el tratamiento se refiera exclusivamente a los miembros actuales o antiguos de tales organismos o a personas que mantengan contactos regulares con ellos en relación con sus fines y siempre que los datos personales no se comuniquen fuera de ellos sin el consentimiento de los interesados;

e) el tratamiento se refiere a datos personales que el interesado ha hecho manifiestamente públicos;

f) el tratamiento es necesario para la formulación, el ejercicio o la defensa de reclamaciones o cuando los tribunales actúen en ejercicio de su función judicial;

g) el tratamiento es necesario por razones de un interés público esencial,

prohibition referred to in paragraph 1 may not be lifted by the data subject;

(b) processing is necessary for the purposes of carrying out the obligations and exercising specific rights of the controller or of the data subject in the field of employment and social security and social protection law in so far as it is authorised by Union or Member State law or a collective agreement pursuant to Member State law providing for appropriate safeguards for the fundamental rights and the interests of the data subject;

(c) processing is necessary to protect the vital interests of the data subject or of another natural person where the data subject is physically or legally incapable of giving consent;

(d) processing is carried out in the course of its legitimate activities with appropriate safeguards by a foundation, association or any other not-for-profit body with a political, philosophical, religious or trade union aim and on condition that the processing relates solely to the members or to former members of the body or to persons who have regular contact with it in connection with its purposes and that the personal data are not disclosed outside that body without the consent of the data subjects;

(e) processing relates to personal data which are manifestly made public by the data subject;

(f) processing is necessary for the establishment, exercise or defence of legal claims or whenever courts are acting in their judicial capacity;

(g) processing is necessary for reasons of substantial public interest, on the

sobre la base del Derecho de la Unión o de los Estados miembros, que debe ser proporcional al objetivo perseguido, respetar en lo esencial el derecho a la protección de datos y establecer medidas adecuadas y específicas para proteger los intereses y derechos fundamentales del interesado;

h) el tratamiento es necesario para fines de medicina preventiva o laboral, evaluación de la capacidad laboral del trabajador, diagnóstico médico, prestación de asistencia o tratamiento de tipo sanitario o social, o gestión de los sistemas y servicios de asistencia sanitaria y social, sobre la base del Derecho de la Unión o de los Estados miembros o en virtud de un contrato con un profesional sanitario y sin perjuicio de las condiciones y garantías contempladas en el apartado 3;

i) el tratamiento es necesario por razones de interés público en el ámbito de la salud pública, como la protección frente a amenazas transfronterizas graves para la salud, o para garantizar elevados niveles de calidad y de seguridad de la asistencia sanitaria y de los medicamentos o productos sanitarios, sobre la base del Derecho de la Unión o de los Estados miembros que establezca medidas adecuadas y específicas para proteger los derechos y libertades del interesado, en particular el secreto profesional,

j) el tratamiento es necesario con fines de archivo en interés público, fines de investigación científica o histórica o fines estadísticos, de conformidad con el artículo 89, apartado 1, sobre la base del Derecho de la Unión o de los Estados miembros, que debe ser proporcional al objetivo perseguido, respetar en lo esencial el derecho a la protección de datos y establecer medidas adecuadas y específicas para proteger los intereses y derechos fundamentales del interesado.

basis of Union or Member State law which shall be proportionate to the aim pursued, respect the essence of the right to data protection and provide for suitable and specific measures to safeguard the fundamental rights and the interests of the data subject;

(h) processing is necessary for the purposes of preventive or occupational medicine, for the assessment of the working capacity of the employee, medical diagnosis, the provision of health or social care or treatment or the management of health or social care systems and services on the basis of Union or Member State law or pursuant to contract with a health professional and subject to the conditions and safeguards referred to in paragraph 3;

(i) processing is necessary for reasons of public interest in the area of public health, such as protecting against serious cross-border threats to health or ensuring high standards of quality and safety of health care and of medicinal products or medical devices, on the basis of Union or Member State law which provides for suitable and specific measures to safeguard the rights and freedoms of the data subject, in particular professional secrecy;

(j) processing is necessary for archiving purposes in the public interest, scientific or historical research purposes or statistical purposes in accordance with Article 89(1) based on Union or Member State law which shall be proportionate to the aim pursued, respect the essence of the right to data protection and provide for suitable and specific measures to safeguard the fundamental rights and the interests of the data subject.

3. Los datos personales a que se refiere el apartado 1 podrán tratarse a los fines citados en el apartado 2, letra h), cuando su tratamiento sea realizado por un profesional sujeto a la obligación de secreto profesional, o bajo su responsabilidad, de acuerdo con el Derecho de la Unión o de los Estados miembros o con las normas establecidas por los organismos nacionales competentes, o por cualquier otra persona sujeta también a la obligación de secreto de acuerdo con el Derecho de la Unión o de los Estados miembros o de las normas establecidas por los organismos nacionales competentes.

4. Los Estados miembros podrán mantener o introducir condiciones adicionales, inclusive limitaciones, con respecto al tratamiento de datos genéticos, datos biométricos o datos relativos a la salud.

Artículo 10

Tratamiento de datos personales relativos a condenas e infracciones penales

El tratamiento de datos personales relativos a condenas e infracciones penales o medidas de seguridad conexas sobre la base del artículo 6, apartado 1, sólo podrá llevarse a cabo bajo la supervisión de las autoridades públicas o cuando lo autorice el Derecho de la Unión o de los Estados miembros que establezca garantías adecuadas para los derechos y libertades de los interesados. Solo podrá llevarse un registro completo de condenas penales bajo el control de las autoridades públicas.

Artículo 11

Tratamiento que no requiere identificación

1. Si los fines para los cuales un responsable trata datos personales no requieren o ya no requieren la identificación de un interesado por el responsable, este no estará obligado a

3. Personal data referred to in paragraph 1 may be processed for the purposes referred to in point (h) of paragraph 2 when those data are processed by or under the responsibility of a professional subject to the obligation of professional secrecy under Union or Member State law or rules established by national competent bodies or by another person also subject to an obligation of secrecy under Union or Member State law or rules established by national competent bodies.

4. Member States may maintain or introduce further conditions, including limitations, with regard to the processing of genetic data, biometric data or data concerning health.

Article 10

Processing of personal data relating to criminal convictions and offences

Processing of personal data relating to criminal convictions and offences or related security measures based on Article 6(1) shall be carried out only under the control of official authority or when the processing is authorised by Union or Member State law providing for appropriate safeguards for the rights and freedoms of data subjects. Any comprehensive register of criminal convictions shall be kept only under the control of official authority.

Article 11

Processing which does not require identification

1. If the purposes for which a controller processes personal data do not or do no longer require the identification of a data subject by the controller, the controller shall not be

mantener, obtener o tratar información adicional con vistas a identificar al interesado con la única finalidad de cumplir el presente Reglamento.

2. Cuando, en los casos a que se refiere el apartado 1 del presente artículo, el responsable sea capaz de demostrar que no está en condiciones de identificar al interesado, le informará en consecuencia, de ser posible. En tales casos no se aplicarán los artículos 15 a 20, excepto cuando el interesado, a efectos del ejercicio de sus derechos en virtud de dichos artículos, facilite información adicional que permita su identificación.

CAPÍTULO III

Derechos del interesado

Sección 1

Transparencia y modalidades

Artículo 12

Transparencia de la información, comunicación y modalidades de ejercicio de los derechos del interesado

1. El responsable del tratamiento tomará las medidas oportunas para facilitar al interesado toda información indicada en los artículos 13 y 14, así como cualquier comunicación con arreglo a los artículos 15 a 22 y 34 relativa al tratamiento, en forma concisa, transparente, inteligible y de fácil acceso, con un lenguaje claro y sencillo, en particular cualquier información dirigida específicamente a un niño. La información será facilitada por escrito o por otros medios, inclusive, si procede, por medios electrónicos. Cuando lo solicite el interesado, la información podrá facilitarse verbalmente siempre que se demuestre la identidad del interesado por otros medios.

obliged to maintain, acquire or process additional information in order to identify the data subject for the sole purpose of complying with this Regulation.

2. Where, in cases referred to in paragraph 1 of this Article, the controller is able to demonstrate that it is not in a position to identify the data subject, the controller shall inform the data subject accordingly, if possible. In such cases, Articles 15 to 20 shall not apply except where the data subject, for the purpose of exercising his or her rights under those articles, provides additional information enabling his or her identification.

CHAPTER III

Rights of the data subject

Section 1

Transparency and modalities

Article 12

Transparent information, communication and modalities for the exercise of the rights of the data subject

1. The controller shall take appropriate measures to provide any information referred to in Articles 13 and 14 and any communication under Articles 15 to 22 and 34 relating to processing to the data subject in a concise, transparent, intelligible and easily accessible form, using clear and plain language, in particular for any information addressed specifically to a child. The information shall be provided in writing, or by other means, including, where appropriate, by electronic means. When requested by the data subject, the information may be provided orally, provided that the identity of the data subject is proven by other means.

2. El responsable del tratamiento facilitará al interesado el ejercicio de sus derechos en virtud de los artículos 15 a 22. En los casos a que se refiere el artículo 11, apartado 2, el responsable no se negará a actuar a petición del interesado con el fin de ejercer sus derechos en virtud de los artículos 15 a 22, salvo que pueda demostrar que no está en condiciones de identificar al interesado.

3. El responsable del tratamiento facilitará al interesado información relativa a sus actuaciones sobre la base de una solicitud con arreglo a los artículos 15 a 22, y, en cualquier caso, en el plazo de un mes a partir de la recepción de la solicitud. Dicho plazo podrá prorrogarse otros dos meses en caso necesario, teniendo en cuenta la complejidad y el número de solicitudes. El responsable informará al interesado de cualquiera de dichas prórrogas en el plazo de un mes a partir de la recepción de la solicitud, indicando los motivos de la dilación. Cuando el interesado presente la solicitud por medios electrónicos, la información se facilitará por medios electrónicos cuando sea posible, a menos que el interesado solicite que se facilite de otro modo.

4. Si el responsable del tratamiento no da curso a la solicitud del interesado, le informará sin dilación, y a más tardar transcurrido un mes de la recepción de la solicitud, de las razones de su no actuación y de la posibilidad de presentar una reclamación ante una autoridad de control y de ejercitar acciones judiciales.

5. La información facilitada en virtud de los artículos 13 y 14 así como toda comunicación y cualquier actuación realizada en virtud de los artículos 15 a 22 y 34 serán a título gratuito. Cuando las solicitudes sean manifiestamente infundadas o excesivas, especialmente

2. The controller shall facilitate the exercise of data subject rights under Articles 15 to 22. In the cases referred to in Article 11(2), the controller shall not refuse to act on the request of the data subject for exercising his or her rights under Articles 15 to 22, unless the controller demonstrates that it is not in a position to identify the data subject.

3. The controller shall provide information on action taken on a request under Articles 15 to 22 to the data subject without undue delay and in any event within one month of receipt of the request. That period may be extended by two further months where necessary, taking into account the complexity and number of the requests. The controller shall inform the data subject of any such extension within one month of receipt of the request, together with the reasons for the delay. Where the data subject makes the request by electronic form means, the information shall be provided by electronic means where possible, unless otherwise requested by the data subject.

4. If the controller does not take action on the request of the data subject, the controller shall inform the data subject without delay and at the latest within one month of receipt of the request of the reasons for not taking action and on the possibility of lodging a complaint with a supervisory authority and seeking a judicial remedy.

5. Information provided under Articles 13 and 14 and any communication and any actions taken under Articles 15 to 22 and 34 shall be provided free of charge. Where requests from a data subject are manifestly unfounded or excessive, in

debido a su carácter repetitivo, el responsable del tratamiento podrá:

a) cobrar un canon razonable en función de los costes administrativos afrontados para facilitar la información o la comunicación o realizar la actuación solicitada, o

b) negarse a actuar respecto de la solicitud.

El responsable del tratamiento soportará la carga de demostrar el carácter manifiestamente infundado o excesivo de la solicitud.

6. Sin perjuicio de lo dispuesto en el artículo 11, cuando el responsable del tratamiento tenga dudas razonables en relación con la identidad de la persona física que cursa la solicitud a que se refieren los artículos 15 a 21, podrá solicitar que se facilite la información adicional necesaria para confirmar la identidad del interesado.

7. La información que deberá facilitarse a los interesados en virtud de los artículos 13 y 14 podrá transmitirse en combinación con iconos normalizados que permitan proporcionar de forma fácilmente visible, inteligible y claramente legible una adecuada visión de conjunto del tratamiento previsto. Los iconos que se presenten en formato electrónico serán legibles mecánicamente.

8. La Comisión estará facultada para adoptar actos delegados de conformidad con el artículo 92 a fin de especificar la información que se ha de presentar a través de iconos y los procedimientos para proporcionar iconos normalizados.

particular because of their repetitive character, the controller may either:

(a) charge a reasonable fee taking into account the administrative costs of providing the information or communication or taking the action requested; or

(b) refuse to act on the request.

The controller shall bear the burden of demonstrating the manifestly unfounded or excessive character of the request.

6. Without prejudice to Article 11, where the controller has reasonable doubts concerning the identity of the natural person making the request referred to in Articles 15 to 21, the controller may request the provision of additional information necessary to confirm the identity of the data subject.

7. The information to be provided to data subjects pursuant to Articles 13 and 14 may be provided in combination with standardised icons in order to give in an easily visible, intelligible and clearly legible manner a meaningful overview of the intended processing. Where the icons are presented electronically they shall be machine-readable.

8. The Commission shall be empowered to adopt delegated acts in accordance with Article 92 for the purpose of determining the information to be presented by the icons and the procedures for providing standardised icons.

Sección 2

Información y acceso a los datos personales

Artículo 13

Información que deberá facilitarse cuando los datos personales se obtengan del interesado

1. Cuando se obtengan de un interesado datos personales relativos a él, el responsable del tratamiento, en el momento en que estos se obtengan, le facilitará toda la información indicada a continuación:

a) la identidad y los datos de contacto del responsable y, en su caso, de su representante;

b) los datos de contacto del delegado de protección de datos, en su caso;

c) los fines del tratamiento a que se destinan los datos personales y la base jurídica del tratamiento;

d) cuando el tratamiento se base en el artículo 6, apartado 1, letra f), los intereses legítimos del responsable o de un tercero;

e) los destinatarios o las categorías de destinatarios de los datos personales, en su caso;

f) en su caso, la intención del responsable de transferir datos personales a un tercer país u organización internacional y la existencia o ausencia de una decisión de adecuación de la Comisión, o, en el caso de las transferencias indicadas en los artículos 46 o 47 o el artículo 49, apartado 1, párrafo segundo, referencia a las garantías adecuadas o apropiadas y a los medios para obtener una copia de estas o al hecho de que se hayan prestado.

2. Además de la información mencionada en el apartado 1, el res-

Section 2

Information and access to personal data

Article 13

Information to be provided where personal data are collected from the data subject

1. Where personal data relating to a data subject are collected from the data subject, the controller shall, at the time when personal data are obtained, provide the data subject with all of the following information:

(a) the identity and the contact details of the controller and, where applicable, of the controller's representative;

(b) the contact details of the data protection officer, where applicable;

(c) the purposes of the processing for which the personal data are intended as well as the legal basis for the processing;

(d) where the processing is based on point (f) of Article 6(1), the legitimate interests pursued by the controller or by a third party;

(e) the recipients or categories of recipients of the personal data, if any;

(f) where applicable, the fact that the controller intends to transfer personal data to a third country or international organisation and the existence or absence of an adequacy decision by the Commission, or in the case of transfers referred to in Article 46 or 47, or the second subparagraph of Article 49(1), reference to the appropriate or suitable safeguards and the means by which to obtain a copy of them or where they have been made available.

2. In addition to the information referred to in paragraph 1, the

ponsable del tratamiento facilitará al interesado, en el momento en que se obtengan los datos personales, la siguiente información necesaria para garantizar un tratamiento de datos leal y transparente:

a) el plazo durante el cual se conservarán los datos personales o, cuando no sea posible, los criterios utilizados para determinar este plazo;

b) la existencia del derecho a solicitar al responsable del tratamiento el acceso a los datos personales relativos al interesado, y su rectificación o supresión, o la limitación de su tratamiento, o a oponerse al tratamiento, así como el derecho a la portabilidad de los datos;

c) cuando el tratamiento esté basado en el artículo 6, apartado 1, letra a), o el artículo 9, apartado 2, letra a), la existencia del derecho a retirar el consentimiento en cualquier momento, sin que ello afecte a la licitud del tratamiento basado en el consentimiento previo a su retirada;

d) el derecho a presentar una reclamación ante una autoridad de control;

e) si la comunicación de datos personales es un requisito legal o contractual, o un requisito necesario para suscribir un contrato, y si el interesado está obligado a facilitar los datos personales y está informado de las posibles consecuencias de que no facilitar tales datos;

f) la existencia de decisiones automatizas, incluida la elaboración de perfiles, a que se refiere el artículo 22, apartados 1 y 4, y, al menos en tales casos, información significativa sobre la lógica aplicada, así como la importancia y las consecuencias previstas de dicho tratamiento para el interesado.

3. Cuando el responsable del tratamiento proyecte el tratamiento

controller shall, at the time when personal data are obtained, provide the data subject with the following further information necessary to ensure fair and transparent processing:

(a) the period for which the personal data will be stored, or if that is not possible, the criteria used to determine that period;

(b) the existence of the right to request from the controller access to and rectification or erasure of personal data or restriction of processing concerning the data subject or to object to processing as well as the right to data portability;

(c) where the processing is based on point (a) of Article 6(1) or point (a) of Article 9(2), the existence of the right to withdraw consent at any time, without affecting the lawfulness of processing based on consent before its withdrawal;

(d) the right to lodge a complaint with a supervisory authority;

(e) whether the provision of personal data is a statutory or contractual requirement, or a requirement necessary to enter into a contract, as well as whether the data subject is obliged to provide the personal data and of the possible consequences of failure to provide such data;

(f) the existence of automated decision-making, including profiling, referred to in Article 22(1) and (4) and, at least in those cases, meaningful information about the logic involved, as well as the significance and the envisaged consequences of such processing for the data subject.

3. Where the controller intends to further process the personal data for a

ulterior de datos personales para un fin que no sea aquel para el que se recogieron, proporcionará al interesado, con anterioridad a dicho tratamiento ulterior, información sobre ese otro fin y cualquier información adicional pertinente a tenor del apartado 2.

4. Las disposiciones de los apartados 1, 2 y 3 no serán aplicables cuando y en la medida en que el interesado ya disponga de la información.

Artículo 14

Información que deberá facilitarse cuando los datos personales no se hayan obtenido del interesado

1. Cuando los datos personales no se hayan obtenidos del interesado, el responsable del tratamiento le facilitará la siguiente información:

a) la identidad y los datos de contacto del responsable y, en su caso, de su representante;

b) los datos de contacto del delegado de protección de datos, en su caso;

c) los fines del tratamiento a que se destinan los datos personales, así como la base jurídica del tratamiento;

d) las categorías de datos personales de que se trate;

e) los destinatarios o las categorías de destinatarios de los datos personales, en su caso;

f) en su caso, la intención del responsable de transferir datos personales a un destinatario en un tercer país u organización internacional y la existencia o ausencia de una decisión de adecuación de la Comisión, o, en el caso de las transferencias indicadas en los artículos 46 o 47 o el artículo 49, apartado 1, párrafo segundo, referencia a las garantías adecuadas o apropiadas y a los medios para obtener una copia de

purpose other than that for which the personal data were collected, the controller shall provide the data subject prior to that further processing with information on that other purpose and with any relevant further information as referred to in paragraph 2.

4. Paragraphs 1, 2 and 3 shall not apply where and insofar as the data subject already has the information.

Article 14

Information to be provided where personal data have not been obtained from the data subject

1. Where personal data have not been obtained from the data subject, the controller shall provide the data subject with the following information:

(a) the identity and the contact details of the controller and, where applicable, of the controller's representative;

(b) the contact details of the data protection officer, where applicable;

(c) the purposes of the processing for which the personal data are intended as well as the legal basis for the processing;

(d) the categories of personal data concerned;

(e) the recipients or categories of recipients of the personal data, if any;

(f) where applicable, that the controller intends to transfer personal data to a recipient in a third country or international organisation and the existence or absence of an adequacy decision by the Commission, or in the case of transfers referred to in Article 46 or 47, or the second subparagraph of Article 49(1), reference to the appropriate or suitable safeguards and the means to

ellas o al hecho de que se hayan prestado.

2. Además de la información mencionada en el apartado 1, el responsable del tratamiento facilitará al interesado la siguiente información necesaria para garantizar un tratamiento de datos leal y transparente respecto del interesado:

a) el plazo durante el cual se conservarán los datos personales o, cuando eso no sea posible, los criterios utilizados para determinar este plazo;

b) cuando el tratamiento se base en el artículo 6, apartado 1, letra f), los intereses legítimos del responsable del tratamiento o de un tercero;

c) la existencia del derecho a solicitar al responsable del tratamiento el acceso a los datos personales relativos al interesado, y su rectificación o supresión, o la limitación de su tratamiento, y a oponerse al tratamiento, así como el derecho a la portabilidad de los datos;

d) cuando el tratamiento esté basado en el artículo 6, apartado 1, letra a), o el artículo 9, apartado 2, letra a), la existencia del derecho a retirar el consentimiento en cualquier momento, sin que ello afecte a la licitud del tratamiento basada en el consentimiento antes de su retirada;

e) el derecho a presentar una reclamación ante una autoridad de control;

f) la fuente de la que proceden los datos personales y, en su caso, si proceden de fuentes de acceso público;

g) la existencia de decisiones automatizadas, incluida la elaboración de perfiles, a que se refiere el artículo 22, apartados 1 y 4, y, al menos en tales casos, información significativa sobre la lógica aplicada, así como la importancia y las consecuencias

obtain a copy of them or where they have been made available.

2. In addition to the information referred to in paragraph 1, the controller shall provide the data subject with the following information necessary to ensure fair and transparent processing in respect of the data subject:

(a) the period for which the personal data will be stored, or if that is not possible, the criteria used to determine that period;

(b) where the processing is based on point (f) of Article 6(1), the legitimate interests pursued by the controller or by a third party;

(c) the existence of the right to request from the controller access to and rectification or erasure of personal data or restriction of processing concerning the data subject and to object to processing as well as the right to data portability;

(d) where processing is based on point (a) of Article 6(1) or point (a) of Article 9(2), the existence of the right to withdraw consent at any time, without affecting the lawfulness of processing based on consent before its withdrawal;

(e) the right to lodge a complaint with a supervisory authority;

(f) from which source the personal data originate, and if applicable, whether it came from publicly accessible sources;

(g) the existence of automated decision-making, including profiling, referred to in Article 22(1) and (4) and, at least in those cases, meaningful information about the logic involved, as well as the significance and the envisaged consequences of such processing for the data subject.

previstas de dicho tratamiento para el interesado.

3. El responsable del tratamiento facilitará la información indicada en los apartados 1 y 2:

a) dentro de un plazo razonable, una vez obtenidos los datos personales, y a más tardar dentro de un mes, habida cuenta de las circunstancias específicas en las que se traten dichos datos;

b) si los datos personales han de utilizarse para comunicación con el interesado, a más tardar en el momento de la primera comunicación a dicho interesado, o

c) si está previsto comunicarlos a otro destinatario, a más tardar en el momento en que los datos personales sean comunicados por primera vez.

4. Cuando el responsable del tratamiento proyecte el tratamiento ulterior de los datos personales para un fin que no sea aquel para el que se obtuvieron, proporcionará al interesado, antes de dicho tratamiento ulterior, información sobre ese otro fin y cualquier otra información pertinente indicada en el apartado 2.

5. Las disposiciones de los apartados 1 a 4 no serán aplicables cuando y en la medida en que:

a) el interesado ya disponga de la información;

b) la comunicación de dicha información resulte imposible o suponga un esfuerzo desproporcionado, en particular para el tratamiento con fines de archivo en interés público, fines de investigación científica o histórica o fines estadísticos, a reserva de las condiciones y garantías indicadas en el artículo 89, apartado 1, o en la medida en que la obligación mencionada en el apartado 1 del presente artículo pueda imposibilitar u obstaculizar gravemente el logro de los

3. The controller shall provide the information referred to in paragraphs 1 and 2:

(a) within a reasonable period after obtaining the personal data, but at the latest within one month, having regard to the specific circumstances in which the personal data are processed;

(b) if the personal data are to be used for communication with the data subject, at the latest at the time of the first communication to that data subject; or

(c) if a disclosure to another recipient is envisaged, at the latest when the personal data are first disclosed.

4. Where the controller intends to further process the personal data for a purpose other than that for which the personal data were obtained, the controller shall provide the data subject prior to that further processing with information on that other purpose and with any relevant further information as referred to in paragraph 2.

5. Paragraphs 1 to 4 shall not apply where and insofar as:

(a) the data subject already has the information;

(b) the provision of such information proves impossible or would involve a disproportionate effort, in particular for processing for archiving purposes in the public interest, scientific or historical research purposes or statistical purposes, subject to the conditions and safeguards referred to in Article 89(1) or in so far as the obligation referred to in paragraph 1 of this Article is likely to render impossible or seriously impair the

objetivos de tal tratamiento. En tales casos, el responsable adoptará medidas adecuadas para proteger los derechos, libertades e intereses legítimos del interesado, inclusive haciendo pública la información;

c) la obtención o la comunicación esté expresamente establecida por el Derecho de la Unión o de los Estados miembros que se aplique al responsable del tratamiento y que establezca medidas adecuadas para proteger los intereses legítimos del interesado, o

d) cuando los datos personales deban seguir teniendo carácter confidencial sobre la base de una obligación de secreto profesional regulada por el Derecho de la Unión o de los Estados miembros, incluida una obligación de secreto de naturaleza estatutaria.

Artículo 15

Derecho de acceso del interesado

1. El interesado tendrá derecho a obtener del responsable del tratamiento confirmación de si se están tratando o no datos personales que le conciernen y, en tal caso, derecho de acceso a los datos personales y a la siguiente información:

a) los fines del tratamiento;

b) las categorías de datos personales de que se trate;

c) los destinatarios o las categorías de destinatarios a los que se comunicaron o serán comunicados los datos personales, en particular destinatarios en terceros u organizaciones internacionales;

d) de ser posible, el plazo previsto de conservación de los datos personales o, de no ser posible, los criterios utilizados para determinar este plazo;

e) la existencia del derecho a solicitar del responsable la rectificación o supresión de datos personales o la limitación del tratamiento de datos

achievement of the objectives of that processing. In such cases the controller shall take appropriate measures to protect the data subject's rights and freedoms and legitimate interests, including making the information publicly available;

(c) obtaining or disclosure is expressly laid down by Union or Member State law to which the controller is subject and which provides appropriate measures to protect the data subject's legitimate interests; or

(d) where the personal data must remain confidential subject to an obligation of professional secrecy regulated by Union or Member State law, including a statutory obligation of secrecy.

Article 15

Right of access by the data subject

1. The data subject shall have the right to obtain from the controller confirmation as to whether or not personal data concerning him or her are being processed, and, where that is the case, access to the personal data and the following information:

(a) the purposes of the processing;

(b) the categories of personal data concerned;

(c) the recipients or categories of recipient to whom the personal data have been or will be disclosed, in particular recipients in third countries or international organisations;

(d) where possible, the envisaged period for which the personal data will be stored, or, if not possible, the criteria used to determine that period;

(e) the existence of the right to request from the controller rectification or erasure of personal data or restriction of processing of personal data

personales relativos al interesado, o a oponerse a dicho tratamiento;

f) el derecho a presentar una reclamación ante una autoridad de control;

g) cuando los datos personales no se hayan obtenido del interesado, cualquier información disponible sobre su origen;

h) la existencia de decisiones automatizadas, incluida la elaboración de perfiles, a que se refiere el artículo 22, apartados 1 y 4, y, al menos en tales casos, información significativa sobre la lógica aplicada, así como la importancia y las consecuencias previstas de dicho tratamiento para el interesado.

2. Cuando se transfieran datos personales a un tercer país o a una organización internacional, el interesado tendrá derecho a ser informado de las garantías adecuadas en virtud del artículo 46 relativas a la transferencia.

3. El responsable del tratamiento facilitará una copia de los datos personales objeto de tratamiento. El responsable podrá percibir por cualquier otra copia solicitada por el interesado un canon razonable basado en los costes administrativos. Cuando el interesado presente la solicitud por medios electrónicos, y a menos que este solicite que se facilite de otro modo, la información se facilitará en un formato electrónico de uso común.

4. El derecho a obtener copia mencionado en el apartado 3 no afectará negativamente a los derechos y libertades de otros.

concerning the data subject or to object to such processing;

(f) the right to lodge a complaint with a supervisory authority;

(g) where the personal data are not collected from the data subject, any available information as to their source;

(h) the existence of automated decision-making, including profiling, referred to in Article 22(1) and (4) and, at least in those cases, meaningful information about the logic involved, as well as the significance and the envisaged consequences of such processing for the data subject.

2. Where personal data are transferred to a third country or to an international organisation, the data subject shall have the right to be informed of the appropriate safeguards pursuant to Article 46 relating to the transfer.

3. The controller shall provide a copy of the personal data undergoing processing. For any further copies requested by the data subject, the controller may charge a reasonable fee based on administrative costs. Where the data subject makes the request by electronic means, and unless otherwise requested by the data subject, the information shall be provided in a commonly used electronic form.

4. The right to obtain a copy referred to in paragraph 3 shall not adversely affect the rights and freedoms of others.

Sección 3

Rectificación y supresión

Artículo 16

Derecho de rectificación

El interesado tendrá derecho a obtener sin dilación indebida del responsable del tratamiento la rectificación de los datos personales inexactos que le conciernan. Teniendo en cuenta los fines del tratamiento, el interesado tendrá derecho a que se completen los datos personales que sean incompletos, inclusive mediante una declaración adicional.

Artículo 17

Derecho de supresión («el derecho al olvido»)

1. El interesado tendrá derecho a obtener sin dilación indebida del responsable del tratamiento la supresión de los datos personales que le conciernan, el cual estará obligado a suprimir sin dilación indebida los datos personales cuando concurra alguna de las circunstancias siguientes:

a) los datos personales ya no sean necesarios en relación con los fines para los que fueron recogidos o tratados de otro modo;

b) el interesado retire el consentimiento en que se basa el tratamiento de conformidad con el artículo 6, apartado 1, letra a), o el artículo 9, apartado 2, letra a), y este no se base en otro fundamento jurídico;

c) el interesado se oponga al tratamiento con arreglo al artículo 21, apartado 1, y no prevalezcan otros motivos legítimos para el tratamiento, o el interesado se oponga al tratamiento con arreglo al artículo 21, apartado 2;

d) los datos personales hayan sido tratados ilícitamente;

e) los datos personales deban suprimirse para el cumplimiento de una obligación

Section 3

Rectification and erasure

Article 16

Right to rectification

The data subject shall have the right to obtain from the controller without undue delay the rectification of inaccurate personal data concerning him or her. Taking into account the purposes of the processing, the data subject shall have the right to have incomplete personal data completed, including by means of providing a supplementary statement.

Article 17

Right to erasure ('right to be forgotten')

1. The data subject shall have the right to obtain from the controller the erasure of personal data concerning him or her without undue delay and the controller shall have the obligation to erase personal data without undue delay where one of the following grounds applies:

(a) the personal data are no longer necessary in relation to the purposes for which they were collected or otherwise processed;

(b) the data subject withdraws consent on which the processing is based according to point (a) of Article 6(1), or point (a) of Article 9(2), and where there is no other legal ground for the processing;

(c) the data subject objects to the processing pursuant to Article 21(1) and there are no overriding legitimate grounds for the processing, or the data subject objects to the processing pursuant to Article 21(2);

(d) the personal data have been unlawfully processed;

(e) the personal data have to be erased for compliance with a legal obligation

legal establecida en el Derecho de la Unión o de los Estados miembros que se aplique al responsable del tratamiento;

f) los datos personales se hayan obtenido en relación con la oferta de servicios de la sociedad de la información mencionados en el artículo 8, apartado 1.

2. Cuando haya hecho públicos los datos personales y esté obligado, en virtud de lo dispuesto en el apartado 1, a suprimir dichos datos, el responsable del tratamiento, teniendo en cuenta la tecnología disponible y el coste de su aplicación, adoptará medidas razonables, incluidas medidas técnicas, con miras a informar a los responsables que estén tratando los datos personales de la solicitud del interesado de supresión de cualquier enlace a esos datos personales, o cualquier copia o réplica de los mismos.

3. Los apartados 1 y 2 no se aplicarán cuando el tratamiento sea necesario:

a) para ejercer el derecho a la libertad de expresión e información;

b) para el cumplimiento de una obligación legal que requiera el tratamiento de datos impuesta por el Derecho de la Unión o de los Estados miembros que se aplique al responsable del tratamiento, o para el cumplimiento de una misión realizada en interés público o en el ejercicio de poderes públicos conferidos al responsable;

c) por razones de interés público en el ámbito de la salud pública de conformidad con el artículo 9, apartado 2, letras h) e i), y apartado 3;

d) con fines de archivo en interés público, fines de investigación científica o histórica o fines estadísticos, de conformidad con el artículo 89, apartado 1, en la medida en que el derecho indicado en el apartado 1 pudiera hacer imposible u obstaculizar

in Union or Member State law to which the controller is subject;

(f) the personal data have been collected in relation to the offer of information society services referred to in Article 8(1).

2. Where the controller has made the personal data public and is obliged pursuant to paragraph 1 to erase the personal data, the controller, taking account of available technology and the cost of implementation, shall take reasonable steps, including technical measures, to inform controllers which are processing the personal data that the data subject has requested the erasure by such controllers of any links to, or copy or replication of, those personal data.

3. Paragraphs 1 and 2 shall not apply to the extent that processing is necessary:

(a) for exercising the right of freedom of expression and information;

(b) for compliance with a legal obligation which requires processing by Union or Member State law to which the controller is subject or for the performance of a task carried out in the public interest or in the exercise of official authority vested in the controller;

(c) for reasons of public interest in the area of public health in accordance with points (h) and (i) of Article 9(2) as well as Article 9(3);

(d) for archiving purposes in the public interest, scientific or historical research purposes or statistical purposes in accordance with Article 89(1) in so far as the right referred to in paragraph 1 is likely to render impossible or seriously impair the

gravemente el logro de los objetivos de dicho tratamiento, o

e) para la formulación, el ejercicio o la defensa de reclamaciones.

Artículo 18

Derecho a la limitación del tratamiento

1. El interesado tendrá derecho a obtener del responsable del tratamiento la limitación del tratamiento de los datos cuando se cumpla alguna de las condiciones siguientes:

a) el interesado impugne la exactitud de los datos personales, durante un plazo que permita al responsable verificar la exactitud de los mismos;

b) el tratamiento sea ilícito y el interesado se oponga a la supresión de los datos personales y solicite en su lugar la limitación de su uso;

c) el responsable ya no necesite los datos personales para los fines del tratamiento, pero el interesado los necesite para la formulación, el ejercicio o la defensa de reclamaciones;

d) el interesado se haya opuesto al tratamiento en virtud del artículo 21, apartado 1, mientras se verifica si los motivos legítimos del responsable prevalecen sobre los del interesado.

2. Cuando el tratamiento de datos personales se haya limitado en virtud del apartado 1, dichos datos solo podrán ser objeto de tratamiento, con excepción de su conservación, con el consentimiento del interesado o para la formulación, el ejercicio o la defensa de reclamaciones, o con miras a la protección de los derechos de otra persona física o jurídica o por razones de interés público importante de la Unión o de un determinado Estado miembro.

3. Todo interesado que haya obtenido la limitación del tratamiento con arreglo al apartado 1 será informado por el

achievement of the objectives of that processing; or

(e) for the establishment, exercise or defence of legal claims.

Article 18

Right to restriction of processing

1. The data subject shall have the right to obtain from the controller restriction of processing where one of the following applies:

(a) the accuracy of the personal data is contested by the data subject, for a period enabling the controller to verify the accuracy of the personal data;

(b) the processing is unlawful and the data subject opposes the erasure of the personal data and requests the restriction of their use instead;

(c) the controller no longer needs the personal data for the purposes of the processing, but they are required by the data subject for the establishment, exercise or defence of legal claims;

(d) the data subject has objected to processing pursuant to Article 21(1) pending the verification whether the legitimate grounds of the controller override those of the data subject.

2. Where processing has been restricted under paragraph 1, such personal data shall, with the exception of storage, only be processed with the data subject's consent or for the establishment, exercise or defence of legal claims or for the protection of the rights of another natural or legal person or for reasons of important public interest of the Union or of a Member State.

3. A data subject who has obtained restriction of processing pursuant to paragraph 1 shall be informed by the

responsable antes del levantamiento de dicha limitación.

Artículo 19

Obligación de notificación relativa a la rectificación o supresión de datos personales o la limitación del tratamiento

El responsable del tratamiento comunicará cualquier rectificación o supresión de datos personales o limitación del tratamiento efectuada con arreglo al artículo 16, al artículo 17, apartado 1, y al artículo 18 a cada uno de los destinatarios a los que se hayan comunicado los datos personales, salvo que sea imposible o exija un esfuerzo desproporcionado. El responsable informará al interesado acerca de dichos destinatarios, si este así lo solicita.

Artículo 20

Derecho a la portabilidad de los datos

1. El interesado tendrá derecho a recibir los datos personales que le incumban, que haya facilitado a un responsable del tratamiento, en un formato estructurado, de uso común y lectura mecánica, y a transmitirlos a otro responsable del tratamiento sin que lo impida el responsable al que se los hubiera facilitado, cuando:

a) el tratamiento esté basado en el consentimiento con arreglo al artículo 6, apartado 1, letra a), o el artículo 9, apartado 2, letra a), o en un contrato con arreglo al artículo 6, apartado 1, letra b), y

b) el tratamiento se efectúe por medios automatizados.

2. Al ejercer su derecho a la portabilidad de los datos de acuerdo con el apartado 1, el interesado tendrá derecho a que los datos personales se transmitan directamente de responsable a responsable cuando sea técnicamente posible.

controller before the restriction of processing is lifted.

Article 19

Notification obligation regarding rectification or erasure of personal data or restriction of processing

The controller shall communicate any rectification or erasure of personal data or restriction of processing carried out in accordance with Article 16, Article 17(1) and Article 18 to each recipient to whom the personal data have been disclosed, unless this proves impossible or involves disproportionate effort. The controller shall inform the data subject about those recipients if the data subject requests it.

Article 20

Right to data portability

1. The data subject shall have the right to receive the personal data concerning him or her, which he or she has provided to a controller, in a structured, commonly used and machine-readable format and have the right to transmit those data to another controller without hindrance from the controller to which the personal data have been provided, where:

(a) the processing is based on consent pursuant to point (a) of Article 6(1) or point (a) of Article 9(2) or on a contract pursuant to point (b) of Article 6(1); and

(b) the processing is carried out by automated means.

2. In exercising his or her right to data portability pursuant to paragraph 1, the data subject shall have the right to have the personal data transmitted directly from one controller to another, where technically feasible.

3. El ejercicio del derecho mencionado en el apartado 1 del presente artículo se entenderá sin perjuicio del artículo 17. Tal derecho no se aplicará al tratamiento que sea necesario para el cumplimiento de una misión realizada en interés público o en el ejercicio de poderes públicos conferidos al responsable del tratamiento.

4. El derecho mencionado en el apartado 1 no afectará negativamente a los derechos y libertades de otros.

3. The exercise of the right referred to in paragraph 1 of this Article shall be without prejudice to Article 17. That right shall not apply to processing necessary for the performance of a task carried out in the public interest or in the exercise of official authority vested in the controller.

4. The right referred to in paragraph 1 shall not adversely affect the rights and freedoms of others.

Sección 4

Derecho de oposición y decisiones individuales automatizadas

Section 4

Right to object and automated individual decision-making

Artículo 21

Derecho de oposición

Article 21

Right to object

1. El interesado tendrá derecho a oponerse en cualquier momento, por motivos relacionados con su situación particular, a que datos personales que le conciernan sean objeto de un tratamiento basado en lo dispuesto en el artículo 6, apartado 1, letras e) o f), incluida la elaboración de perfiles sobre la base de dichas disposiciones. El responsable del tratamiento dejará de tratar los datos personales, salvo que acredite motivos legítimos imperiosos para el tratamiento que prevalezcan sobre los intereses, los derechos y las libertades del interesado, o para la formulación, el ejercicio o la defensa de reclamaciones.

1. The data subject shall have the right to object, on grounds relating to his or her particular situation, at any time to processing of personal data concerning him or her which is based on point (e) or (f) of Article 6(1), including profiling based on those provisions. The controller shall no longer process the personal data unless the controller demonstrates compelling legitimate grounds for the processing which override the interests, rights and freedoms of the data subject or for the establishment, exercise or defence of legal claims.

2. Cuando el tratamiento de datos personales tenga por objeto la mercadotecnia directa, el interesado tendrá derecho a oponerse en todo momento al tratamiento de los datos personales que le conciernan, incluida la elaboración de perfiles en la medida en que esté relacionada con la citada mercadotecnia.

2. Where personal data are processed for direct marketing purposes, the data subject shall have the right to object at any time to processing of personal data concerning him or her for such marketing, which includes profiling to the extent that it is related to such direct marketing.

3. Cuando el interesado se oponga al tratamiento con fines de mercadotecnia directa, los datos personales dejarán de ser tratados para dichos fines.

3. Where the data subject objects to processing for direct marketing purposes, the personal data shall no longer be processed for such purposes.

4. A más tardar en el momento de la primera comunicación con el interesado, el derecho indicado en los apartados 1 y 2 será mencionado explícitamente al interesado y será presentado claramente y al margen de cualquier otra información.

5. En el contexto de la utilización de servicios de la sociedad de la información, y no obstante lo dispuesto en la Directiva 2002/58/CE, el interesado podrá ejercer su derecho a oponerse por medios automatizados que apliquen especificaciones técnicas.

6. Cuando los datos personales se traten con fines de investigación científica o histórica o fines estadísticos de conformidad con el artículo 89, apartado 1, el interesado tendrá derecho, por motivos relacionados con su situación particular, a oponerse al tratamiento de datos personales que le conciernan, salvo que sea necesario para el cumplimiento de una misión realizada por razones de interés público.

Artículo 22

Decisiones individuales automatizadas, incluida la elaboración de perfiles

1. Todo interesado tendrá derecho a no ser objeto de una decisión basada únicamente en el tratamiento automatizado, incluida la elaboración de perfiles, que produzca efectos jurídicos en él o le afecte significativamente de modo similar.

2. El apartado 1 no se aplicará si la decisión:

a) es necesaria para la celebración o la ejecución de un contrato entre el interesado y un responsable del tratamiento;

b) está autorizada por el Derecho de la Unión o de los Estados miembros que se aplique al responsable del tratamiento y que establezca asimismo medidas adecuadas para salvaguardar los

4. At the latest at the time of the first communication with the data subject, the right referred to in paragraphs 1 and 2 shall be explicitly brought to the attention of the data subject and shall be presented clearly and separately from any other information.

5. In the context of the use of information society services, and notwithstanding Directive 2002/58/EC, the data subject may exercise his or her right to object by automated means using technical specifications.

6. Where personal data are processed for scientific or historical research purposes or statistical purposes pursuant to Article 89(1), the data subject, on grounds relating to his or her particular situation, shall have the right to object to processing of personal data concerning him or her, unless the processing is necessary for the performance of a task carried out for reasons of public interest.

Article 22

Automated individual decision-making, including profiling

1. The data subject shall have the right not to be subject to a decision based solely on automated processing, including profiling, which produces legal effects concerning him or her or similarly significantly affects him or her.

2. Paragraph 1 shall not apply if the decision:

(a) is necessary for entering into, or performance of, a contract between the data subject and a data controller;

(b) is authorised by Union or Member State law to which the controller is subject and which also lays down suitable measures to

derechos y libertades y los intereses legítimos del interesado, o

c) se basa en el consentimiento explícito del interesado.

3. En los casos a que se refiere el apartado 2, letras a) y c), el responsable del tratamiento adoptará las medidas adecuadas para salvaguardar los derechos y libertades y los intereses legítimos del interesado, como mínimo el derecho a obtener intervención humana por parte del responsable, a expresar su punto de vista y a impugnar la decisión.

4. Las decisiones a que se refiere el apartado 2 no se basarán en las categorías especiales de datos personales contempladas en el artículo 9, apartado 1, salvo que se aplique el artículo 9, apartado 2, letra a) o g), y se hayan tomado medidas adecuadas para salvaguardar los derechos y libertades y los intereses legítimos del interesado.

Sección 5

Limitaciones

Artículo 23

Limitaciones

1. El Derecho de la Unión o de los Estados miembros que se aplique al responsable o el encargado del tratamiento podrá limitar, a través de medidas legislativas, el alcance de las obligaciones y de los derechos establecidos en los artículos 12 a 22 y el artículo 34, así como en el artículo 5 en la medida en que sus disposiciones se correspondan con los derechos y obligaciones contemplados en los artículos 12 a 22, cuando tal limitación respete en lo esencial los derechos y libertades fundamentales y sea una medida necesaria y proporcionada en una sociedad democrática para salvaguardar:

a) la seguridad del Estado;

safeguard the data subject's rights and freedoms and legitimate interests; or

(c) is based on the data subject's explicit consent.

3. In the cases referred to in points (a) and (c) of paragraph 2, the data controller shall implement suitable measures to safeguard the data subject's rights and freedoms and legitimate interests, at least the right to obtain human intervention on the part of the controller, to express his or her point of view and to contest the decision.

4. Decisions referred to in paragraph 2 shall not be based on special categories of personal data referred to in Article 9(1), unless point (a) or (g) of Article 9(2) applies and suitable measures to safeguard the data subject's rights and freedoms and legitimate interests are in place.

Section 5

Restrictions

Article 23

Restrictions

1. Union or Member State law to which the data controller or processor is subject may restrict by way of a legislative measure the scope of the obligations and rights provided for in Articles 12 to 22 and Article 34, as well as Article 5 in so far as its provisions correspond to the rights and obligations provided for in Articles 12 to 22, when such a restriction respects the essence of the fundamental rights and freedoms and is a necessary and proportionate measure in a democratic society to safeguard:

(a) national security;

b) la defensa;

(b) defence;

c) la seguridad pública;

(c) public security;

d) la prevención, investigación, detección o enjuiciamiento de infracciones penales o la ejecución de sanciones penales, incluida la protección frente a amenazas a la seguridad pública y su prevención;

(d) the prevention, investigation, detection or prosecution of criminal offences or the execution of criminal penalties, including the safeguarding against and the prevention of threats to public security;

e) otros objetivos importantes de interés público general de la Unión o de un Estado miembro, en particular un interés económico o financiero importante de la Unión o de un Estado miembro, inclusive en los ámbitos fiscal, presupuestario y monetario, la sanidad pública y la seguridad social;

(e) other important objectives of general public interest of the Union or of a Member State, in particular an important economic or financial interest of the Union or of a Member State, including monetary, budgetary and taxation a matters, public health and social security;

f) la protección de la independencia judicial y de los procedimientos judiciales;

(f) the protection of judicial independence and judicial proceedings;

g) la prevención, la investigación, la detección y el enjuiciamiento de infracciones de normas deontológicas en las profesiones reguladas;

(g) the prevention, investigation, detection and prosecution of breaches of ethics for regulated professions;

h) una función de supervisión, inspección o reglamentación vinculada, incluso ocasionalmente, con el ejercicio de la autoridad pública en los casos contemplados en las letras a) a e) y g);

(h) a monitoring, inspection or regulatory function connected, even occasionally, to the exercise of official authority in the cases referred to in points (a) to (e) and (g);

i) la protección del interesado o de los derechos y libertades de otros;

(i) the protection of the data subject or the rights and freedoms of others;

j) la ejecución de demandas civiles.

(j) the enforcement of civil law claims.

2. En particular, cualquier medida legislativa indicada en el apartado 1 contendrá como mínimo, en su caso, disposiciones específicas relativas a:

2. In particular, any legislative measure referred to in paragraph 1 shall contain specific provisions at least, where relevant, as to:

a) la finalidad del tratamiento o de las categorías de tratamiento;

(a) the purposes of the processing or categories of processing;

b) las categorías de datos personales de que se trate;

(b) the categories of personal data;

c) el alcance de las limitaciones establecidas;

(c) the scope of the restrictions introduced;

d) las garantías para evitar accesos o transferencias ilícitos o abusivos;

(d) the safeguards to prevent abuse or unlawful access or transfer;

e) la determinación del responsable o de categorías de responsables;

f) los plazos de conservación y las garantías aplicables habida cuenta de la naturaleza alcance y objetivos del tratamiento o las categorías de tratamiento;

g) los riesgos para los derechos y libertades de los interesados, y

h) el derecho de los interesados a ser informados sobre la limitación, salvo si puede ser perjudicial a los fines de esta.

(e) the specification of the controller or categories of controllers;

(f) the storage periods and the applicable safeguards taking into account the nature, scope and purposes of the processing or categories of processing;

(g) the risks to the rights and freedoms of data subjects; and

(h) the right of data subjects to be informed about the restriction, unless that may be prejudicial to the purpose of the restriction.

CAPÍTULO IV

Responsable del tratamiento y encargado del tratamiento

Sección 1

Obligaciones generales

CHAPTER IV

Controller and processor

Section 1

General obligations

Artículo 24

Responsabilidad del responsable del tratamiento

Article 24

Responsibility of the controller

1. Teniendo en cuenta la naturaleza, el ámbito, el contexto y los fines del tratamiento así como los riesgos de diversa probabilidad y gravedad para los derechos y libertades de las personas físicas, el responsable del tratamiento aplicará medidas técnicas y organizativas apropiadas a fin de garantizar y poder demostrar que el tratamiento es conforme con el presente Reglamento. Dichas medidas se revisarán y actualizarán cuando sea necesario.

1. Taking into account the nature, scope, context and purposes of processing as well as the risks of varying likelihood and severity for the rights and freedoms of natural persons, the controller shall implement appropriate technical and organisational measures to ensure and to be able to demonstrate that processing is performed in accordance with this Regulation. Those measures shall be reviewed and updated where necessary.

2. Cuando sean proporcionadas en relación con las actividades de tratamiento, entre las medidas mencionadas en el apartado 1 se incluirá la aplicación, por parte del responsable del tratamiento, de las oportunas políticas de protección de datos.

2. Where proportionate in relation to processing activities, the measures referred to in paragraph 1 shall include the implementation of appropriate data protection policies by the controller.

3. La adhesión a códigos de conducta aprobados a tenor del artículo 40 o a un mecanismo de certificación aprobado a tenor del artículo 42 podrán ser

3. Adherence to approved codes of conduct as referred to in Article 40 or approved certification mechanisms as referred to in Article 42 may be used as

utilizados como elementos para demostrar el cumplimiento de las obligaciones por parte del responsable del tratamiento.

Artículo 25

Protección de datos desde el diseño y por defecto

1. Teniendo en cuenta el estado de la técnica, el coste de la aplicación y la naturaleza, ámbito, contexto y fines del tratamiento, así como los riesgos de diversa probabilidad y gravedad que entraña el tratamiento para los derechos y libertades de las personas físicas, el responsable del tratamiento aplicará, tanto en el momento de determinar los medios de tratamiento como en el momento del propio tratamiento, medidas técnicas y organizativas apropiadas, como la seudonimización, concebidas para aplicar de forma efectiva los principios de protección de datos, como la minimización de datos, e integrar las garantías necesarias en el tratamiento, a fin de cumplir los requisitos del presente Reglamento y proteger los derechos de los interesados.

2. El responsable del tratamiento aplicará las medidas técnicas y organizativas apropiadas con miras a garantizar que, por defecto, solo sean objeto de tratamiento los datos personales que sean necesarios para cada uno de los fines específicos del tratamiento. Esta obligación se aplicará a la cantidad de datos personales recogidos, a la extensión de su tratamiento, a su plazo de conservación y a su accesibilidad. Tales medidas garantizarán en particular que, por defecto, los datos personales no sean accesibles, sin la intervención de la persona, a un número indeterminado de personas físicas.

3. Podrá utilizarse un mecanismo de certificación aprobado con arreglo al

an element by which to demonstrate compliance with the obligations of the controller.

Article 25

Data protection by design and by default

1. Taking into account the state of the art, the cost of implementation and the nature, scope, context and purposes of processing as well as the risks of varying likelihood and severity for rights and freedoms of natural persons posed by the processing, the controller shall, both at the time of the determination of the means for processing and at the time of the processing itself, implement appropriate technical and organisational measures, such as pseudonymisation, which are designed to implement data-protection principles, such as data minimisation, in an effective manner and to integrate the necessary safeguards into the processing in order to meet the requirements of this Regulation and protect the rights of data subjects.

2. The controller shall implement appropriate technical and organisational measures for ensuring that, by default, only personal data which are necessary for each specific purpose of the processing are processed. That obligation applies to the amount of personal data collected, the extent of their processing, the period of their storage and their accessibility. In particular, such measures shall ensure that by default personal data are not made accessible without the individual's intervention to an indefinite number of natural persons.

3. An approved certification mechanism pursuant to Article 42 may

artículo 42 como elemento que acredite el cumplimiento de las obligaciones establecidas en los apartados 1 y 2 del presente artículo.

Artículo 26

Corresponsables del tratamiento

1. Cuando dos o más responsables determinen conjuntamente los objetivos y los medios del tratamiento serán considerados corresponsables del tratamiento. Los corresponsables determinarán de modo transparente y de mutuo acuerdo sus responsabilidades respectivas en el cumplimiento de las obligaciones impuestas por el presente Reglamento, en particular en cuanto al ejercicio de los derechos del interesado y a sus respectivas obligaciones de suministro de información a que se refieren los artículos 13 y 14, salvo, y en la medida en que, sus responsabilidades respectivas se rijan por el Derecho de la Unión o de los Estados miembros que se les aplique a ellos. Dicho acuerdo podrá designar un punto de contacto para los interesados.

2. El acuerdo indicado en el apartado 1 reflejará debidamente las funciones y relaciones respectivas de los corresponsables en relación con los interesados. Se pondrán a disposición del interesado los aspectos esenciales del acuerdo.

3. Independientemente de los términos del acuerdo a que se refiere el apartado 1, los interesados podrán ejercer los derechos que les reconoce el presente Reglamento frente a, y en contra de, cada uno de los responsables.

Artículo 27

Representantes de responsables o encargados del tratamiento no establecidos en la Unión

1. Cuando sea de aplicación el artículo 3, apartado 2, el responsable o el encargado del tratamiento designará por escrito un representante en la Unión.

be used as an element to demonstrate compliance with the requirements set out in paragraphs 1 and 2 of this Article.

Article 26

Joint controllers

1. Where two or more controllers jointly determine the purposes and means of processing, they shall be joint controllers. They shall in a transparent manner determine their respective responsibilities for compliance with the obligations under this Regulation, in particular as regards the exercising of the rights of the data subject and their respective duties to provide the information referred to in Articles 13 and 14, by means of an arrangement between them unless, and in so far as, the respective responsibilities of the controllers are determined by Union or Member State law to which the controllers are subject. The arrangement may designate a contact point for data subjects.

2. The arrangement referred to in paragraph 1 shall duly reflect the respective roles and relationships of the joint controllers vis-à-vis the data subjects. The essence of the arrangement shall be made available to the data subject.

3. Irrespective of the terms of the arrangement referred to in paragraph 1, the data subject may exercise his or her rights under this Regulation in respect of and against each of the controllers.

Article 27

Representatives of controllers or processors not established in the Union

1. Where Article 3(2) applies, the controller or the processor shall designate in writing a representative in the Union.

2. La obligación establecida en el apartado 1 del presente artículo no será aplicable:

a) al tratamiento que sea ocasional, que no incluyan el manejo a gran escala de categorías especiales de datos indicadas en el artículo 9, apartado 1, o de datos personales relativos a condenas e infracciones penales a que se refiere el artículo 10, y que sea improbable que entrañe un riesgo para los derechos y libertades de las personas físicas, teniendo en cuenta la naturaleza, contexto, alcance y objetivos del tratamiento, o

b) a las autoridades u organismos públicos.

3. El representante estará establecido en uno de los Estados miembros en que estén los interesados cuyos datos personales se traten en el contexto de una oferta de bienes o servicios, o cuyo comportamiento esté siendo controlado.

4. El responsable o el encargado del tratamiento encomendará al representante que atienda, junto al responsable o al encargado, o en su lugar, a las consultas, en particular, de las autoridades de control y de los interesados, sobre todos los asuntos relativos al tratamiento, a fin de garantizar el cumplimiento de lo dispuesto en el presente Reglamento.

5. La designación de un representante por el responsable o el encargado del tratamiento se entenderá sin perjuicio de las acciones que pudieran emprenderse contra el propio responsable o encargado.

Artículo 28

Encargado del tratamiento

1. Cuando se vaya a realizar un tratamiento por cuenta de un responsable del tratamiento, este elegirá únicamente un encargado que

2. The obligation laid down in paragraph 1 of this Article shall not apply to:

(a) processing which is occasional, does not include, on a large scale, processing of special categories of data as referred to in Article 9(1) or processing of personal data relating to criminal convictions and offences referred to in Article 10, and is unlikely to result in a risk to the rights and freedoms of natural persons, taking into account the nature, context, scope and purposes of the processing; or

(b) a public authority or body.

3. The representative shall be established in one of the Member States where the data subjects, whose personal data are processed in relation to the offering of goods or services to them, or whose behaviour is monitored, are.

4. The representative shall be mandated by the controller or processor to be addressed in addition to or instead of the controller or the processor by, in particular, supervisory authorities and data subjects, on all issues related to processing, for the purposes of ensuring compliance with this Regulation.

5. The designation of a representative by the controller or processor shall be without prejudice to legal actions which could be initiated against the controller or the processor themselves.

Article 28

Processor

1. Where processing is to be carried out on behalf of a controller, the controller shall use only processors providing sufficient guarantees to

ofrezca garantías suficientes para aplicar medidas técnicas y organizativas apropiados, de manera que el tratamiento sea conforme con los requisitos del presente Reglamento y garantice la protección de los derechos del interesado.

2. El encargado del tratamiento no recurrirá a otro encargado sin la autorización previa por escrito, específica o general, del responsable. En este último caso, el encargado informará al responsable de cualquier cambio previsto en la incorporación o sustitución de otros encargados, dando así al responsable la oportunidad de oponerse a dichos cambios.

3. El tratamiento por el encargado se regirá por un contrato u otro acto jurídico con arreglo al Derecho de la Unión o de los Estados miembros, que vincule al encargado respecto del responsable y establezca el objeto, la duración, la naturaleza y la finalidad del tratamiento, el tipo de datos personales y categorías de interesados, y las obligaciones y derechos del responsable. Dicho contrato o acto jurídico estipulará, en particular, que el encargado:

a) tratará los datos personales únicamente siguiendo instrucciones documentadas del responsable, inclusive con respecto a las transferencias de datos personales a un tercer país o una organización internacional, salvo que esté obligado a ello en virtud del Derecho de la Unión o de los Estados miembros que se aplique al encargado; en tal caso, el encargado informará al responsable de esa exigencia legal previa al tratamiento, salvo que tal Derecho lo prohíba por razones importantes de interés público;

b) garantizará que las personas autorizadas para tratar datos personales se hayan comprometido a respetar la

implement appropriate technical and organisational measures in such a manner that processing will meet the requirements of this Regulation and ensure the protection of the rights of the data subject.

2. The processor shall not engage another processor without prior specific or general written authorisation of the controller. In the case of general written authorisation, the processor shall inform the controller of any intended changes concerning the addition or replacement of other processors, thereby giving the controller the opportunity to object to such changes.

3. Processing by a processor shall be governed by a contract or other legal act under Union or Member State law, that is binding on the processor with regard to the controller and that sets out the subject-matter and duration of the processing, the nature and purpose of the processing, the type of personal data and categories of data subjects and the obligations and rights of the controller. That contract or other legal act shall stipulate, in particular, that the processor:

(a) processes the personal data only on documented instructions from the controller, including with regard to transfers of personal data to a third country or an international organisation, unless required to do so by Union or Member State law to which the processor is subject; in such a case, the processor shall inform the controller of that legal requirement before processing, unless that law prohibits such information on important grounds of public interest;

(b) ensures that persons authorised to process the personal data have committed themselves to

confidencialidad o estén sujetas a una obligación de confidencialidad de naturaleza estatutaria;

c) tomará todas las medidas necesarias de conformidad con el artículo 32;

d) respetará las condiciones indicadas en los apartados 2 y 4 para recurrir a otro encargado del tratamiento;

e) asistirá al responsable, teniendo cuenta la naturaleza del tratamiento, a través de medidas técnicas y organizativas apropiadas, siempre que sea posible, para que este pueda cumplir con su obligación de responder a las solicitudes que tengan por objeto el ejercicio de los derechos de los interesados establecidos en el capítulo III;

f) ayudará al responsable a garantizar el cumplimiento de las obligaciones establecidas en los artículos 32 a 36, teniendo en cuenta la naturaleza del tratamiento y la información a disposición del encargado;

g) a elección del responsable, suprimirá o devolverá todos los datos personales una vez finalice la prestación de los servicios de tratamiento, y suprimirá las copias existentes a menos que se requiera la conservación de los datos personales en virtud del Derecho de la Unión o de los Estados miembros;

h) pondrá a disposición del responsable toda la información necesaria para demostrar el cumplimiento de las obligaciones establecidas en el presente artículo, así como para permitir y contribuir a la realización de auditorías, incluidas inspecciones, por parte del responsable o de otro auditor autorizado por dicho responsable.

En relación con lo dispuesto en la letra h) del párrafo primero, el encargado informará inmediatamente al responsable si, en su opinión, una instrucción infringe el presente Reglamento u otras disposiciones en

confidentiality or are under an appropriate statutory obligation of confidentiality;

(c) takes all measures required pursuant to Article 32;

(d) respects the conditions referred to in paragraphs 2 and 4 for engaging another processor;

(e) taking into account the nature of the processing, assists the controller by appropriate technical and organisational measures, insofar as this is possible, for the fulfilment of the controller's obligation to respond to requests for exercising the data subject's rights laid down in Chapter III;

(f) assists the controller in ensuring compliance with the obligations pursuant to Articles 32 to 36 taking into account the nature of processing and the information available to the processor;

(g) at the choice of the controller, deletes or returns all the personal data to the controller after the end of the provision of services relating to processing, and deletes existing copies unless Union or Member State law requires storage of the personal data;

(h) makes available to the controller all information necessary to demonstrate compliance with the obligations laid down in this Article and allow for and contribute to audits, including inspections, conducted by the controller or another auditor mandated by the controller.

With regard to point (h) of the first subparagraph, the processor shall immediately inform the controller if, in its opinion, an instruction infringes this Regulation or other Union or

materia de protección de datos de la Unión o de los Estados miembros.

4. Cuando un encargado del tratamiento recurra a otro encargado para llevar a cabo determinadas actividades de tratamiento por cuenta del responsable, se impondrán a este otro encargado, mediante contrato u otro acto jurídico establecido con arreglo al Derecho de la Unión o de los Estados miembros, las mismas obligaciones de protección de datos que las estipuladas en el contrato u otro acto jurídico entre el responsable y el encargado a que se refiere el apartado 3, en particular la prestación de garantías suficientes de aplicación de medidas técnicas y organizativas apropiadas de manera que el tratamiento sea conforme con las disposiciones del presente Reglamento. Si ese otro encargado incumple sus obligaciones de protección de datos, el encargado inicial seguirá siendo plenamente responsable ante el responsable del tratamiento por lo que respecta al cumplimiento de las obligaciones del otro encargado.

5. La adhesión del encargado del tratamiento a un código de conducta aprobado a tenor del artículo 40 o a un mecanismo de certificación aprobado a tenor del artículo 42 podrá utilizarse como elemento para demostrar la existencia de las garantías suficientes a que se refieren los apartados 1 y 4 del presente artículo.

6. Sin perjuicio de que el responsable y el encargado del tratamiento celebren un contrato individual, el contrato u otro acto jurídico a que se refieren los apartados 3 y 4 del presente artículo podrá basarse, total o parcialmente, en las cláusulas contractuales tipo a que se refieren los apartados 7 y 8 del presente artículo, inclusive cuando formen parte de una certificación concedida al responsable o encargado de conformidad con los artículos 42 y 43.

Member State data protection provisions.

4. Where a processor engages another processor for carrying out specific processing activities on behalf of the controller, the same data protection obligations as set out in the contract or other legal act between the controller and the processor as referred to in paragraph 3 shall be imposed on that other processor by way of a contract or other legal act under Union or Member State law, in particular providing sufficient guarantees to implement appropriate technical and organisational measures in such a manner that the processing will meet the requirements of this Regulation. Where that other processor fails to fulfil its data protection obligations, the initial processor shall remain fully liable to the controller for the performance of that other processor's obligations.

5. Adherence of a processor to an approved code of conduct as referred to in Article 40 or an approved certification mechanism as referred to in Article 42 may be used as an element by which to demonstrate sufficient guarantees as referred to in paragraphs 1 and 4 of this Article.

6. Without prejudice to an individual contract between the controller and the processor, the contract or the other legal act referred to in paragraphs 3 and 4 of this Article may be based, in whole or in part, on standard contractual clauses referred to in paragraphs 7 and 8 of this Article, including when they are part of a certification granted to the controller or processor pursuant to Articles 42 and 43.

7. La Comisión podrá fijar cláusulas contractuales tipo para los asuntos a que se refieren los apartados 3 y 4 del presente artículo, de acuerdo con el procedimiento de examen a que se refiere el artículo 93, apartado 2.

8. Una autoridad de control podrá adoptar cláusulas contractuales tipo para los asuntos a que se refieren los apartados 3 y 4 del presente artículo, de acuerdo con el mecanismo de coherencia a que se refiere el artículo 63.

9. El contrato u otro acto jurídico a que se refieren los apartados 3 y 4 constará por escrito, inclusive en formato electrónico.

10. Sin perjuicio de lo dispuesto en los artículos 82, 83 y 84, si un encargado del tratamiento infringe el presente Reglamento al determinar los fines y medios del tratamiento, será considerado responsable del tratamiento con respecto a dicho tratamiento.

Artículo 29

Tratamiento bajo la autoridad del responsable o del encargado del tratamiento

El encargado del tratamiento y cualquier persona que actúe bajo la autoridad del responsable o del encargado y tenga acceso a datos personales solo podrán tratar dichos datos siguiendo instrucciones del responsable, a no ser que estén obligados a ello en virtud del Derecho de la Unión o de los Estados miembros.

Artículo 30

Registro de las actividades de tratamiento

1. Cada responsable y, en su caso, su representante llevarán un registro de las actividades de tratamiento efectuadas bajo su responsabilidad. Dicho registro deberá contener toda la información indicada a continuación:

7. The Commission may lay down standard contractual clauses for the matters referred to in paragraph 3 and 4 of this Article and in accordance with the examination procedure referred to in Article 93(2).

8. A supervisory authority may adopt standard contractual clauses for the matters referred to in paragraph 3 and 4 of this Article and in accordance with the consistency mechanism referred to in Article 63.

9. The contract or the other legal act referred to in paragraphs 3 and 4 shall be in writing, including in electronic form.

10. Without prejudice to Articles 82, 83 and 84, if a processor infringes this Regulation by determining the purposes and means of processing, the processor shall be considered to be a controller in respect of that processing.

Article 29

Processing under the authority of the controller or processor

The processor and any person acting under the authority of the controller or of the processor, who has access to personal data, shall not process those data except on instructions from the controller, unless required to do so by Union or Member State law.

Article 30

Records of processing activities

1. Each controller and, where applicable, the controller's representative, shall maintain a record of processing activities under its responsibility. That record shall contain all of the following information:

a) el nombre y los datos de contacto del responsable y, en su caso, del corresponsable, del representante del responsable, y del delegado de protección de datos;

b) los fines del tratamiento;

c) una descripción de las categorías de interesados y de las categorías de datos personales;

d) las categorías de destinatarios a quienes se comunicaron o comunicarán los datos personales, incluidos los destinatarios en terceros países u organizaciones internacionales;

e) en su caso, las transferencias de datos personales a un tercer país o una organización internacional, incluida la identificación de dicho tercer país u organización internacional y, en el caso de las transferencias indicadas en el artículo 49, apartado 1, párrafo segundo, la documentación de garantías adecuadas;

f) cuando sea posible, los plazos previstos para la supresión de las diferentes categorías de datos;

g) cuando sea posible, una descripción general de las medidas técnicas y organizativas de seguridad a que se refiere el artículo 32, apartado 1.

2. Cada encargado y, en su caso, el representante del encargado, llevará un registro de todas las categorías de actividades de tratamiento efectuadas por cuenta de un responsable que contenga:

a) el nombre y los datos de contacto del encargado o encargados y de cada responsable por cuenta del cual actúe el encargado, y, en su caso, del representante del responsable o del encargado, y del delegado de protección de datos;

b) las categorías de tratamientos efectuados por cuenta de cada responsable;

(a) the name and contact details of the controller and, where applicable, the joint controller, the controller's representative and the data protection officer;

(b) the purposes of the processing;

(c) a description of the categories of data subjects and of the categories of personal data;

(d) the categories of recipients to whom the personal data have been or will be disclosed including recipients in third countries or international organisations;

(e) where applicable, transfers of personal data to a third country or an international organisation, including the identification of that third country or international organisation and, in the case of transfers referred to in the second subparagraph of Article 49(1), the documentation of suitable safeguards;

(f) where possible, the envisaged time limits for erasure of the different categories of data;

(g) where possible, a general description of the technical and organisational security measures referred to in Article 32(1).

2. Each processor and, where applicable, the processor's representative shall maintain a record of all categories of processing activities carried out on behalf of a controller, containing:

(a) the name and contact details of the processor or processors and of each controller on behalf of which the processor is acting, and, where applicable, of the controller's or the processor's representative, and the data protection officer;

(b) the categories of processing carried out on behalf of each controller;

c) en su caso, las transferencias de datos personales a un tercer país u organización internacional, incluida la identificación de dicho tercer país u organización internacional y, en el caso de las transferencias indicadas en el artículo 49, apartado 1, párrafo segundo, la documentación de garantías adecuadas;

d) cuando sea posible, una descripción general de las medidas técnicas y organizativas de seguridad a que se refiere el artículo 30, apartado 1.

3. Los registros a que se refieren los apartados 1 y 2 constarán por escrito, inclusive en formato electrónico.

4. El responsable o el encargado del tratamiento y, en su caso, el representante del responsable o del encargado pondrán el registro a disposición de la autoridad de control que lo solicite.

5. Las obligaciones indicadas en los apartados 1 y 2 no se aplicarán a ninguna empresa ni organización que emplee a menos de 250 personas, a menos que el tratamiento que realice pueda entrañar un riesgo para los derechos y libertades de los interesados, no sea ocasional, o incluya categorías especiales de datos personales indicadas en el artículo 9, apartado 1, o datos personales relativos a condenas e infracciones penales a que se refiere el artículo 10.

Artículo 31

Cooperación con la autoridad de control

El responsable y el encargado del tratamiento y, en su caso, sus representantes cooperarán con la autoridad de control que lo solicite en el desempeño de sus funciones.

(c) where applicable, transfers of personal data to a third country or an international organisation, including the identification of that third country or international organisation and, in the case of transfers referred to in the second subparagraph of Article 49(1), the documentation of suitable safeguards;

(d) where possible, a general description of the technical and organisational security measures referred to in Article 32(1).

3. The records referred to in paragraphs 1 and 2 shall be in writing, including in electronic form.

4. The controller or the processor and, where applicable, the controller's or the processor's representative, shall make the record available to the supervisory authority on request.

5. The obligations referred to in paragraphs 1 and 2 shall not apply to an enterprise or an organisation employing fewer than 250 persons unless the processing it carries out is likely to result in a risk to the rights and freedoms of data subjects, the processing is not occasional, or the processing includes special categories of data as referred to in Article 9(1) or personal data relating to criminal convictions and offences referred to in Article 10.

Article 31

Cooperation with the supervisory authority

The controller and the processor and, where applicable, their representatives, shall cooperate, on request, with the supervisory authority in the performance of its tasks.

Sección 2

Seguridad de los datos personales

Artículo 32

Seguridad del tratamiento

1. Teniendo en cuenta el estado de la técnica, los costes de aplicación, y la naturaleza, el alcance, el contexto y los fines del tratamiento, así como riesgos de probabilidad y gravedad variables para los derechos y libertades de las personas físicas, el responsable y el encargado del tratamiento aplicarán medidas técnicas y organizativas apropiadas para garantizar un nivel de seguridad adecuado al riesgo, que en su caso incluya, entre otros:

a) la seudonimización y el cifrado de datos personales;

b) la capacidad de garantizar la confidencialidad, integridad, disponibilidad y resiliencia permanentes de los sistemas y servicios de tratamiento;

c) la capacidad de restaurar la disponibilidad y el acceso a los datos personales de forma rápida en caso de incidente físico o técnico;

d) un proceso de verificación, evaluación y valoración regulares de la eficacia de las medidas técnicas y organizativas para garantizar la seguridad del tratamiento.

2. Al evaluar la adecuación del nivel de seguridad se tendrán particularmente en cuenta los riesgos que presente el tratamiento de datos, en particular como consecuencia de la destrucción, pérdida o alteración accidental o ilícita de datos personales transmitidos, conservados o tratados de otra forma, o la comunicación o acceso no autorizados a dichos datos.

3. La adhesión a un código de conducta aprobado a tenor del artículo 40 o a un mecanismo de certificación aprobado a tenor del artículo 42 podrá servir de

Section 2

Security of personal data

Article 32

Security of processing

1. Taking into account the state of the art, the costs of implementation and the nature, scope, context and purposes of processing as well as the risk of varying likelihood and severity for the rights and freedoms of natural persons, the controller and the processor shall implement appropriate technical and organisational measures to ensure a level of security appropriate to the risk, including inter alia as appropriate:

(a) the pseudonymisation and encryption of personal data;

(b) the ability to ensure the ongoing confidentiality, integrity, availability and resilience of processing systems and services;

(c) the ability to restore the availability and access to personal data in a timely manner in the event of a physical or technical incident;

(d) a process for regularly testing, assessing and evaluating the effectiveness of technical and organisational measures for ensuring the security of the processing.

2. In assessing the appropriate level of security account shall be taken in particular of the risks that are presented by processing, in particular from accidental or unlawful destruction, loss, alteration, unauthorised disclosure of, or access to personal data transmitted, stored or otherwise processed.

3. Adherence to an approved code of conduct as referred to in Article 40 or an approved certification mechanism as referred to in Article 42 may be used

elemento para demostrar el cumplimiento de los requisitos establecidos en el apartado 1 del presente artículo.

4. El responsable y el encargado del tratamiento tomarán medidas para garantizar que cualquier persona que actúe bajo la autoridad del responsable o del encargado y tenga acceso a datos personales solo pueda tratar dichos datos siguiendo instrucciones del responsable, salvo que esté obligada a ello en virtud del Derecho de la Unión o de los Estados miembros.

Artículo 33

Notificación de una violación de la seguridad de los datos personales a la autoridad de control

1. En caso de violación de la seguridad de los datos personales, el responsable del tratamiento la notificará a la autoridad de control competente de conformidad con el artículo 55 sin dilación indebida y, de ser posible, a más tardar 72 horas después de que haya tenido constancia de ella, a menos que sea improbable que dicha violación de la seguridad constituya un riesgo para los derechos y las libertades de las personas físicas. Si la notificación a la autoridad de control no tiene lugar en el plazo de 72 horas, deberá ir acompañada de indicación de los motivos de la dilación.

2. El encargado del tratamiento notificará sin dilación indebida al responsable del tratamiento las violaciones de la seguridad de los datos personales de las que tenga conocimiento.

3. La notificación contemplada en el apartado 1 deberá, como mínimo:

a) describir la naturaleza de la violación de la seguridad de los datos personales, inclusive, cuando sea posible, las categorías y el número aproximado de interesados afectados, y las categorías y

as an element by which to demonstrate compliance with the requirements set out in paragraph 1 of this Article.

4. The controller and processor shall take steps to ensure that any natural person acting under the authority of the controller or the processor who has access to personal data does not process them except on instructions from the controller, unless he or she is required to do so by Union or Member State law.

Article 33

Notification of a personal data breach to the supervisory authority

1. In the case of a personal data breach, the controller shall without undue delay and, where feasible, not later than 72 hours after having become aware of it, notify the personal data breach to the supervisory authority competent in accordance with Article 55, unless the personal data breach is unlikely to result in a risk to the rights and freedoms of natural persons. Where the notification to the supervisory authority is not made within 72 hours, it shall be accompanied by reasons for the delay.

2. The processor shall notify the controller without undue delay after becoming aware of a personal data breach.

3. The notification referred to in paragraph 1 shall at least:

(a) describe the nature of the personal data breach including where possible, the categories and approximate number of data subjects concerned and the categories and approximate

el número aproximado de registros de datos personales afectados;

b) comunicar el nombre y los datos de contacto del delegado de protección de datos o de otro punto de contacto en el que pueda obtenerse más información;

c) describir las posibles consecuencias de la violación de la seguridad de los datos personales;

d) describir las medidas adoptadas o propuestas por el responsable del tratamiento para poner remedio a la violación de la seguridad de los datos personales, incluyendo, si procede, las medidas adoptadas para mitigar los posibles efectos negativos.

4. Si no fuera posible facilitar la información simultáneamente, y en la medida en que no lo sea, la información se facilitará de manera gradual sin dilación indebida.

5. El responsable del tratamiento documentará cualquier violación de la seguridad de los datos personales, incluidos los hechos relacionados con ella, sus efectos y las medidas correctivas adoptadas. Dicha documentación permitirá a la autoridad de control verificar el cumplimiento de lo dispuesto en el presente artículo.

Artículo 34

Comunicación de una violación de la seguridad de los datos personales al interesado

1. Cuando sea probable que la violación de la seguridad de los datos personales entrañe un alto riesgo para los derechos y libertades de las personas físicas, el responsable del tratamiento la comunicará al interesado sin dilación indebida.

2. La comunicación al interesado contemplada en el apartado 1 del presente artículo describirá en un lenguaje claro y sencillo la naturaleza de la violación de la seguridad de los datos

number of personal data records concerned;

(b) communicate the name and contact details of the data protection officer or other contact point where more information can be obtained;

(c) describe the likely consequences of the personal data breach;

(d) describe the measures taken or proposed to be taken by the controller to address the personal data breach, including, where appropriate, measures to mitigate its possible adverse effects.

4. Where, and in so far as, it is not possible to provide the information at the same time, the information may be provided in phases without undue further delay.

5. The controller shall document any personal data breaches, comprising the facts relating to the personal data breach, its effects and the remedial action taken. That documentation shall enable the supervisory authority to verify compliance with this Article.

Article 34

Communication of a personal data breach to the data subject

1. When the personal data breach is likely to result in a high risk to the rights and freedoms of natural persons, the controller shall communicate the personal data breach to the data subject without undue delay.

2. The communication to the data subject referred to in paragraph 1 of this Article shall describe in clear and plain language the nature of the personal data breach and contain at

personales y contendrá como mínimo la información y las medidas a que se refiere el artículo 33, apartado 3, letras b), c) y d).

3. La comunicación al interesado a que se refiere el apartado 1 no será necesaria si se cumple alguna de las condiciones siguientes:

a) el responsable del tratamiento ha adoptado medidas de protección técnicas y organizativas apropiadas y estas medidas se han aplicado a los datos personales afectados por la violación de la seguridad de los datos personales, en particular aquellas que hagan ininteligibles los datos personales para cualquier persona que no esté autorizada a acceder a ellos, como el cifrado;

b) el responsable del tratamiento ha tomado medidas ulteriores que garanticen que ya no exista la probabilidad de que se concretice el alto riesgo para los derechos y libertades del interesado a que se refiere el apartado 1;

c) suponga un esfuerzo desproporcionado. En este caso, se optará en su lugar por una comunicación pública o una medida semejante por la que se informe de manera igualmente efectiva a los interesados.

4. Cuando el responsable todavía no haya comunicado al interesado la violación de la seguridad de los datos personales, la autoridad de control, una vez considerada la probabilidad de que tal violación entrañe un alto riesgo, podrá exigirle que lo haga o podrá decidir que se cumple alguna de las condiciones mencionadas en el apartado 3.

least the information and measures referred to in points (b), (c) and (d) of Article 33(3).

3. The communication to the data subject referred to in paragraph 1 shall not be required if any of the following conditions are met:

(a) the controller has implemented appropriate technical and organisational protection measures, and those measures were applied to the personal data affected by the personal data breach, in particular those that render the personal data unintelligible to any person who is not authorised to access it, such as encryption;

(b) the controller has taken subsequent measures which ensure that the high risk to the rights and freedoms of data subjects referred to in paragraph 1 is no longer likely to materialise;

(c) it would involve disproportionate effort. In such a case, there shall instead be a public communication or similar measure whereby the data subjects are informed in an equally effective manner.

4. If the controller has not already communicated the personal data breach to the data subject, the supervisory authority, having considered the likelihood of the personal data breach resulting in a high risk, may require it to do so or may decide that any of the conditions referred to in paragraph 3 are met.

Sección 3

Evaluación de impacto relativa a la protección de datos y consulta previa

Artículo 35

Evaluación de impacto relativa a la protección de datos

1. Cuando sea probable que un tipo de tratamiento, en particular si utiliza nuevas tecnologías, por su naturaleza, alcance, contexto o fines, entrañe un alto riesgo para los derechos y libertades de las personas físicas, el responsable del tratamiento realizará, antes del tratamiento, una evaluación del impacto de las operaciones de tratamiento en la protección de datos personales. Una única evaluación podrá abordar una serie de operaciones de tratamiento similares que entrañen altos riesgos similares.

2. El responsable del tratamiento recabará el asesoramiento del delegado de protección de datos, si ha sido nombrado, al realizar la evaluación de impacto relativa a la protección de datos.

3. La evaluación de impacto relativa a la protección de los datos a que se refiere el apartado 1 se requerirá en particular en caso de:

a) evaluación sistemática y exhaustiva de aspectos personales de personas físicas que se base en un tratamiento automatizado, como la elaboración de perfiles, y sobre cuya base se tomen decisiones que produzcan efectos jurídicos para las personas físicas o que les afecten significativamente de modo similar;

b) tratamiento a gran escala de las categorías especiales de datos a que se refiere el artículo 9, apartado 1, o de los datos personales relativos a condenas e infracciones penales a que se refiere el artículo 10, o

Section 3

Data protection impact assessment and prior consultation

Article 35

Data protection impact assessment

1. Where a type of processing in particular using new technologies, and taking into account the nature, scope, context and purposes of the processing, is likely to result in a high risk to the rights and freedoms of natural persons, the controller shall, prior to the processing, carry out an assessment of the impact of the envisaged processing operations on the protection of personal data. A single assessment may address a set of similar processing operations that present similar high risks.

2. The controller shall seek the advice of the data protection officer, where designated, when carrying out a data protection impact assessment.

3. A data protection impact assessment referred to in paragraph 1 shall in particular be required in the case of:

(a) a systematic and extensive evaluation of personal aspects relating to natural persons which is based on automated processing, including profiling, and on which decisions are based that produce legal effects concerning the natural person or similarly significantly affect the natural person;

(b) processing on a large scale of special categories of data referred to in Article 9(1), or of personal data relating to criminal convictions and offences referred to in Article 10; or

c) observación sistemática a gran escala de una zona de acceso público.

(c) a systematic monitoring of a publicly accessible area on a large scale.

4. La autoridad de control establecerá y publicará una lista de los tipos de operaciones de tratamiento que requieran una evaluación de impacto relativa a la protección de datos de conformidad con el apartado 1. La autoridad de control comunicará esas listas al Comité a que se refiere el artículo 68.

4. The supervisory authority shall establish and make public a list of the kind of processing operations which are subject to the requirement for a data protection impact assessment pursuant to paragraph 1. The supervisory authority shall communicate those lists to the Board referred to in Article 68.

5. La autoridad de control podrá asimismo establecer y publicar la lista de los tipos de tratamiento que no requieren evaluaciones de impacto relativas a la protección de datos. La autoridad de control comunicará esas listas al Comité.

5. The supervisory authority may also establish and make public a list of the kind of processing operations for which no data protection impact assessment is required. The supervisory authority shall communicate those lists to the Board.

6. Antes de adoptar las listas a que se refieren los apartados 4 y 5, la autoridad de control competente aplicará el mecanismo de coherencia contemplado en el artículo 63 si esas listas incluyen actividades de tratamiento que guarden relación con la oferta de bienes o servicios a interesados o con la observación del comportamiento de estos en varios Estados miembros, o actividades de tratamiento que puedan afectar sustancialmente a la libre circulación de datos personales en la Unión.

6. Prior to the adoption of the lists referred to in paragraphs 4 and 5, the competent supervisory authority shall apply the consistency mechanism referred to in Article 63 where such lists involve processing activities which are related to the offering of goods or services to data subjects or to the monitoring of their behaviour in several Member States, or may substantially affect the free movement of personal data within the Union.

7. La evaluación deberá incluir como mínimo:

7. The assessment shall contain at least:

a) una descripción sistemática de las operaciones de tratamiento previstas y de los fines del tratamiento, inclusive, cuando proceda, el interés legítimo perseguido por el responsable del tratamiento;

(a) a systematic description of the envisaged processing operations and the purposes of the processing, including, where applicable, the legitimate interest pursued by the controller;

b) una evaluación de la necesidad y la proporcionalidad de las operaciones de tratamiento con respecto a su finalidad;

(b) an assessment of the necessity and proportionality of the processing operations in relation to the purposes;

c) una evaluación de los riesgos para los derechos y libertades de los interesados a que se refiere el apartado 1, y

(c) an assessment of the risks to the rights and freedoms of data subjects referred to in paragraph 1; and

d) las medidas previstas para afrontar los riesgos, incluidas garantías, medidas de seguridad y mecanismos que garanticen la protección de datos personales, y a demostrar la conformidad con el presente Reglamento, teniendo en cuenta los derechos e intereses legítimos de los interesados y de otras personas afectadas.

8. El cumplimiento de los códigos de conducta aprobados a que se refiere el artículo 40 por los responsables o encargados correspondientes se tendrá debidamente en cuenta al evaluar las repercusiones de las operaciones de tratamiento realizadas por dichos responsables o encargados, en particular a efectos de la evaluación de impacto relativa a la protección de datos.

9. Cuando proceda, el responsable recabará la opinión de los interesados o de sus representantes en relación con el tratamiento previsto, sin perjuicio de la protección de intereses públicos o comerciales o de la seguridad de las operaciones de tratamiento.

10. Cuando el tratamiento de conformidad con el artículo 6, apartado 1, letras c) o e), tenga su base jurídica en el Derecho de la Unión o en el Derecho del Estado miembro que se aplique al responsable del tratamiento, tal Derecho regule la operación específica de tratamiento o conjunto de operaciones en cuestión, y ya se haya realizado una evaluación de impacto relativa a la protección de datos como parte de una evaluación de impacto general en el contexto de la adopción de dicha base jurídica, los apartados 1 a 7 no serán de aplicación excepto si los Estados miembros consideran necesario proceder a dicha evaluación previa a las actividades de tratamiento.

11. En caso necesario, el responsable examinará si el tratamiento es conforme con la evaluación de impacto relativa a la protección de datos, al menos cuando

(d) the measures envisaged to address the risks, including safeguards, security measures and mechanisms to ensure the protection of personal data and to demonstrate compliance with this Regulation taking into account the rights and legitimate interests of data subjects and other persons concerned.

8. Compliance with approved codes of conduct referred to in Article 40 by the relevant controllers or processors shall be taken into due account in assessing the impact of the processing operations performed by such controllers or processors, in particular for the purposes of a data protection impact assessment.

9. Where appropriate, the controller shall seek the views of data subjects or their representatives on the intended processing, without prejudice to the protection of commercial or public interests or the security of processing operations.

10. Where processing pursuant to point (c) or (e) of Article 6(1) has a legal basis in Union law or in the law of the Member State to which the controller is subject, that law regulates the specific processing operation or set of operations in question, and a data protection impact assessment has already been carried out as part of a general impact assessment in the context of the adoption of that legal basis, paragraphs 1 to 7 shall not apply unless Member States deem it to be necessary to carry out such an assessment prior to processing activities.

11. Where necessary, the controller shall carry out a review to assess if processing is performed in accordance with the data protection impact

exista un cambio del riesgo que representen las operaciones de tratamiento.

Artículo 36

Consulta previa

1. El responsable consultará a la autoridad de control antes de proceder al tratamiento cuando una evaluación de impacto relativa a la protección de los datos en virtud del artículo 35 muestre que el tratamiento entrañaría un alto riesgo si el responsable no toma medidas para para mitigarlo.

2. Cuando la autoridad de control considere que el tratamiento previsto a que se refiere el apartado 1 podría infringir el presente Reglamento, en particular cuando el responsable no haya identificado o mitigado suficientemente el riesgo, la autoridad de control deberá, en un plazo de ocho semanas desde la solicitud de la consulta, asesorar por escrito al responsable, y en su caso al encargado, y podrá utilizar cualquiera de sus poderes mencionados en el artículo 58. Dicho plazo podrá prorrogarse seis semanas, en función de la complejidad del tratamiento previsto. La autoridad de control informará al responsable y, en su caso, al encargado de tal prórroga en el plazo de un mes a partir de la recepción de la solicitud de consulta, indicando los motivos de la dilación. Estos plazos podrán suspenderse hasta que la autoridad de control haya obtenido la información solicitada a los fines de la consulta.

3. Cuando consulte a la autoridad de control con arreglo al apartado 1, el responsable del tratamiento le facilitará la información siguiente:

a) en su caso, las responsabilidades respectivas del responsable, los corresponsables y los encargados implicados en el tratamiento, en

assessment at least when there is a change of the risk represented by processing operations.

Article 36

Prior consultation

1. The controller shall consult the supervisory authority prior to processing where a data protection impact assessment under Article 35 indicates that the processing would result in a high risk in the absence of measures taken by the controller to mitigate the risk.

2. Where the supervisory authority is of the opinion that the intended processing referred to in paragraph 1 would infringe this Regulation, in particular where the controller has insufficiently identified or mitigated the risk, the supervisory authority shall, within period of up to eight weeks of receipt of the request for consultation, provide written advice to the controller and, where applicable to the processor, and may use any of its powers referred to in Article 58. That period may be extended by six weeks, taking into account the complexity of the intended processing. The supervisory authority shall inform the controller and, where applicable, the processor, of any such extension within one month of receipt of the request for consultation together with the reasons for the delay. Those periods may be suspended until the supervisory authority has obtained information it has requested for the purposes of the consultation.

3. When consulting the supervisory authority pursuant to paragraph 1, the controller shall provide the supervisory authority with:

(a) where applicable, the respective responsibilities of the controller, joint controllers and processors involved in the processing, in particular for

particular en caso de tratamiento dentro de un grupo empresarial;

b) los fines y medios del tratamiento previsto;

c) las medidas y garantías establecidas para proteger los derechos y libertades de los interesados de conformidad con el presente Reglamento;

d) en su caso, los datos de contacto del delegado de protección de datos;

e) la evaluación de impacto relativa a la protección de datos establecida en el artículo 35, y

f) cualquier otra información que solicite la autoridad de control.

4. Los Estados miembros garantizarán que se consulte a la autoridad de control durante la elaboración de toda propuesta de medida legislativa que haya de adoptar un Parlamento nacional, o de una medida reglamentaria basada en dicha medida legislativa, que se refiera al tratamiento.

5. No obstante lo dispuesto en el apartado 1, el Derecho de los Estados miembros podrá obligar a los responsables del tratamiento a consultar a la autoridad de control y a recabar su autorización previa en relación con el tratamiento por un responsable en el ejercicio de una misión realizada en interés público, en particular el tratamiento en relación con la protección social y la salud pública.

Sección 4

Delegado de protección de datos

Artículo 37

Designación del delegado de protección de datos

1. El responsable y el encargado del tratamiento designarán un delegado de protección de datos siempre que:

a) el tratamiento lo lleve a cabo una autoridad u organismo público, excepto

processing within a group of undertakings;

(b) the purposes and means of the intended processing;

(c) the measures and safeguards provided to protect the rights and freedoms of data subjects pursuant to this Regulation;

(d) where applicable, the contact details of the data protection officer;

(e) the data protection impact assessment provided for in Article 35; and

(f) any other information requested by the supervisory authority.

4. Member States shall consult the supervisory authority during the preparation of a proposal for a legislative measure to be adopted by a national parliament, or of a regulatory measure based on such a legislative measure, which relates to processing.

5. Notwithstanding paragraph 1, Member State law may require controllers to consult with, and obtain prior authorisation from, the supervisory authority in relation to processing by a controller for the performance of a task carried out by the controller in the public interest, including processing in relation to social protection and public health.

Section 4

Data protection officer

Article 37

Designation of the data protection officer

1. The controller and the processor shall designate a data protection officer in any case where:

(a) the processing is carried out by a public authority or body, except for courts acting in their judicial capacity;

los tribunales que actúen en ejercicio de su función judicial;

b) las actividades principales del responsable o del encargado consistan en operaciones de tratamiento que, en razón de su naturaleza, alcance y/o fines, requieran una observación habitual y sistemática de interesados a gran escala, o

c) las actividades principales del responsable o del encargado consistan en el tratamiento a gran escala de categorías especiales de datos personales con arreglo al artículo 9 y de datos relativos a condenas e infracciones penales a que se refiere el artículo 10.

2. Un grupo empresarial podrá nombrar un único delegado de protección de datos siempre que sea fácilmente accesible desde cada establecimiento.

3. Cuando el responsable o el encargado del tratamiento sea una autoridad u organismo público, se podrá designar un único delegado de protección de datos para varias de estas autoridades u organismos, teniendo en cuenta su estructura organizativa y tamaño.

4. En casos distintos de los contemplados en el apartado 1, el responsable o el encargado del tratamiento o las asociaciones y otros organismos que representen a categorías de responsables o encargados podrán designar un delegado de protección de datos o deberán designarlo si así lo exige el Derecho de la Unión o de los Estados miembros. El delegado de protección de datos podrá actuar por cuenta de estas asociaciones y otros organismos que representen a responsables o encargados.

5. El delegado de protección de datos será designado atendiendo a sus cualidades profesionales y, en particular, a sus conocimientos

(b) the core activities of the controller or the processor consist of processing operations which, by virtue of their nature, their scope and/or their purposes, require regular and systematic monitoring of data subjects on a large scale; or

(c) the core activities of the controller or the processor consist of processing on a large scale of special categories of data pursuant to Article 9 and personal data relating to criminal convictions and offences referred to in Article 10.

2. A group of undertakings may appoint a single data protection officer provided that a data protection officer is easily accessible from each establishment.

3. Where the controller or the processor is a public authority or body, a single data protection officer may be designated for several such authorities or bodies, taking account of their organisational structure and size.

4. In cases other than those referred to in paragraph 1, the controller or processor or associations and other bodies representing categories of controllers or processors may or, where required by Union or Member State law shall, designate a data protection officer. The data protection officer may act for such associations and other bodies representing controllers or processors.

5. The data protection officer shall be designated on the basis of professional qualities and, in particular, expert knowledge of data protection law and

especializados del Derecho y la práctica en materia de protección de datos y a su capacidad para desempeñar las funciones indicadas en el artículo 39.

6. El delegado de protección de datos podrá formar parte de la plantilla del responsable o del encargado del tratamiento o desempeñar sus funciones en el marco de un contrato de servicios.

7. El responsable o el encargado del tratamiento publicarán los datos de contacto del delegado de protección de datos y los comunicarán a la autoridad de control.

Artículo 38

Posición del delegado de protección de datos

1. El responsable y el encargado del tratamiento garantizarán que el delegado de protección de datos participe de forma adecuada y en tiempo oportuno en todas las cuestiones relativas a la protección de datos personales.

2. El responsable y el encargado del tratamiento respaldarán al delegado de protección de datos en el desempeño de las funciones mencionadas en el artículo 39, facilitando los recursos necesarios para el desempeño de dichas funciones y el acceso a los datos personales y a las operaciones de tratamiento, y para el mantenimiento de sus conocimientos especializados.

3. El responsable y el encargado del tratamiento garantizarán que el delegado de protección de datos no reciba ninguna instrucción en lo que respecta al desempeño de dichas funciones. No será destituido ni sancionado por el responsable o el encargado por desempeñar sus funciones. El delegado de protección de datos rendirá cuentas directamente al más alto nivel jerárquico del responsable o encargado.

practices and the ability to fulfil the tasks referred to in Article 39.

6. The data protection officer may be a staff member of the controller or processor, or fulfil the tasks on the basis of a service contract.

7. The controller or the processor shall publish the contact details of the data protection officer and communicate them to the supervisory authority.

Article 38

Position of the data protection officer

1. The controller and the processor shall ensure that the data protection officer is involved, properly and in a timely manner, in all issues which relate to the protection of personal data.

2. The controller and processor shall support the data protection officer in performing the tasks referred to in Article 39 by providing resources necessary to carry out those tasks and access to personal data and processing operations, and to maintain his or her expert knowledge.

3. The controller and processor shall ensure that the data protection officer does not receive any instructions regarding the exercise of those tasks. He or she shall not be dismissed or penalised by the controller or the processor for performing his tasks. The data protection officer shall directly report to the highest management level of the controller or the processor.

4. Los interesados podrán ponerse en contacto con el delegado de protección de datos por lo que respecta a todas las cuestiones relativas al tratamiento de sus datos personales y al ejercicio de sus derechos al amparo del presente Reglamento.

4. Data subjects may contact the data protection officer with regard to all issues related to processing of their personal data and to the exercise of their rights under this Regulation.

5. El delegado de protección de datos estará obligado a mantener el secreto o la confidencialidad en lo que respecta al desempeño de sus funciones, de conformidad con el Derecho de la Unión o de los Estados miembros.

5. The data protection officer shall be bound by secrecy or confidentiality concerning the performance of his or her tasks, in accordance with Union or Member State law.

6. El delegado de protección de datos podrá desempeñar otras funciones y cometidos. El responsable o encargado del tratamiento garantizará que dichas funciones y cometidos no den lugar a conflicto de intereses.

6. The data protection officer may fulfil other tasks and duties. The controller or processor shall ensure that any such tasks and duties do not result in a conflict of interests.

Artículo 39

Funciones del delegado de protección de datos

Article 39

Tasks of the data protection officer

1. El delegado de protección de datos tendrá como mínimo las siguientes funciones:

1. The data protection officer shall have at least the following tasks:

a) informar y asesorar al responsable o al encargado del tratamiento y a los empleados que se ocupen del tratamiento de las obligaciones que les incumben en virtud del presente Reglamento y de otras disposiciones de protección de datos de la Unión o de los Estados miembros;

(a) to inform and advise the controller or the processor and the employees who carry out processing of their obligations pursuant to this Regulation and to other Union or Member State data protection provisions;

b) supervisar el cumplimiento de lo dispuesto en el presente Reglamento, de otras disposiciones de protección de datos de la Unión o de los Estados miembros y de las políticas del responsable o del encargado del tratamiento en materia de protección de datos personales, incluida la asignación de responsabilidades, la concienciación y formación del personal que participa en las operaciones de tratamiento, y las auditorías correspondientes;

(b) to monitor compliance with this Regulation, with other Union or Member State data protection provisions and with the policies of the controller or processor in relation to the protection of personal data, including the assignment of responsibilities, awareness-raising and training of staff involved in processing operations, and the related audits;

c) ofrecer el asesoramiento que se le solicite acerca de la evaluación de impacto relativa a la protección de datos y supervisar su aplicación de conformidad con el artículo 35;

d) cooperar con la autoridad de control;

e) actuar como punto de contacto de la autoridad de control para cuestiones relativas al tratamiento, incluida la consulta previa a que se refiere el artículo 36, y realizar consultas, en su caso, sobre cualquier otro asunto.

2. El delegado de protección de datos desempeñará sus funciones prestando la debida atención a los riesgos asociados a las operaciones de tratamiento, teniendo en cuenta la naturaleza, el alcance, el contexto y fines del tratamiento.

Sección 5

Códigos de conducta y certificación

Artículo 40

Códigos de conducta

1. Los Estados miembros, las autoridades de control, el Comité y la Comisión promoverán la elaboración de códigos de conducta destinados a contribuir a la correcta aplicación del presente Reglamento, teniendo en cuenta las características específicas de los distintos sectores de tratamiento y las necesidades específicas de las microempresas y las pequeñas y medianas empresas.

2. Las asociaciones y otros organismos representativos de categorías de responsables o encargados del tratamiento podrán elaborar códigos de conducta o modificar o ampliar dichos códigos con objeto de especificar la aplicación del presente Reglamento, como en lo que respecta a:

a) el tratamiento leal y transparente;

(c) to provide advice where requested as regards the data protection impact assessment and monitor its performance pursuant to Article 35;

(d) to cooperate with the supervisory authority;

(e) to act as the contact point for the supervisory authority on issues relating to processing, including the prior consultation referred to in Article 36, and to consult, where appropriate, with regard to any other matter.

2. The data protection officer shall in the performance of his or her tasks have due regard to the risk associated with processing operations, taking into account the nature, scope, context and purposes of processing.

Section 5

Codes of conduct and certification

Article 40

Codes of conduct

1. The Member States, the supervisory authorities, the Board and the Commission shall encourage the drawing up of codes of conduct intended to contribute to the proper application of this Regulation, taking account of the specific features of the various processing sectors and the specific needs of micro, small and medium-sized enterprises.

2. Associations and other bodies representing categories of controllers or processors may prepare codes of conduct, or amend or extend such codes, for the purpose of specifying the application of this Regulation, such as with regard to:

(a) fair and transparent processing;

b) los intereses legítimos perseguidos por los responsables del tratamiento en contextos específicos;

c) la recogida de datos personales;

d) la seudonimización de datos personales;

e) la información proporcionada al público y a los interesados;

f) el ejercicio de los derechos de los interesados;

g) la información proporcionada a los niños y la protección de estos, así como la manera de obtener el consentimiento de los titulares de la patria potestad o tutela sobre el niño;

h) las medidas y procedimientos a que se refieren los artículos 24 y 25 y las medidas para garantizar la seguridad del tratamiento a que se refiere el artículo 32;

i) la notificación de violaciones de la seguridad de los datos personales a las autoridades de control y la comunicación de dichas violaciones a los interesados;

j) la transferencia de datos personales a terceros países u organizaciones internacionales, o

k) los procedimientos extrajudiciales y otros procedimientos de resolución de conflictos que permitan resolver las controversias entre los responsables del tratamiento y los interesados relativas al tratamiento, sin perjuicio de los derechos de los interesados en virtud de los artículos 77 y 79.

3. Además de la adhesión de los responsables o encargados del tratamiento a los que se aplica el presente Reglamento, los responsables o encargados a los que no se aplica el presente Reglamento en virtud del artículo 3 podrán adherirse también a códigos de conducta aprobados de conformidad con el apartado 5 del presente artículo y que tengan validez general en virtud del apartado 9 del

(b) the legitimate interests pursued by controllers in specific contexts;

(c) the collection of personal data;

(d) the pseudonymisation of personal data;

(e) the information provided to the public and to data subjects;

(f) the exercise of the rights of data subjects;

(g) the information provided to, and the protection of, children, and the manner in which the consent of the holders of parental responsibility over children is to be obtained;

(h) the measures and procedures referred to in Articles 24 and 25 and the measures to ensure security of processing referred to in Article 32;

(i) the notification of personal data breaches to supervisory authorities and the communication of such personal data breaches to data subjects;

(j) the transfer of personal data to third countries or international organisations; or

(k) out-of-court proceedings and other dispute resolution procedures for resolving disputes between controllers and data subjects with regard to processing, without prejudice to the rights of data subjects pursuant to Articles 77 and 79.

3. In addition to adherence by controllers or processors subject to this Regulation, codes of conduct approved pursuant to paragraph 5 of this Article and having general validity pursuant to paragraph 9 of this Article may also be adhered to by controllers or processors that are not subject to this Regulation pursuant to Article 3 in order to provide appropriate safeguards within the framework of personal data

presente artículo, a fin de ofrecer garantías adecuadas en el marco de las transferencias de datos personales a terceros países u organizaciones internacionales a tenor del artículo 46, apartado 2, letra e). Dichos responsables o encargados deberán asumir compromisos vinculantes y exigibles, por vía contractual o mediante otros instrumentos jurídicamente vinculantes, para aplicar dichas garantías adecuadas, incluidas las relativas a los derechos de los interesados.

4. El código de conducta a que se refiere el apartado 2 del presente artículo contendrá mecanismos que permitan al organismo mencionado en el artículo 41, apartado 1, efectuar el control obligatorio del cumplimiento de sus disposiciones por los responsables o encargados de tratamiento que se comprometan a aplicarlo, sin perjuicio de las funciones y los poderes de las autoridades de control que sean competentes con arreglo al artículo 51 o 56.

5. Las asociaciones y otros organismos mencionados en el apartado 2 del presente artículo que proyecten elaborar un código de conducta o modificar o ampliar un código existente presentarán el proyecto de código o la modificación o ampliación a la autoridad de control que sea competente con arreglo al artículo 55. La autoridad de control dictaminará si el proyecto de código o la modificación o ampliación es conforme con el presente Reglamento y aprobará dicho proyecto de código, modificación o ampliación si considera suficientes las garantías adecuadas ofrecidas.

6. Si el proyecto de código o la modificación o ampliación es aprobado de conformidad con el apartado 5 y el código de conducta de que se trate no se refiere a actividades de tratamiento en varios Estados miembros, la autoridad de control registrará y publicará el código.

transfers to third countries or international organisations under the terms referred to in point (e) of Article 46(2). Such controllers or processors shall make binding and enforceable commitments, via contractual or other legally binding instruments, to apply those appropriate safeguards including with regard to the rights of data subjects.

4. A code of conduct referred to in paragraph 2 of this Article shall contain mechanisms which enable the body referred to in Article 41(1) to carry out the mandatory monitoring of compliance with its provisions by the controllers or processors which undertake to apply it, without prejudice to the tasks and powers of supervisory authorities competent pursuant to Article 55 or 56.

5. Associations and other bodies referred to in paragraph 2 of this Article which intend to prepare a code of conduct or to amend or extend an existing code shall submit the draft code, amendment or extension to the supervisory authority which is competent pursuant to Article 55. The supervisory authority shall provide an opinion on whether the draft code, amendment or extension complies with this Regulation and shall approve that draft code, amendment or extension if it finds that it provides sufficient appropriate safeguards.

6. Where the draft code, or amendment or extension is approved in accordance with paragraph 5, and where the code of conduct concerned does not relate to processing activities in several Member States, the supervisory authority shall register and publish the code.

7. Si un proyecto de código de conducta guarda relación con actividades de tratamiento en varios Estados miembros, la autoridad de control que sea competente en virtud del artículo 55 lo presentará por el procedimiento mencionado en el artículo 63, antes de su aprobación o de la modificación o ampliación, al Comité, el cual dictaminará si dicho proyecto, modificación o ampliación es conforme con el presente Reglamento o, en la situación indicada en el apartado 3 del presente artículo, ofrece garantías adecuadas.

8. Si el dictamen a que se refiere el apartado 7 confirma que el proyecto de código o la modificación o ampliación cumple lo dispuesto en el presente Reglamento o, en la situación indicada en el apartado 3, ofrece garantías adecuadas, el Comité presentará su dictamen a la Comisión.

9. La Comisión podrá, mediante actos de ejecución, decidir que el código de conducta o la modificación o ampliación aprobados y presentados con arreglo al apartado 8 del presente artículo tengan validez general dentro de la Unión. Dichos actos de ejecución se adoptarán con arreglo al procedimiento de examen a que se refiere el artículo 93, apartado 2.

10. La Comisión dará publicidad adecuada a los códigos aprobados cuya validez general haya sido decidida de conformidad con el apartado 9.

11. El Comité archivará en un registro todos los códigos de conducta, modificaciones y ampliaciones que se aprueben, y los pondrá a disposición pública por cualquier medio apropiado.

Artículo 41

Supervisión de códigos de conducta aprobados

7. Where a draft code of conduct relates to processing activities in several Member States, the supervisory authority which is competent pursuant to Article 55 shall, before approving the draft code, amendment or extension, submit it in the procedure referred to in Article 63 to the Board which shall provide an opinion on whether the draft code, amendment or extension complies with this Regulation or, in the situation referred to in paragraph 3 of this Article, provides appropriate safeguards.

8. Where the opinion referred to in paragraph 7 confirms that the draft code, amendment or extension complies with this Regulation, or, in the situation referred to in paragraph 3, provides appropriate safeguards, the Board shall submit its opinion to the Commission.

9. The Commission may, by way of implementing acts, decide that the approved code of conduct, amendment or extension submitted to it pursuant to paragraph 8 of this Article have general validity within the Union. Those implementing acts shall be adopted in accordance with the examination procedure set out in Article 93(2).

10. The Commission shall ensure appropriate publicity for the approved codes which have been decided as having general validity in accordance with paragraph 9.

11. The Board shall collate all approved codes of conduct, amendments and extensions in a register and shall make them publicly available by way of appropriate means.

Article 41

Monitoring of approved codes of conduct

1. Sin perjuicio de las funciones y los poderes de la autoridad de control competente en virtud de los artículos 57 y 58, podrá supervisar el cumplimiento de un código de conducta en virtud del artículo 40 un organismo que tenga el nivel adecuado de pericia en relación con el objeto del código y que haya sido acreditado para tal fin por la autoridad de control competente.

2. El organismo a que se refiere el apartado 1 podrá ser acreditado para supervisar el cumplimiento de un código de conducta si:

a) ha demostrado, a satisfacción de la autoridad de control competente, su independencia y pericia en relación con el objeto del código;

b) ha establecido procedimientos que le permitan evaluar la idoneidad de los responsables y encargados correspondientes para aplicar el código, supervisar el cumplimiento de sus disposiciones y examinar periódicamente su aplicación;

c) ha establecido procedimientos y estructuras para tratar las reclamaciones relativas a infracciones del código o a la manera en que el código haya sido o esté siendo aplicado por un responsable o encargado del tratamiento, y para hacer dichos procedimientos y estructuras transparentes para los interesados y el público, y

d) ha demostrado, a satisfacción de la autoridad de control competente, que sus funciones y cometidos no dan lugar a conflicto de intereses.

3. La autoridad de control competente someterá al Comité, con arreglo al mecanismo de coherencia a que se refiere el artículo 63, el proyecto que fije los criterios de acreditación de un organismo a que se refiere el apartado 1 del presente artículo.

1. Without prejudice to the tasks and powers of the competent supervisory authority under Articles 57 and 58, the monitoring of compliance with a code of conduct pursuant to Article 40 may be carried out by a body which has an appropriate level of expertise in relation to the subject-matter of the code and is accredited for that purpose by the competent supervisory authority.

2. A body as referred to in paragraph 1 may be accredited to monitor compliance with a code of conduct where that body has:

(a) demonstrated its independence and expertise in relation to the subject-matter of the code to the satisfaction of the competent supervisory authority;

(b) established procedures which allow it to assess the eligibility of controllers and processors concerned to apply the code, to monitor their compliance with its provisions and to periodically review its operation;

(c) established procedures and structures to handle complaints about infringements of the code or the manner in which the code has been, or is being, implemented by a controller or processor, and to make those procedures and structures transparent to data subjects and the public; and

(d) demonstrated to the satisfaction of the competent supervisory authority that its tasks and duties do not result in a conflict of interests.

3. The competent supervisory authority shall submit the draft criteria for accreditation of a body as referred to in paragraph 1 of this Article to the Board pursuant to the consistency mechanism referred to in Article 63.

4. Sin perjuicio de las funciones y los poderes de la autoridad de control competente y de lo dispuesto en el capítulo VIII, un organismo a tenor del apartado 1 del presente artículo deberá, con sujeción a garantías adecuadas, tomar las medidas oportunas en caso de infracción del código por un responsable o encargado del tratamiento, incluida la suspensión o exclusión de este. Informará de dichas medidas y de las razones de las mismas a la autoridad de control competente.

5. La autoridad de control competente revocará la acreditación de un organismo a tenor del apartado 1 si las condiciones de la acreditación no se cumplen o han dejado de cumplirse, o si la actuación de dicho organismo infringe el presente Reglamento.

6. El presente artículo no se aplicará al tratamiento realizado por autoridades y organismos públicos.

Artículo 42

Certificación

1. Los Estados miembros, las autoridades de control, el Comité y la Comisión promoverán, en particular a nivel de la Unión, la creación de mecanismos de certificación en materia de protección de datos y de sellos y marcas de protección de datos a fin de demostrar el cumplimiento de lo dispuesto en el presente Reglamento en las operaciones de tratamiento de los responsables y los encargados. Se tendrán en cuenta las necesidades específicas de las microempresas y las pequeñas y medianas empresas.

2. Además de la adhesión de los responsables o encargados del tratamiento sujetos al presente Reglamento, podrán establecerse mecanismos de certificación, sellos o marcas de protección de datos aprobados de conformidad con el

4. Without prejudice to the tasks and powers of the competent supervisory authority and the provisions of Chapter VIII, a body as referred to in paragraph 1 of this Article shall, subject to appropriate safeguards, take appropriate action in cases of infringement of the code by a controller or processor, including suspension or exclusion of the controller or processor concerned from the code. It shall inform the competent supervisory authority of such actions and the reasons for taking them.

5. The competent supervisory authority shall revoke the accreditation of a body as referred to in paragraph 1 if the conditions for accreditation are not, or are no longer, met or where actions taken by the body infringe this Regulation.

6. This Article shall not apply to processing carried out by public authorities and bodies.

Article 42

Certification

1. The Member States, the supervisory authorities, the Board and the Commission shall encourage, in particular at Union level, the establishment of data protection certification mechanisms and of data protection seals and marks, for the purpose of demonstrating compliance with this Regulation of processing operations by controllers and processors. The specific needs of micro, small and medium-sized enterprises shall be taken into account.

2. In addition to adherence by controllers or processors subject to this Regulation, data protection certification mechanisms, seals or marks approved pursuant to paragraph 5 of this Article may be established for the purpose of

apartado 5, con objeto de demostrar la existencia de garantías adecuadas ofrecidas por los responsables o encargados no sujetos al presente Reglamento con arreglo al artículo 3 en el marco de transferencias de datos personales a terceros países u organizaciones internacionales a tenor del artículo 46, apartado 2, letra f). Dichos responsables o encargados deberán asumir compromisos vinculantes y exigibles, por vía contractual o mediante otros instrumentos jurídicamente vinculantes, para aplicar dichas garantías adecuadas, incluidas las relativas a los derechos de los interesados.

3. La certificación será voluntaria y estará disponible a través de un proceso transparente.

4. La certificación a que se refiere el presente artículo no limitará la responsabilidad del responsable o encargado del tratamiento en cuanto al cumplimiento del presente Reglamento y se entenderá sin perjuicio de las funciones y los poderes de las autoridades de control que sean competentes en virtud del artículo 55 o 56.

5. La certificación en virtud del presente artículo será expedida por los organismos de certificación a que se refiere el artículo 43 o por la autoridad de control competente, sobre la base de los criterios aprobados por dicha autoridad de conformidad con el artículo 58, apartado 3, o por el Comité de conformidad con el artículo 63. Cuando los criterios sean aprobados por el Comité, esto podrá dar lugar a una certificación común: el Sello Europeo de Protección de Datos.

6. Los responsables o encargados que sometan su tratamiento al mecanismo de certificación dará al organismo de certificación mencionado en el artículo 43, o en su caso a la autoridad

demonstrating the existence of appropriate safeguards provided by controllers or processors that are not subject to this Regulation pursuant to Article 3 within the framework of personal data transfers to third countries or international organisations under the terms referred to in point (f) of Article 46(2). Such controllers or processors shall make binding and enforceable commitments, via contractual or other legally binding instruments, to apply those appropriate safeguards, including with regard to the rights of data subjects.

3. The certification shall be voluntary and available via a process that is transparent.

4. A certification pursuant to this Article does not reduce the responsibility of the controller or the processor for compliance with this Regulation and is without prejudice to the tasks and powers of the supervisory authorities which are competent pursuant to Article 55 or 56.

5. A certification pursuant to this Article shall be issued by the certification bodies referred to in Article 43 or by the competent supervisory authority, on the basis of criteria approved by that competent supervisory authority pursuant to Article 58(3) or by the Board pursuant to Article 63. Where the criteria are approved by the Board, this may result in a common certification, the European Data Protection Seal.

6. The controller or processor which submits its processing to the certification mechanism shall provide the certification body referred to in Article 43, or where applicable, the

de control competente, toda la información y acceso a sus actividades de tratamiento que necesite para llevar a cabo el procedimiento de certificación.

7. La certificación se expedirá a un responsable o encargado de tratamiento por un período máximo de tres años y podrá ser renovada en las mismas condiciones, siempre y cuando se sigan cumpliendo los requisitos pertinentes. La certificación será retirada, cuando proceda, por los organismos de certificación a que se refiere el artículo 43, o en su caso por la autoridad de control competente, cuando no se cumplan o se hayan dejado de cumplir los requisitos para la certificación.

8. El Comité archivará en un registro todos los mecanismos de certificación y sellos y marcas de protección de datos y los pondrá a disposición pública por cualquier medio apropiado.

Artículo 43

Organismo de certificación

1. Sin perjuicio de las funciones y poderes de la autoridad de control competente en virtud de los artículos 57 y 58, los organismos de certificación que tengan un nivel adecuado de pericia en materia de protección de datos expedirán y renovarán las certificaciones una vez informada la autoridad de control, a fin de esta que pueda ejercer, si así se requiere, sus poderes en virtud del artículo 58, apartado 2, letra h). Los Estados miembros garantizarán que dichos organismos de certificación sean acreditados por la autoridad o el organismo indicado a continuación, o por ambos:

a) la autoridad de control que sea competente en virtud del artículo 55 o 56;

b) el organismo nacional de acreditación designado de conformidad con el Reglamento (CE) n.o 765/2008 del

competent supervisory authority, with all information and access to its processing activities which are necessary to conduct the certification procedure.

7. Certification shall be issued to a controller or processor for a maximum period of three years and may be renewed, under the same conditions, provided that the relevant requirements continue to be met. Certification shall be withdrawn, as applicable, by the certification bodies referred to in Article 43 or by the competent supervisory authority where the requirements for the certification are not or are no longer met.

8. The Board shall collate all certification mechanisms and data protection seals and marks in a register and shall make them publicly available by any appropriate means.

Article 43

Certification bodies

1. Without prejudice to the tasks and powers of the competent supervisory authority under Articles 57 and 58, certification bodies which have an appropriate level of expertise in relation to data protection shall, after informing the supervisory authority in order to allow it to exercise its powers pursuant to point (h) of Article 58(2) where necessary, issue and renew certification. Member States shall ensure that those certification bodies are accredited by one or both of the following:

(a) the supervisory authority which is competent pursuant to Article 55 or 56;

(b) the national accreditation body named in accordance with Regulation (EC) No 765/2008 of the European

Parlamento Europeo y del Consejo (20) con arreglo a la norma EN ISO/IEC 17065/2012 y a los requisitos adicionales establecidos por la autoridad de control que sea competente en virtud del artículo 55 o 56.

2. Los organismos de certificación mencionados en el apartado 1 únicamente serán acreditados de conformidad con dicho apartado si:

a) han demostrado, a satisfacción de la autoridad de control competente, su independencia y su pericia en relación con el objeto de la certificación;

b) se han comprometido a respetar los criterios mencionados en el artículo 42, apartado 5, y aprobados por la autoridad de control que sea competente en virtud del artículo 55 o 56, o por el Comité de conformidad con el artículo 63;

c) han establecido procedimientos para la expedición, la revisión periódica y la retirada de certificaciones, sellos y marcas de protección de datos;

d) han establecido procedimientos y estructuras para tratar las reclamaciones relativas a infracciones de la certificación o a la manera en que la certificación haya sido o esté siendo aplicada por un responsable o encargado del tratamiento, y para hacer dichos procedimientos y estructuras transparentes para los interesados y el público, y

e) han demostrado, a satisfacción de la autoridad de control competente, que sus funciones y cometidos no dan lugar a conflicto de intereses.

3. La acreditación de los organismos de certificación a que se refieren los apartados 1 y 2 del presente artículo se realizará sobre la base de los criterios aprobados por la autoridad de control que sea competente en virtud del artículo 55 o 56, o por el Comité de

Parliament and of the Council (20) in accordance with EN-ISO/IEC 17065/2012 and with the additional requirements established by the supervisory authority which is competent pursuant to Article 55 or 56.

2. Certification bodies referred to in paragraph 1 shall be accredited in accordance with that paragraph only where they have:

(a) demonstrated their independence and expertise in relation to the subject-matter of the certification to the satisfaction of the competent supervisory authority;

(b) undertaken to respect the criteria referred to in Article 42(5) and approved by the supervisory authority which is competent pursuant to Article 55 or 56 or by the Board pursuant to Article 63;

(c) established procedures for the issuing, periodic review and withdrawal of data protection certification, seals and marks;

(d) established procedures and structures to handle complaints about infringements of the certification or the manner in which the certification has been, or is being, implemented by the controller or processor, and to make those procedures and structures transparent to data subjects and the public; and

(e) demonstrated, to the satisfaction of the competent supervisory authority, that their tasks and duties do not result in a conflict of interests.

3. The accreditation of certification bodies as referred to in paragraphs 1 and 2 of this Article shall take place on the basis of criteria approved by the supervisory authority which is competent pursuant to Article 55 or 56 or by the Board pursuant to Article 63.

conformidad con el artículo 63. En caso de acreditación de conformidad con el apartado 1, letra b), del presente artículo, estos requisitos complementarán los contemplados en el Reglamento (CE) n.o 765/2008 y las normas técnicas que describen los métodos y procedimientos de los organismos de certificación.

4. Los organismos de certificación a que se refiere el apartado 1 serán responsable de la correcta evaluación a efectos de certificación o retirada de la certificación, sin perjuicio de la responsabilidad del responsable o del encargado del tratamiento en cuanto al cumplimiento del presente Reglamento. La acreditación se expedirá por un período máximo de cinco años y podrá ser renovada en las mismas condiciones, siempre y cuando el organismo de certificación cumpla los requisitos establecidos en el presente artículo.

5. Los organismos de certificación a que se refiere el apartado 1 comunicarán a las autoridades de control competentes las razones de la expedición de la certificación solicitada o de su retirada.

6. La autoridad de control hará públicos los requisitos a que se refiere el apartado 3 del presente artículo y los criterios a que se a refiere el artículo 42, apartado 5, en una forma fácilmente accesible. Las autoridades de control comunicarán también dichos requisitos y criterios al Comité. El Comité archivará en un registro todos los mecanismos de certificación y sellos de protección de datos y los pondrá a disposición pública por cualquier medio apropiado.

7. No obstante lo dispuesto en el capítulo VIII, la autoridad de control competente o el organismo nacional de acreditación revocará la acreditación a un organismo de certificación a tenor del apartado 1 del presente artículo si las condiciones de la acreditación no se cumplen o han dejado de cumplirse, o si

In the case of accreditation pursuant to point (b) of paragraph 1 of this Article, those requirements shall complement those envisaged in Regulation (EC) No 765/2008 and the technical rules that describe the methods and procedures of the certification bodies.

4. The certification bodies referred to in paragraph 1 shall be responsible for the proper assessment leading to the certification or the withdrawal of such certification without prejudice to the responsibility of the controller or processor for compliance with this Regulation. The accreditation shall be issued for a maximum period of five years and may be renewed on the same conditions provided that the certification body meets the requirements set out in this Article.

5. The certification bodies referred to in paragraph 1 shall provide the competent supervisory authorities with the reasons for granting or withdrawing the requested certification.

6. The requirements referred to in paragraph 3 of this Article and the criteria referred to in Article 42(5) shall be made public by the supervisory authority in an easily accessible form. The supervisory authorities shall also transmit those requirements and criteria to the Board. The Board shall collate all certification mechanisms and data protection seals in a register and shall make them publicly available by any appropriate means.

7. Without prejudice to Chapter VIII, the competent supervisory authority or the national accreditation body shall revoke an accreditation of a certification body pursuant to paragraph 1 of this Article where the conditions for the accreditation are not, or are no longer, met or where

la actuación de dicho organismo de certificación infringe el presente Reglamento.

8. La Comisión estará facultada para adoptar actos delegados, de conformidad con el artículo 92, a fin de especificar las condiciones que deberán tenerse en cuenta para los mecanismos de certificación en materia de protección de datos a que se refiere el artículo 42, apartado 1.

9. La Comisión podrá adoptar actos de ejecución que establezcan normas técnicas para los mecanismos de certificación y los sellos y marcas de protección de datos, y mecanismos para promover y reconocer dichos mecanismos de certificación, sellos y marcas. Dichos actos de ejecución se adoptarán con arreglo al procedimiento de examen a que se refiere el artículo 93, apartado 2.

CAPÍTULO V

Transferencias de datos personales a terceros países u organizaciones internacionales

Artículo 44

Principio general de las transferencias

Solo se realizarán transferencias de datos personales que sean objeto de tratamiento o vayan a serlo tras su transferencia a un tercer país u organización internacional si, a reserva de las demás disposiciones del presente Reglamento, el responsable y el encargado del tratamiento cumplen las condiciones establecidas en el presente capítulo, incluidas las relativas a las transferencias ulteriores de datos personales desde el tercer país u organización internacional a otro tercer país u otra organización internacional. Todas las disposiciones del presente capítulo se aplicarán a fin de asegurar que el nivel de protección de las personas físicas garantizado por el

actions taken by a certification body infringe this Regulation.

8. The Commission shall be empowered to adopt delegated acts in accordance with Article 92 for the purpose of specifying the requirements to be taken into account for the data protection certification mechanisms referred to in Article 42(1).

9. The Commission may adopt implementing acts laying down technical standards for certification mechanisms and data protection seals and marks, and mechanisms to promote and recognise those certification mechanisms, seals and marks. Those implementing acts shall be adopted in accordance with the examination procedure referred to in Article 93(2).

CHAPTER V

Transfers of personal data to third countries or international organisations

Article 44

General principle for transfers

Any transfer of personal data which are undergoing processing or are intended for processing after transfer to a third country or to an international organisation shall take place only if, subject to the other provisions of this Regulation, the conditions laid down in this Chapter are complied with by the controller and processor, including for onward transfers of personal data from the third country or an international organisation to another third country or to another international organisation. All provisions in this Chapter shall be applied in order to ensure that the level of protection of natural persons guaranteed by this Regulation is not undermined.

presente Reglamento no se vea menoscabado.

Artículo 45

Transferencias basadas en una decisión de adecuación

1. Podrá realizarse una transferencia de datos personales a un tercer país u organización internacional cuando la Comisión haya decidido que el tercer país, un territorio o uno o varios sectores específicos de ese tercer país, o la organización internacional de que se trate garantizan un nivel de protección adecuado. Dicha transferencia no requerirá ninguna autorización específica.

2. Al evaluar la adecuación del nivel de protección, la Comisión tendrá en cuenta, en particular, los siguientes elementos:

a) el Estado de Derecho, el respeto de los derechos humanos y las libertades fundamentales, la legislación pertinente, tanto general como sectorial, incluida la relativa a la seguridad pública, la defensa, la seguridad nacional y la legislación penal, y el acceso de las autoridades públicas a los datos personales, así como la aplicación de dicha legislación, las normas de protección de datos, las normas profesionales y las medidas de seguridad, incluidas las normas sobre transferencias ulteriores de datos personales a otro tercer país u organización internacional observadas en ese país u organización internacional, la jurisprudencia, así como el reconocimiento a los interesados cuyos datos personales estén siendo transferidos de derechos efectivos y exigibles y de recursos administrativos y acciones judiciales que sean efectivos;

b) la existencia y el funcionamiento efectivo de una o varias autoridades de control independientes en el tercer país o a las cuales esté sujeta una

Article 45

Transfers on the basis of an adequacy decision

1. A transfer of personal data to a third country or an international organisation may take place where the Commission has decided that the third country, a territory or one or more specified sectors within that third country, or the international organisation in question ensures an adequate level of protection. Such a transfer shall not require any specific authorisation.

2. When assessing the adequacy of the level of protection, the Commission shall, in particular, take account of the following elements:

(a) the rule of law, respect for human rights and fundamental freedoms, relevant legislation, both general and sectoral, including concerning public security, defence, national security and criminal law and the access of public authorities to personal data, as well as the implementation of such legislation, data protection rules, professional rules and security measures, including rules for the onward transfer of personal data to another third country or international organisation which are complied with in that country or international organisation, case-law, as well as effective and enforceable data subject rights and effective administrative and judicial redress for the data subjects whose personal data are being transferred;

(b) the existence and effective functioning of one or more independent supervisory authorities in the third country or to which an

organización internacional, con la responsabilidad de garantizar y hacer cumplir las normas en materia de protección de datos, incluidos poderes de ejecución adecuados, de asistir y asesorar a los interesados en el ejercicio de sus derechos, y de cooperar con las autoridades de control de la Unión y de los Estados miembros, y

c) los compromisos internacionales asumidos por el tercer país u organización internacional de que se trate, u otras obligaciones derivadas de acuerdos o instrumentos jurídicamente vinculantes, así como de su participación en sistemas multilaterales o regionales, en particular en relación con la protección de los datos personales.

3. La Comisión, tras haber evaluado la adecuación del nivel de protección, podrá decidir, mediante un acto de ejecución, que un tercer país, un territorio o uno o varios sectores específicos de un tercer país, o una organización internacional garantizan un nivel de protección adecuado a tenor de lo dispuesto en el apartado 2 del presente artículo. El acto de ejecución establecerá un mecanismo de revisión periódica, al menos cada cuatro años, que tenga en cuenta todos los acontecimientos relevantes en el tercer país o en la organización internacional. El acto de ejecución especificará su ámbito de aplicación territorial y sectorial, y, en su caso, determinará la autoridad o autoridades de control a que se refiere el apartado 2, letra b), del presente artículo. El acto de ejecución se adoptará con arreglo al procedimiento de examen a que se refiere el artículo 93, apartado 2.

4. La Comisión supervisará de manera continuada los acontecimientos en países terceros y organizaciones internacionales que puedan afectar a la efectiva aplicación de las decisiones adoptadas con arreglo al apartado 3 del presente artículo y de las decisiones

international organisation is subject, with responsibility for ensuring and enforcing compliance with the data protection rules, including adequate enforcement powers, for assisting and advising the data subjects in exercising their rights and for cooperation with the supervisory authorities of the Member States; and

(c) the international commitments the third country or international organisation concerned has entered into, or other obligations arising from legally binding conventions or instruments as well as from its participation in multilateral or regional systems, in particular in relation to the protection of personal data.

3. The Commission, after assessing the adequacy of the level of protection, may decide, by means of implementing act, that a third country, a territory or one or more specified sectors within a third country, or an international organisation ensures an adequate level of protection within the meaning of paragraph 2 of this Article. The implementing act shall provide for a mechanism for a periodic review, at least every four years, which shall take into account all relevant developments in the third country or international organisation. The implementing act shall specify its territorial and sectoral application and, where applicable, identify the supervisory authority or authorities referred to in point (b) of paragraph 2 of this Article. The implementing act shall be adopted in accordance with the examination procedure referred to in Article 93(2).

4. The Commission shall, on an ongoing basis, monitor developments in third countries and international organisations that could affect the functioning of decisions adopted pursuant to paragraph 3 of this Article

adoptadas sobre la base del artículo 25, apartado 6, de la Directiva 95/46/CE.

5. Cuando la información disponible, en particular tras la revisión a que se refiere el apartado 3 del presente artículo, muestre que un tercer país, un territorio o un sector específico de ese tercer país, o una organización internacional ya no garantiza un nivel de protección adecuado a tenor del apartado 2 del presente artículo, la Comisión, mediante actos de ejecución, derogará, modificará o suspenderá, en la medida necesaria y sin efecto retroactivo, la decisión a que se refiere el apartado 3 del presente artículo. Dichos actos de ejecución se adoptarán de acuerdo con el procedimiento de examen a que se refiere el artículo 93, apartado 2.

Por razones imperiosas de urgencia debidamente justificadas, la Comisión adoptará actos de ejecución inmediatamente aplicables de conformidad con el procedimiento a que se refiere el artículo 93, apartado 3.

6 La Comisión entablará consultas con el tercer país u organización internacional con vistas a poner remedio a la situación que dé lugar a la decisión adoptada de conformidad con el apartado 5.

7. Toda decisión de conformidad con el apartado 5 del presente artículo se entenderá sin perjuicio de las transferencias de datos personales al tercer país, a un territorio o uno o varios sectores específicos de ese tercer país, o a la organización internacional de que se trate en virtud de los artículos 46 a 49.

8. La Comisión publicará en el Diario Oficial de la Unión Europea y en su página web una lista de terceros países, territorios y sectores específicos en un tercer país, y organizaciones internacionales respecto de los cuales haya decidido que se garantiza, o ya no, un nivel de protección adecuado.

and decisions adopted on the basis of Article 25(6) of Directive 95/46/EC.

5. The Commission shall, where available information reveals, in particular following the review referred to in paragraph 3 of this Article, that a third country, a territory or one or more specified sectors within a third country, or an international organisation no longer ensures an adequate level of protection within the meaning of paragraph 2 of this Article, to the extent necessary, repeal, amend or suspend the decision referred to in paragraph 3 of this Article by means of implementing acts without retro-active effect. Those implementing acts shall be adopted in accordance with the examination procedure referred to in Article 93(2).

On duly justified imperative grounds of urgency, the Commission shall adopt immediately applicable implementing acts in accordance with the procedure referred to in Article 93(3).

6. The Commission shall enter into consultations with the third country or international organisation with a view to remedying the situation giving rise to the decision made pursuant to paragraph 5.

7. A decision pursuant to paragraph 5 of this Article is without prejudice to transfers of personal data to the third country, a territory or one or more specified sectors within that third country, or the international organisation in question pursuant to Articles 46 to 49.

8. The Commission shall publish in the Official Journal of the European Union and on its website a list of the third countries, territories and specified sectors within a third country and international organisations for which it has decided that an adequate level of protection is or is no longer ensured.

9. Las decisiones adoptadas por la Comisión en virtud del artículo 25, apartado 6, de la Directiva 95/46/CE permanecerán en vigor hasta que sean modificadas, sustituidas o derogadas por una decisión de la Comisión adoptada de conformidad con los apartados 3 o 5 del presente artículo.

Artículo 46

Transferencias mediante garantías adecuadas

1. A falta de decisión con arreglo al artículo 45, apartado 3, el responsable o el encargado del tratamiento solo podrá transmitir datos personales a un tercer país u organización internacional si hubiera ofrecido garantías adecuadas y a condición de que los interesados cuenten con derechos exigibles y acciones legales efectivas.

2. Las garantías adecuadas con arreglo al apartado 1 podrán ser aportadas, sin que se requiera ninguna autorización expresa de una autoridad de control, por:

a) un instrumento jurídicamente vinculante y exigible entre las autoridades u organismos públicos;

b) normas corporativas vinculantes de conformidad con el artículo 47;

c) cláusulas tipo de protección de datos adoptadas por la Comisión de conformidad con el procedimiento de examen a que se refiere el artículo 93, apartado 2;

d) cláusulas tipo de protección de datos adoptadas por una autoridad de control y aprobadas por la Comisión con arreglo al procedimiento de examen a que se refiere en el artículo 93, apartado 2;

e) un código de conducta aprobado con arreglo al artículo 40, junto con compromisos vinculantes y exigibles del responsable o el encargado del

9. Decisions adopted by the Commission on the basis of Article 25(6) of Directive 95/46/EC shall remain in force until amended, replaced or repealed by a Commission Decision adopted in accordance with paragraph 3 or 5 of this Article.

Article 46

Transfers subject to appropriate safeguards

1. In the absence of a decision pursuant to Article 45(3), a controller or processor may transfer personal data to a third country or an international organisation only if the controller or processor has provided appropriate safeguards, and on condition that enforceable data subject rights and effective legal remedies for data subjects are available.

2. The appropriate safeguards referred to in paragraph 1 may be provided for, without requiring any specific authorisation from a supervisory authority, by:

(a) a legally binding and enforceable instrument between public authorities or bodies;

(b) binding corporate rules in accordance with Article 47;

(c) standard data protection clauses adopted by the Commission in accordance with the examination procedure referred to in Article 93(2);

(d) standard data protection clauses adopted by a supervisory authority and approved by the Commission pursuant to the examination procedure referred to in Article 93(2);

(e) an approved code of conduct pursuant to Article 40 together with binding and enforceable commitments of the controller or processor in the

tratamiento en el tercer país de aplicar garantías adecuadas, incluidas la relativas a los derechos de los interesados, o

f) un mecanismo de certificación aprobado con arreglo al artículo 42, junto con compromisos vinculantes y exigibles del responsable o el encargado del tratamiento en el tercer país de aplicar garantías adecuadas, incluidas la relativas a los derechos de los interesados.

3. Siempre que exista autorización de la autoridad de control competente, las garantías adecuadas contempladas en el apartado 1 podrán igualmente ser aportadas, en particular, mediante:

a) cláusulas contractuales entre el responsable o el encargado y el responsable, encargado o destinatario de los datos personales en el tercer país u organización internacional, o

b) disposiciones que se incorporen en acuerdos administrativos entre las autoridades u organismos públicos que incluyan derechos efectivos y exigibles para los interesados.

4. La autoridad de control aplicará el mecanismo de coherencia a que se refiere el artículo 63 en los casos indicados en el apartado 3 del presente artículo.

5. Las autorizaciones otorgadas por un Estado miembro o una autoridad de control de conformidad con el artículo 26, apartado 2, de la Directiva 95/46/CE seguirán siendo válidas hasta que hayan sido modificadas, sustituidas o derogadas, en caso necesario, por dicha autoridad de control. Las decisiones adoptadas por la Comisión en virtud del artículo 26, apartado 4, de la Directiva 95/46/CE permanecerán en vigor hasta que sean modificadas, sustituidas o derogadas, en caso necesario, por una decisión de la

third country to apply the appropriate safeguards, including as regards data subjects' rights; or

(f) an approved certification mechanism pursuant to Article 42 together with binding and enforceable commitments of the controller or processor in the third country to apply the appropriate safeguards, including as regards data subjects' rights.

3. Subject to the authorisation from the competent supervisory authority, the appropriate safeguards referred to in paragraph 1 may also be provided for, in particular, by:

(a) contractual clauses between the controller or processor and the controller, processor or the recipient of the personal data in the third country or international organisation; or

(b) provisions to be inserted into administrative arrangements between public authorities or bodies which include enforceable and effective data subject rights.

4. The supervisory authority shall apply the consistency mechanism referred to in Article 63 in the cases referred to in paragraph 3 of this Article.

5. Authorisations by a Member State or supervisory authority on the basis of Article 26(2) of Directive 95/46/EC shall remain valid until amended, replaced or repealed, if necessary, by that supervisory authority. Decisions adopted by the Commission on the basis of Article 26(4) of Directive 95/46/EC shall remain in force until amended, replaced or repealed, if necessary, by a Commission Decision adopted in accordance with paragraph 2 of this Article.

Comisión adoptada de conformidad con el apartado 2 del presente artículo.

Artículo 47

Normas corporativas vinculantes

1. La autoridad de control competente aprobará normas corporativas vinculantes de conformidad con el mecanismo de coherencia establecido en el artículo 63, siempre que estas:

a) sean jurídicamente vinculantes y se apliquen y sean cumplidas por todos los miembros correspondientes del grupo empresarial o de la unión de empresas dedicadas a una actividad económica conjunta, incluidos sus empleados;

b) confieran expresamente a los interesados derechos exigibles en relación con el tratamiento de sus datos personales, y

c) cumplan los requisitos establecidos en el apartado 2.

2. Las normas corporativas vinculantes mencionadas en el apartado 1 especificarán, como mínimo, los siguientes elementos:

a) la estructura y los datos de contacto del grupo empresarial o de la unión de empresas dedicadas a una actividad económica conjunta y de cada uno de sus miembros;

b) las transferencias o conjuntos de transferencias de datos, incluidas las categorías de datos personales, el tipo de tratamientos y sus fines, el tipo de interesados afectados y el nombre del tercer o los terceros países en cuestión;

c) su carácter jurídicamente vinculante, tanto a nivel interno como externo;

d) la aplicación de los principios generales en materia de protección de datos, en particular la limitación de la finalidad, la minimización de los datos, los periodos de conservación limitados, la calidad de los datos, la protección de

Article 47

Binding corporate rules

1. The competent supervisory authority shall approve binding corporate rules in accordance with the consistency mechanism set out in Article 63, provided that they:

(a) are legally binding and apply to and are enforced by every member concerned of the group of undertakings, or group of enterprises engaged in a joint economic activity, including their employees;

(b) expressly confer enforceable rights on data subjects with regard to the processing of their personal data; and

(c) fulfil the requirements laid down in paragraph 2.

2. The binding corporate rules referred to in paragraph 1 shall specify at least:

(a) the structure and contact details of the group of undertakings, or group of enterprises engaged in a joint economic activity and of each of its members;

(b) the data transfers or set of transfers, including the categories of personal data, the type of processing and its purposes, the type of data subjects affected and the identification of the third country or countries in question;

(c) their legally binding nature, both internally and externally;

(d) the application of the general data protection principles, in particular purpose limitation, data minimisation, limited storage periods, data quality, data protection by design and by default, legal basis for processing,

los datos desde el diseño y por defecto, la base del tratamiento, el tratamiento de categorías especiales de datos personales, las medidas encaminadas a garantizar la seguridad de los datos y los requisitos con respecto a las transferencias ulteriores a organismos no vinculados por las normas corporativas vinculantes;

e) los derechos de los interesados en relación con el tratamiento y los medios para ejercerlos, en particular el derecho a no ser objeto de decisiones basadas exclusivamente en un tratamiento automatizado, incluida la elaboración de perfiles de conformidad con lo dispuesto en el artículo 22, el derecho a presentar una reclamación ante la autoridad de control competente y ante los tribunales competentes de los Estados miembros de conformidad con el artículo 79, y el derecho a obtener una reparación, y, cuando proceda, una indemnización por violación de las normas corporativas vinculantes;

f) la aceptación por parte del responsable o del encargado del tratamiento establecidos en el territorio de un Estado miembro de la responsabilidad por cualquier violación de las normas corporativas vinculantes por parte de cualquier miembro de que se trate no establecido en la Unión; el responsable o el encargado solo será exonerado, total o parcialmente, de dicha responsabilidad si demuestra que el acto que originó los daños y perjuicios no es imputable a dicho miembro;

g) la forma en que se facilita a los interesados la información sobre las normas corporativas vinculantes, en particular en lo que respecta a las disposiciones contempladas en las letras d), e) y f) del presente apartado, además de los artículos 13 y 14;

h) las funciones de todo delegado de protección de datos designado de conformidad con el artículo 37, o de

processing of special categories of personal data, measures to ensure data security, and the requirements in respect of onward transfers to bodies not bound by the binding corporate rules;

(e) the rights of data subjects in regard to processing and the means to exercise those rights, including the right not to be subject to decisions based solely on automated processing, including profiling in accordance with Article 22, the right to lodge a complaint with the competent supervisory authority and before the competent courts of the Member States in accordance with Article 79, and to obtain redress and, where appropriate, compensation for a breach of the binding corporate rules;

(f) the acceptance by the controller or processor established on the territory of a Member State of liability for any breaches of the binding corporate rules by any member concerned not established in the Union; the controller or the processor shall be exempt from that liability, in whole or in part, only if it proves that that member is not responsible for the event giving rise to the damage;

(g) how the information on the binding corporate rules, in particular on the provisions referred to in points (d), (e) and (f) of this paragraph is provided to the data subjects in addition to Articles 13 and 14;

(h) the tasks of any data protection officer designated in accordance with Article 37 or any other person or entity

cualquier otra persona o entidad encargada de la supervisión del cumplimiento de las normas corporativas vinculantes dentro del grupo empresarial o de la unión de empresas dedicadas a una actividad económica conjunta, así como de la supervisión de la formación y de la tramitación de las reclamaciones;

i) los procedimientos de reclamación;

j) los mecanismos establecidos dentro del grupo empresarial o de la unión de empresas dedicadas a una actividad económica conjunta para garantizar la verificación del cumplimiento de las normas corporativas vinculantes. Dichos mecanismos incluirán auditorías de protección de datos y métodos para garantizar acciones correctivas para proteger los derechos del interesado. Los resultados de dicha verificación deberían comunicarse a la persona o entidad a que se refiere la letra h) y al consejo de administración de la empresa que controla un grupo empresarial, o de la unión de empresas dedicadas a una actividad económica conjunta, y ponerse a disposición de la autoridad de control competente que lo solicite;

k) los mecanismos establecidos para comunicar y registrar las modificaciones introducidas en las normas y para notificar esas modificaciones a la autoridad de control;

l) el mecanismo de cooperación con la autoridad de control para garantizar el cumplimiento por parte de cualquier miembro del grupo empresarial o de la unión de empresas dedicadas a una actividad económica conjunta, en particular poniendo a disposición de la autoridad de control los resultados de las verificaciones de las medidas contempladas en la letra j);

m) los mecanismos para informar a la autoridad de control competente de cualquier requisito jurídico de aplicación en un país tercero a un miembro del grupo empresarial o de la unión de

in charge of the monitoring compliance with the binding corporate rules within the group of undertakings, or group of enterprises engaged in a joint economic activity, as well as monitoring training and complaint-handling;

(i) the complaint procedures;

(j) the mechanisms within the group of undertakings, or group of enterprises engaged in a joint economic activity for ensuring the verification of compliance with the binding corporate rules. Such mechanisms shall include data protection audits and methods for ensuring corrective actions to protect the rights of the data subject. Results of such verification should be communicated to the person or entity referred to in point (h) and to the board of the controlling undertaking of a group of undertakings, or of the group of enterprises engaged in a joint economic activity, and should be available upon request to the competent supervisory authority;

(k) the mechanisms for reporting and recording changes to the rules and reporting those changes to the supervisory authority;

(l) the cooperation mechanism with the supervisory authority to ensure compliance by any member of the group of undertakings, or group of enterprises engaged in a joint economic activity, in particular by making available to the supervisory authority the results of verifications of the measures referred to in point (j);

(m) the mechanisms for reporting to the competent supervisory authority any legal requirements to which a member of the group of undertakings, or group of enterprises engaged in a

empresas dedicadas a una actividad económica conjunta, que probablemente tengan un efecto adverso sobre las garantías establecidas en las normas corporativas vinculantes, y

n) la formación en protección de datos pertinente para el personal que tenga acceso permanente o habitual a datos personales.

3. La Comisión podrá especificar el formato y los procedimientos para el intercambio de información entre los responsables, los encargados y las autoridades de control en relación con las normas corporativas vinculantes a tenor de lo dispuesto en el presente artículo. Dichos actos de ejecución se adoptarán con arreglo al procedimiento de examen a que se refiere el artículo 93, apartado 2.

Artículo 48

Transferencias o comunicaciones no autorizadas por el Derecho de la Unión

Cualquier sentencia de un órgano jurisdiccional o decisión de una autoridad administrativa de un tercer país que exijan que un responsable o encargado del tratamiento transfiera o comunique datos personales únicamente será reconocida o ejecutable en cualquier modo si se basa en un acuerdo internacional, como un tratado de asistencia jurídica mutua, vigente entre el país tercero requirente y la Unión o un Estado miembro, sin perjuicio de otros motivos para la transferencia al amparo del presente capítulo.

Artículo 49

Excepciones para situaciones específicas

1. En ausencia de una decisión de adecuación de conformidad con el artículo 45, apartado 3, o de garantías adecuadas de conformidad con el artículo 46, incluidas las normas corporativas vinculantes, una transferencia o un conjunto de

joint economic activity is subject in a third country which are likely to have a substantial adverse effect on the guarantees provided by the binding corporate rules; and

(n) the appropriate data protection training to personnel having permanent or regular access to personal data.

3. The Commission may specify the format and procedures for the exchange of information between controllers, processors and supervisory authorities for binding corporate rules within the meaning of this Article. Those implementing acts shall be adopted in accordance with the examination procedure set out in Article 93(2).

Article 48

Transfers or disclosures not authorised by Union law

Any judgment of a court or tribunal and any decision of an administrative authority of a third country requiring a controller or processor to transfer or disclose personal data may only be recognised or enforceable in any manner if based on an international agreement, such as a mutual legal assistance treaty, in force between the requesting third country and the Union or a Member State, without prejudice to other grounds for transfer pursuant to this Chapter.

Article 49

Derogations for specific situations

1. In the absence of an adequacy decision pursuant to Article 45(3), or of appropriate safeguards pursuant to Article 46, including binding corporate rules, a transfer or a set of transfers of personal data to a third country or an international organisation shall take

transferencias de datos personales a un tercer país u organización internacional únicamente se realizará si se cumple alguna de las condiciones siguientes:

a) el interesado haya dado explícitamente su consentimiento a la transferencia propuesta, tras haber sido informado de los posibles riesgos para él de dichas transferencias debido a la ausencia de una decisión de adecuación y de garantías adecuadas;

b) la transferencia sea necesaria para la ejecución de un contrato entre el interesado y el responsable del tratamiento o para la ejecución de medidas precontractuales adoptadas a solicitud del interesado;

c) la transferencia sea necesaria para la celebración o ejecución de un contrato, en interés del interesado, entre el responsable del tratamiento y otra persona física o jurídica;

d) la transferencia sea necesaria por razones importantes de interés público;

e) la transferencia sea necesaria para la formulación, el ejercicio o la defensa de reclamaciones;

f) la transferencia sea necesaria para proteger los intereses vitales del interesado o de otras personas, cuando el interesado esté física o jurídicamente incapacitado para dar su consentimiento;

g) la transferencia se realice desde un registro público que, con arreglo al Derecho de la Unión o de los Estados miembros, tenga por objeto facilitar información al público y esté abierto a la consulta del público en general o de cualquier persona que pueda acreditar un interés legítimo, pero sólo en la medida en que se cumplan, en cada caso particular, las condiciones que establece el Derecho de la Unión o de los Estados miembros para la consulta.

place only on one of the following conditions:

(a) the data subject has explicitly consented to the proposed transfer, after having been informed of the possible risks of such transfers for the data subject due to the absence of an adequacy decision and appropriate safeguards;

(b) the transfer is necessary for the performance of a contract between the data subject and the controller or the implementation of pre-contractual measures taken at the data subject's request;

(c) the transfer is necessary for the conclusion or performance of a contract concluded in the interest of the data subject between the controller and another natural or legal person;

(d) the transfer is necessary for important reasons of public interest;

(e) the transfer is necessary for the establishment, exercise or defence of legal claims;

(f) the transfer is necessary in order to protect the vital interests of the data subject or of other persons, where the data subject is physically or legally incapable of giving consent;

(g) the transfer is made from a register which according to Union or Member State law is intended to provide information to the public and which is open to consultation either by the public in general or by any person who can demonstrate a legitimate interest, but only to the extent that the conditions laid down by Union or Member State law for consultation are fulfilled in the particular case.

Cuando una transferencia no pueda basarse en disposiciones de los artículos 45 o 46, incluidas las disposiciones sobre normas corporativas vinculantes, y no sea aplicable ninguna de las excepciones para situaciones específicas a que se refiere el párrafo primero del presente apartado, solo se podrá llevar a cabo si no es repetitiva, afecta solo a un número limitado de interesados, es necesaria a los fines de intereses legítimos imperiosos perseguidos por el responsable del tratamiento sobre los que no prevalezcan los intereses o derechos y libertades del interesado, y el responsable del tratamiento evaluó todas las circunstancias concurrentes en la transferencia de datos y, basándose en esta evaluación, ofreció garantías apropiadas con respecto a la protección de datos personales. El responsable del tratamiento informará a la autoridad de control de la transferencia. Además de la información a que hacen referencia los artículos 13 y 14, el responsable del tratamiento informará al interesado de la transferencia y de los intereses legítimos imperiosos perseguidos.

2. Una transferencia efectuada de conformidad con el apartado 1, párrafo primero, letra g), no abarcará la totalidad de los datos personales ni categorías enteras de datos personales contenidos en el registro. Si la finalidad del registro es la consulta por parte de personas que tengan un interés legítimo, la transferencia solo se efectuará a solicitud de dichas personas o si estas han de ser las destinatarias.

3. En el apartado 1, el párrafo primero, letras a), b) y c), y el párrafo segundo no serán aplicables a las actividades llevadas a cabo por las autoridades públicas en el ejercicio de sus poderes públicos.

4. El interés público contemplado en el apartado 1, párrafo primero, letra d),

Where a transfer could not be based on a provision in Article 45 or 46, including the provisions on binding corporate rules, and none of the derogations for a specific situation referred to in the first subparagraph of this paragraph is applicable, a transfer to a third country or an international organisation may take place only if the transfer is not repetitive, concerns only a limited number of data subjects, is necessary for the purposes of compelling legitimate interests pursued by the controller which are not overridden by the interests or rights and freedoms of the data subject, and the controller has assessed all the circumstances surrounding the data transfer and has on the basis of that assessment provided suitable safeguards with regard to the protection of personal data. The controller shall inform the supervisory authority of the transfer. The controller shall, in addition to providing the information referred to in Articles 13 and 14, inform the data subject of the transfer and on the compelling legitimate interests pursued.

2. A transfer pursuant to point (g) of the first subparagraph of paragraph 1 shall not involve the entirety of the personal data or entire categories of the personal data contained in the register. Where the register is intended for consultation by persons having a legitimate interest, the transfer shall be made only at the request of those persons or if they are to be the recipients.

3. Points (a), (b) and (c) of the first subparagraph of paragraph 1 and the second subparagraph thereof shall not apply to activities carried out by public authorities in the exercise of their public powers.

4. The public interest referred to in point (d) of the first subparagraph of

será reconocido por el Derecho de la Unión o de los Estados miembros que se aplique al responsable del tratamiento.

5. En ausencia de una decisión por la que se constate la adecuación de la protección de los datos, el Derecho de la Unión o de los Estados miembros podrá, por razones importantes de interés público, establecer expresamente límites a la transferencia de categorías específicas de datos a un tercer país u organización internacional. Los Estados miembros notificarán a la Comisión dichas disposiciones.

6. El responsable o el encargado del tratamiento documentarán en los registros indicados en el artículo 30 la evaluación y las garantías apropiadas a que se refiere el apartado 1, párrafo segundo, del presente artículo.

Artículo 50

Cooperación internacional en el ámbito de la protección de datos personales

En relación con los terceros países y las organizaciones internacionales, la Comisión y las autoridades de control tomarán medidas apropiadas para:

a) crear mecanismos de cooperación internacional que faciliten la aplicación eficaz de la legislación relativa a la protección de datos personales;

b) prestarse mutuamente asistencia a escala internacional en la aplicación de la legislación relativa a la protección de datos personales, en particular mediante la notificación, la remisión de reclamaciones, la asistencia en las investigaciones y el intercambio de información, a reserva de las garantías adecuadas para la protección de los datos personales y otros derechos y libertades fundamentales;

c) asociar a partes interesadas en la materia a los debates y actividades destinados a reforzar la cooperación internacional en la aplicación de la

paragraph 1 shall be recognised in Union law or in the law of the Member State to which the controller is subject.

5. In the absence of an adequacy decision, Union or Member State law may, for important reasons of public interest, expressly set limits to the transfer of specific categories of personal data to a third country or an international organisation. Member States shall notify such provisions to the Commission.

6. The controller or processor shall document the assessment as well as the suitable safeguards referred to in the second subparagraph of paragraph 1 of this Article in the records referred to in Article 30.

Article 50

International cooperation for the protection of personal data

In relation to third countries and international organisations, the Commission and supervisory authorities shall take appropriate steps to:

(a) develop international cooperation mechanisms to facilitate the effective enforcement of legislation for the protection of personal data;

(b) provide international mutual assistance in the enforcement of legislation for the protection of personal data, including through notification, complaint referral, investigative assistance and information exchange, subject to appropriate safeguards for the protection of personal data and other fundamental rights and freedoms;

(c) engage relevant stakeholders in discussion and activities aimed at furthering international cooperation in

legislación relativa a la protección de datos personales;

d) promover el intercambio y la documentación de la legislación y las prácticas en materia de protección de datos personales, inclusive en materia de conflictos de jurisdicción con terceros países.

the enforcement of legislation for the protection of personal data;

(d) promote the exchange and documentation of personal data protection legislation and practice, including on jurisdictional conflicts with third countries.

CAPÍTULO VI

Autoridades de control independientes

Sección 1

Independencia

CHAPTER VI

Independent supervisory authorities

Section 1

Independent status

Artículo 51

Autoridad de control

1. Cada Estado miembro establecerá que sea responsabilidad de una o varias autoridades públicas independientes (en adelante «autoridad de control») supervisar la aplicación del presente Reglamento, con el fin de proteger los derechos y las libertades fundamentales de las personas físicas en lo que respecta al tratamiento y de facilitar la libre circulación de datos personales en la Unión.

2. Cada autoridad de control contribuirá a la aplicación coherente del presente Reglamento en toda la Unión. A tal fin, las autoridades de control cooperarán entre sí y con la Comisión con arreglo a lo dispuesto en el capítulo VII.

3. Cuando haya varias autoridades de control en un Estado miembro, este designará la autoridad de control que representará a dichas autoridades en el Comité, y establecerá el mecanismo que garantice el cumplimiento por las demás autoridades de las normas relativas al mecanismo de coherencia a que se refiere el artículo 63.

4. Cada Estado miembro notificará a la Comisión las disposiciones legales que

Article 51

Supervisory authority

1. Each Member State shall provide for one or more independent public authorities to be responsible for monitoring the application of this Regulation, in order to protect the fundamental rights and freedoms of natural persons in relation to processing and to facilitate the free flow of personal data within the Union ('supervisory authority').

2. Each supervisory authority shall contribute to the consistent application of this Regulation throughout the Union. For that purpose, the supervisory authorities shall cooperate with each other and the Commission in accordance with Chapter VII.

3. Where more than one supervisory authority is established in a Member State, that Member State shall designate the supervisory authority which is to represent those authorities in the Board and shall set out the mechanism to ensure compliance by the other authorities with the rules relating to the consistency mechanism referred to in Article 63.

4. Each Member State shall notify to the Commission the provisions of its

adopte de conformidad con el presente capítulo a más tardar el 25 de mayo de 2018 y, sin dilación, cualquier modificación posterior que afecte a dichas disposiciones.

Artículo 52

Independencia

1. Cada autoridad de control actuará con total independencia en el desempeño de sus funciones y en el ejercicio de sus poderes de conformidad con el presente Reglamento.

2. El miembro o los miembros de cada autoridad de control serán ajenos, en el desempeño de sus funciones y en el ejercicio de sus poderes de conformidad con el presente Reglamento, a toda influencia externa, ya sea directa o indirecta, y no solicitarán ni admitirán ninguna instrucción.

3. El miembro o los miembros de cada autoridad de control se abstendrán de cualquier acción que sea incompatible con sus funciones y no participarán, mientras dure su mandato, en ninguna actividad profesional que sea incompatible, remunerada o no.

4. Cada Estado miembro garantizará que cada autoridad de control disponga en todo momento de los recursos humanos, técnicos y financieros, así como de los locales y las infraestructuras necesarios para el cumplimiento efectivo de sus funciones y el ejercicio de sus poderes, incluidos aquellos que haya de ejercer en el marco de la asistencia mutua, la cooperación y la participación en el Comité.

5. Cada Estado miembro garantizará que cada autoridad de control elija y disponga de su propio personal, que estará sujeto a la autoridad exclusiva del miembro o miembros de la autoridad de control interesada.

6. Cada Estado miembro garantizará que cada autoridad de control esté sujeta a un control financiero que no

law which it adopts pursuant to this Chapter, by 25 May 2018 and, without delay, any subsequent amendment affecting them.

Article 52

Independence

1. Each supervisory authority shall act with complete independence in performing its tasks and exercising its powers in accordance with this Regulation.

2. The member or members of each supervisory authority shall, in the performance of their tasks and exercise of their powers in accordance with this Regulation, remain free from external influence, whether direct or indirect, and shall neither seek nor take instructions from anybody.

3. Member or members of each supervisory authority shall refrain from any action incompatible with their duties and shall not, during their term of office, engage in any incompatible occupation, whether gainful or not.

4. Each Member State shall ensure that each supervisory authority is provided with the human, technical and financial resources, premises and infrastructure necessary for the effective performance of its tasks and exercise of its powers, including those to be carried out in the context of mutual assistance, cooperation and participation in the Board.

5. Each Member State shall ensure that each supervisory authority chooses and has its own staff which shall be subject to the exclusive direction of the member or members of the supervisory authority concerned.

6. Each Member State shall ensure that each supervisory authority is subject to financial control which does

afecte a su independencia y que disponga de un presupuesto anual, público e independiente, que podrá formar parte del presupuesto general del Estado o de otro ámbito nacional.

Artículo 53

Condiciones generales aplicables a los miembros de la autoridad de control

1. Los Estados miembros dispondrán que cada miembro de sus autoridades de control sea nombrado mediante un procedimiento transparente por:

— su Parlamento,

— su Gobierno,

— su Jefe de Estado, o

— un organismo independiente encargado del nombramiento en virtud del Derecho de los Estados miembros.

2. Cada miembro poseerá la titulación, la experiencia y las aptitudes, en particular en el ámbito de la protección de datos personales, necesarias para el cumplimiento de sus funciones y el ejercicio de sus poderes.

3. Los miembros darán por concluidas sus funciones en caso de terminación del mandato, dimisión o jubilación obligatoria, de conformidad con el Derecho del Estado miembro de que se trate.

4. Un miembro será destituido únicamente en caso de conducta irregular grave o si deja de cumplir las condiciones exigidas en el desempeño de sus funciones.

Artículo 54

Normas relativas al establecimiento de la autoridad de control

1. Cada Estado miembro establecerá por ley todos los elementos indicados a continuación:

a) el establecimiento de cada autoridad de control;

not affect its independence and that it has separate, public annual budgets, which may be part of the overall state or national budget.

Article 53

General conditions for the members of the supervisory authority

1. Member States shall provide for each member of their supervisory authorities to be appointed by means of a transparent procedure by:

— their parliament;

— their government;

— their head of State; or

— an independent body entrusted with the appointment under Member State law.

2. Each member shall have the qualifications, experience and skills, in particular in the area of the protection of personal data, required to perform its duties and exercise its powers.

3. The duties of a member shall end in the event of the expiry of the term of office, resignation or compulsory retirement, in accordance with the law of the Member State concerned.

4. A member shall be dismissed only in cases of serious misconduct or if the member no longer fulfils the conditions required for the performance of the duties.

Article 54

Rules on the establishment of the supervisory authority

1. Each Member State shall provide by law for all of the following:

(a) the establishment of each supervisory authority;

b) las cualificaciones y condiciones de idoneidad necesarias para ser nombrado miembro de cada autoridad de control;

c) las normas y los procedimientos para el nombramiento del miembro o miembros de cada autoridad de control;

d) la duración del mandato del miembro o los miembros de cada autoridad de control, no inferior a cuatro años, salvo el primer nombramiento posterior al 24 de mayo de 2016, parte del cual podrá ser más breve cuando sea necesario para proteger la independencia de la autoridad de control por medio de un procedimiento de nombramiento escalonado;

e) el carácter renovable o no del mandato del miembro o los miembros de cada autoridad de control y, en su caso, el número de veces que podrá renovarse;

f) las condiciones por las que se rigen las obligaciones del miembro o los miembros y del personal de cada autoridad de control, las prohibiciones relativas a acciones, ocupaciones y prestaciones incompatibles con el cargo durante el mandato y después del mismo, y las normas que rigen el cese en el empleo.

2. El miembro o miembros y el personal de cada autoridad de control estarán sujetos, de conformidad con el Derecho de la Unión o de los Estados miembros, al deber de secreto profesional, tanto durante su mandato como después del mismo, con relación a las informaciones confidenciales de las que hayan tenido conocimiento en el cumplimiento de sus funciones o el ejercicio de sus poderes. Durante su mandato, dicho deber de secreto profesional se aplicará en particular a la información recibida de personas físicas en relación con infracciones del presente Reglamento.

(b) the qualifications and eligibility conditions required to be appointed as member of each supervisory authority;

(c) the rules and procedures for the appointment of the member or members of each supervisory authority;

(d) the duration of the term of the member or members of each supervisory authority of no less than four years, except for the first appointment after 24 May 2016, part of which may take place for a shorter period where that is necessary to protect the independence of the supervisory authority by means of a staggered appointment procedure;

(e) whether and, if so, for how many terms the member or members of each supervisory authority is eligible for reappointment;

(f) the conditions governing the obligations of the member or members and staff of each supervisory authority, prohibitions on actions, occupations and benefits incompatible therewith during and after the term of office and rules governing the cessation of employment.

2. The member or members and the staff of each supervisory authority shall, in accordance with Union or Member State law, be subject to a duty of professional secrecy both during and after their term of office, with regard to any confidential information which has come to their knowledge in the course of the performance of their tasks or exercise of their powers. During their term of office, that duty of professional secrecy shall in particular apply to reporting by natural persons of infringements of this Regulation.

Sección 2

Competencia, funciones y poderes

Artículo 55

Competencia

1. Cada autoridad de control será competente para desempeñar las funciones que se le asignen y ejercer los poderes que se le confieran de conformidad con el presente Reglamento en el territorio de su Estado miembro.

2. Cuando el tratamiento sea efectuado por autoridades públicas o por organismos privados que actúen con arreglo al artículo 6, apartado 1, letras c) o e), será competente la autoridad de control del Estado miembro de que se trate. No será aplicable en tales casos el artículo 56.

3. Las autoridades de control no serán competentes para controlar las operaciones de tratamiento efectuadas por los tribunales en el ejercicio de su función judicial.

Artículo 56

Competencia de la autoridad de control principal

1. Sin perjuicio de lo dispuesto en el artículo 55, la autoridad de control del establecimiento principal o del único establecimiento del responsable o del encargado del tratamiento será competente para actuar como autoridad de control principal para el tratamiento transfronterizo realizado por parte de dicho responsable o encargado con arreglo al procedimiento establecido en el artículo 60.

2. No obstante lo dispuesto en el apartado 1, cada autoridad de control será competente para tratar una reclamación que le sea presentada o una posible infracción del presente Reglamento, en caso de que se refiera únicamente a un establecimiento situado en su Estado miembro o únicamente

Section 2

Competence, tasks and powers

Article 55

Competence

1. Each supervisory authority shall be competent for the performance of the tasks assigned to and the exercise of the powers conferred on it in accordance with this Regulation on the territory of its own Member State.

2. Where processing is carried out by public authorities or private bodies acting on the basis of point (c) or (e) of Article 6(1), the supervisory authority of the Member State concerned shall be competent. In such cases Article 56 does not apply.

3. Supervisory authorities shall not be competent to supervise processing operations of courts acting in their judicial capacity.

Article 56

Competence of the lead supervisory authority

1. Without prejudice to Article 55, the supervisory authority of the main establishment or of the single establishment of the controller or processor shall be competent to act as lead supervisory authority for the cross-border processing carried out by that controller or processor in accordance with the procedure provided in Article 60.

2. By derogation from paragraph 1, each supervisory authority shall be competent to handle a complaint lodged with it or a possible infringement of this Regulation, if the subject matter relates only to an establishment in its Member State or substantially affects data subjects only in its Member State.

afecte de manera sustancial a interesados en su Estado miembro.

3. En los casos a que se refiere el apartado 2 del presente artículo, la autoridad de control informará sin dilación al respecto a la autoridad de control principal. En el plazo de tres semanas después de haber sido informada, la autoridad de control principal decidirá si tratará o no el caso de conformidad con el procedimiento establecido en el artículo 60, teniendo presente si existe un establecimiento del responsable o encargado del tratamiento en el Estado miembro de la autoridad de control que le haya informado.

3. In the cases referred to in paragraph 2 of this Article, the supervisory authority shall inform the lead supervisory authority without delay on that matter. Within a period of three weeks after being informed the lead supervisory authority shall decide whether or not it will handle the case in accordance with the procedure provided in Article 60, taking into account whether or not there is an establishment of the controller or processor in the Member State of which the supervisory authority informed it.

4. En caso de que la autoridad de control principal decida tratar el caso, se aplicará el procedimiento establecido en el artículo 60. La autoridad de control que haya informado a la autoridad de control principal podrá presentarle un proyecto de decisión. La autoridad de control principal tendrá en cuenta en la mayor medida posible dicho proyecto al preparar el proyecto de decisión a que se refiere el artículo 60, apartado 3.

4. Where the lead supervisory authority decides to handle the case, the procedure provided in Article 60 shall apply. The supervisory authority which informed the lead supervisory authority may submit to the lead supervisory authority a draft for a decision. The lead supervisory authority shall take utmost account of that draft when preparing the draft decision referred to in Article 60(3).

5. En caso de que la autoridad de control principal decida no tratar el caso, la autoridad de control que le haya informado lo tratará con arreglo a los artículos 61 y 62.

5. Where the lead supervisory authority decides not to handle the case, the supervisory authority which informed the lead supervisory authority shall handle it according to Articles 61 and 62.

6. La autoridad de control principal será el único interlocutor del responsable o del encargado en relación con el tratamiento transfronterizo realizado por dicho responsable o encargado.

6. The lead supervisory authority shall be the sole interlocutor of the controller or processor for the cross-border processing carried out by that controller or processor.

Artículo 57

Funciones

1. Sin perjuicio de otras funciones en virtud del presente Reglamento, incumbirá a cada autoridad de control, en su territorio:

Article 57

Tasks

1. Without prejudice to other tasks set out under this Regulation, each supervisory authority shall on its territory:

a) controlar la aplicación del presente Reglamento y hacerlo aplicar;

(a) monitor and enforce the application of this Regulation;

b) promover la sensibilización del público y su comprensión de los riesgos, normas, garantías y derechos en relación con el tratamiento. Las actividades dirigidas específicamente a los niños deberán ser objeto de especial atención;

(b) promote public awareness and understanding of the risks, rules, safeguards and rights in relation to processing. Activities addressed specifically to children shall receive specific attention;

c) asesorar, con arreglo al Derecho de los Estados miembros, al Parlamento nacional, al Gobierno y a otras instituciones y organismos sobre las medidas legislativas y administrativas relativas a la protección de los derechos y libertades de las personas físicas con respecto al tratamiento;

(c) advise, in accordance with Member State law, the national parliament, the government, and other institutions and bodies on legislative and administrative measures relating to the protection of natural persons' rights and freedoms with regard to processing;

d) promover la sensibilización de los responsables y encargados del tratamiento acerca de las obligaciones que les incumben en virtud del presente Reglamento;

(d) promote the awareness of controllers and processors of their obligations under this Regulation;

e) previa solicitud, facilitar información a cualquier interesado en relación con el ejercicio de sus derechos en virtud del presente Reglamento y, en su caso, cooperar a tal fin con las autoridades de control de otros Estados miembros;

(e) upon request, provide information to any data subject concerning the exercise of their rights under this Regulation and, if appropriate, cooperate with the supervisory authorities in other Member States to that end;

f) tratar las reclamaciones presentadas por un interesado o por un organismo, organización o asociación de conformidad con el artículo 80, e investigar, en la medida oportuna, el motivo de la reclamación e informar al reclamante sobre el curso y el resultado de la investigación en un plazo razonable, en particular si fueran necesarias nuevas investigaciones o una coordinación más estrecha con otra autoridad de control;

(f) handle complaints lodged by a data subject, or by a body, organisation or association in accordance with Article 80, and investigate, to the extent appropriate, the subject matter of the complaint and inform the complainant of the progress and the outcome of the investigation within a reasonable period, in particular if further investigation or coordination with another supervisory authority is necessary;

g) cooperar, en particular compartiendo información, con otras autoridades de control y prestar asistencia mutua con el fin de garantizar la coherencia en la aplicación y ejecución del presente Reglamento;

(g) cooperate with, including sharing information and provide mutual assistance to, other supervisory authorities with a view to ensuring the consistency of application and enforcement of this Regulation;

h) llevar a cabo investigaciones sobre la aplicación del presente Reglamento, en particular basándose en información recibida de otra autoridad de control u otra autoridad pública;

i) hacer un seguimiento de cambios que sean de interés, en la medida en que tengan incidencia en la protección de datos personales, en particular el desarrollo de las tecnologías de la información y la comunicación y las prácticas comerciales;

j) adoptar las cláusulas contractuales tipo a que se refieren el artículo 28, apartado 8, y el artículo 46, apartado 2, letra d);

k) elaborar y mantener una lista relativa al requisito de la evaluación de impacto relativa a la protección de datos, en virtud del artículo 35, apartado 4;

l) ofrecer asesoramiento sobre las operaciones de tratamiento contempladas en el artículo 36, apartado 2;

m) alentar la elaboración de códigos de conducta con arreglo al artículo 40, apartado 1, y dictaminar y aprobar los códigos de conducta que den suficientes garantías con arreglo al artículo 40, apartado 5;

n) fomentar la creación de mecanismos de certificación de la protección de datos y de sellos y marcas de protección de datos con arreglo al artículo 42, apartado 1, y aprobar los criterios de certificación de conformidad con el artículo 42, apartado 5;

o) llevar a cabo, si procede, una revisión periódica de las certificaciones expedidas en virtud del artículo 42, apartado 7;

p) elaborar y publicar los criterios para la acreditación de organismos de supervisión de los códigos de conducta con arreglo al artículo 41 y de organismos de certificación con arreglo al artículo 43;

(h) conduct investigations on the application of this Regulation, including on the basis of information received from another supervisory authority or other public authority;

(i) monitor relevant developments, insofar as they have an impact on the protection of personal data, in particular the development of information and communication technologies and commercial practices;

(j) adopt standard contractual clauses referred to in Article 28(8) and in point (d) of Article 46(2);

(k) establish and maintain a list in relation to the requirement for data protection impact assessment pursuant to Article 35(4);

(l) give advice on the processing operations referred to in Article 36(2);

(m) encourage the drawing up of codes of conduct pursuant to Article 40(1) and provide an opinion and approve such codes of conduct which provide sufficient safeguards, pursuant to Article 40(5);

(n) encourage the establishment of data protection certification mechanisms and of data protection seals and marks pursuant to Article 42(1), and approve the criteria of certification pursuant to Article 42(5);

(o) where applicable, carry out a periodic review of certifications issued in accordance with Article 42(7);

(p) draft and publish the criteria for accreditation of a body for monitoring codes of conduct pursuant to Article 41 and of a certification body pursuant to Article 43;

q) efectuar la acreditación de organismos de supervisión de los códigos de conducta con arreglo al artículo 41 y de organismos de certificación con arreglo al artículo 43;

r) autorizar las cláusulas contractuales y disposiciones a que se refiere el artículo 46, apartado 3;

s) aprobar normas corporativas vinculantes de conformidad con lo dispuesto en el artículo 47;

t) contribuir a las actividades del Comité;

u) llevar registros internos de las infracciones del presente Reglamento y de las medidas adoptadas de conformidad con el artículo 58, apartado 2, y

v) desempeñar cualquier otra función relacionada con la protección de los datos personales.

2. Cada autoridad de control facilitará la presentación de las reclamaciones contempladas en el apartado 1, letra f), mediante medidas como un formulario de presentación de reclamaciones que pueda cumplimentarse también por medios electrónicos, sin excluir otros medios de comunicación.

3. El desempeño de las funciones de cada autoridad de control será gratuito para el interesado y, en su caso, para el delegado de protección de datos.

4. Cuando las solicitudes sean manifiestamente infundadas o excesivas, especialmente debido a su carácter repetitivo, la autoridad de control podrá establecer una tasa razonable basada en los costes administrativos o negarse a actuar respecto de la solicitud. La carga de demostrar el carácter manifiestamente infundado o excesivo de la solicitud recaerá en la autoridad de control.

(q) conduct the accreditation of a body for monitoring codes of conduct pursuant to Article 41 and of a certification body pursuant to Article 43;

(r) authorise contractual clauses and provisions referred to in Article 46(3);

(s) approve binding corporate rules pursuant to Article 47;

(t) contribute to the activities of the Board;

(u) keep internal records of infringements of this Regulation and of measures taken in accordance with Article 58(2); and

(v) fulfil any other tasks related to the protection of personal data.

2. Each supervisory authority shall facilitate the submission of complaints referred to in point (f) of paragraph 1 by measures such as a complaint submission form which can also be completed electronically, without excluding other means of communication.

3. The performance of the tasks of each supervisory authority shall be free of charge for the data subject and, where applicable, for the data protection officer.

4. Where requests are manifestly unfounded or excessive, in particular because of their repetitive character, the supervisory authority may charge a reasonable fee based on administrative costs, or refuse to act on the request. The supervisory authority shall bear the burden of demonstrating the manifestly unfounded or excessive character of the request.

Artículo 58

Poderes

1. Cada autoridad de control dispondrá de todos los poderes de investigación indicados a continuación:

a) ordenar al responsable y al encargado del tratamiento y, en su caso, al representante del responsable o del encargado, que faciliten cualquier información que requiera para el desempeño de sus funciones;

b) llevar a cabo investigaciones en forma de auditorías de protección de datos;

c) llevar a cabo una revisión de las certificaciones expedidas en virtud del artículo 42, apartado 7;

d) notificar al responsable o al encargado del tratamiento las presuntas infracciones del presente Reglamento;

e) obtener del responsable y del encargado del tratamiento el acceso a todos los datos personales y a toda la información necesaria para el ejercicio de sus funciones;

f) obtener el acceso a todos los locales del responsable y del encargado del tratamiento, incluidos cualesquiera equipos y medios de tratamiento de datos, de conformidad con el Derecho procesal de la Unión o de los Estados miembros.

2. Cada autoridad de control dispondrá de todos los siguientes poderes correctivos indicados a continuación:

a) sancionar a todo responsable o encargado del tratamiento con una advertencia cuando las operaciones de tratamiento previstas puedan infringir lo dispuesto en el presente Reglamento;

b) sancionar a todo responsable o encargado del tratamiento con apercibimiento cuando las operaciones de tratamiento hayan infringido lo dispuesto en el presente Reglamento;

Article 58

Powers

1. Each supervisory authority shall have all of the following investigative powers:

(a) to order the controller and the processor, and, where applicable, the controller's or the processor's representative to provide any information it requires for the performance of its tasks;

(b) to carry out investigations in the form of data protection audits;

(c) to carry out a review on certifications issued pursuant to Article 42(7);

(d) to notify the controller or the processor of an alleged infringement of this Regulation;

(e) to obtain, from the controller and the processor, access to all personal data and to all information necessary for the performance of its tasks;

(f) to obtain access to any premises of the controller and the processor, including to any data processing equipment and means, in accordance with Union or Member State procedural law.

2. Each supervisory authority shall have all of the following corrective powers:

(a) to issue warnings to a controller or processor that intended processing operations are likely to infringe provisions of this Regulation;

(b) to issue reprimands to a controller or a processor where processing operations have infringed provisions of this Regulation;

c) ordenar al responsable o encargado del tratamiento que atiendan las solicitudes de ejercicio de los derechos del interesado en virtud del presente Reglamento;

d) ordenar al responsable o encargado del tratamiento que las operaciones de tratamiento se ajusten a las disposiciones del presente Reglamento, cuando proceda, de una determinada manera y dentro de un plazo especificado;

e) ordenar al responsable del tratamiento que comunique al interesado las violaciones de la seguridad de los datos personales;

f) imponer una limitación temporal o definitiva del tratamiento, incluida su prohibición;

g) ordenar la rectificación o supresión de datos personales o la limitación de tratamiento con arreglo a los artículos 16, 17 y 18 y la notificación de dichas medidas a los destinatarios a quienes se hayan comunicado datos personales con arreglo a al artículo 17, apartado 2, y al artículo 19;

h) retirar una certificación u ordenar al organismo de certificación que retire una certificación emitida con arreglo a los artículos 42 y 43, u ordenar al organismo de certificación que no se emita una certificación si no se cumplen o dejan de cumplirse los requisitos para la certificación;

i) imponer una multa administrativa con arreglo al artículo 83, además o en lugar de las medidas mencionadas en el presente apartado, según las circunstancias de cada caso particular;

j) ordenar la suspensión de los flujos de datos hacia un destinatario situado en un tercer país o hacia una organización internacional.

(c) to order the controller or the processor to comply with the data subject's requests to exercise his or her rights pursuant to this Regulation;

(d) to order the controller or processor to bring processing operations into compliance with the provisions of this Regulation, where appropriate, in a specified manner and within a specified period;

(e) to order the controller to communicate a personal data breach to the data subject;

(f) to impose a temporary or definitive limitation including a ban on processing;

(g) to order the rectification or erasure of personal data or restriction of processing pursuant to Articles 16, 17 and 18 and the notification of such actions to recipients to whom the personal data have been disclosed pursuant to Article 17(2) and Article 19;

(h) to withdraw a certification or to order the certification body to withdraw a certification issued pursuant to Articles 42 and 43, or to order the certification body not to issue certification if the requirements for the certification are not or are no longer met;

(i) to impose an administrative fine pursuant to Article 83, in addition to, or instead of measures referred to in this paragraph, depending on the circumstances of each individual case;

(j) to order the suspension of data flows to a recipient in a third country or to an international organisation.

3. Cada autoridad de control dispondrá de todos los poderes de autorización y consultivos indicados a continuación:

a) asesorar al responsable del tratamiento conforme al procedimiento de consulta previa contemplado en el artículo 36;

b) emitir, por iniciativa propia o previa solicitud, dictámenes destinados al Parlamento nacional, al Gobierno del Estado miembro o, con arreglo al Derecho de los Estados miembros, a otras instituciones y organismos, así como al público, sobre cualquier asunto relacionado con la protección de los datos personales;

c) autorizar el tratamiento a que se refiere el artículo 36, apartado 5, si el Derecho del Estado miembro requiere tal autorización previa;

d) emitir un dictamen y aprobar proyectos de códigos de conducta de conformidad con lo dispuesto en el artículo 40, apartado 5;

e) acreditar los organismos de certificación con arreglo al artículo 43;

f) expedir certificaciones y aprobar criterios de certificación con arreglo al artículo 42, apartado 5;

g) adoptar las cláusulas tipo de protección de datos contempladas en el artículo 28, apartado 8, y el artículo 46, apartado 2, letra d);

h) autorizar las cláusulas contractuales indicadas en el artículo 46, apartado 3, letra a);

i) autorizar los acuerdos administrativos contemplados en el artículo 46, apartado 3, letra b);

j) aprobar normas corporativas vinculantes de conformidad con lo dispuesto en el artículo 47.

4. El ejercicio de los poderes conferidos a la autoridad de control en virtud del presente artículo estará sujeto a las

3. Each supervisory authority shall have all of the following authorisation and advisory powers:

(a) to advise the controller in accordance with the prior consultation procedure referred to in Article 36;

(b) to issue, on its own initiative or on request, opinions to the national parliament, the Member State government or, in accordance with Member State law, to other institutions and bodies as well as to the public on any issue related to the protection of personal data;

(c) to authorise processing referred to in Article 36(5), if the law of the Member State requires such prior authorisation;

(d) to issue an opinion and approve draft codes of conduct pursuant to Article 40(5);

(e) to accredit certification bodies pursuant to Article 43;

(f) to issue certifications and approve criteria of certification in accordance with Article 42(5);

(g) to adopt standard data protection clauses referred to in Article 28(8) and in point (d) of Article 46(2);

(h) to authorise contractual clauses referred to in point (a) of Article 46(3);

(i) to authorise administrative arrangements referred to in point (b) of Article 46(3);

(j) to approve binding corporate rules pursuant to Article 47.

4. The exercise of the powers conferred on the supervisory authority pursuant to this Article shall be subject

garantías adecuadas, incluida la tutela judicial efectiva y al respeto de las garantías procesales, establecidas en el Derecho de la Unión y de los Estados miembros de conformidad con la Carta.

5. Cada Estado miembro dispondrá por ley que su autoridad de control esté facultada para poner en conocimiento de las autoridades judiciales las infracciones del presente Reglamento y, si procede, para iniciar o ejercitar de otro modo acciones judiciales, con el fin de hacer cumplir lo dispuesto en el mismo.

6. Cada Estado miembro podrá establecer por ley que su autoridad de control tenga otros poderes además de los indicadas en los apartados 1, 2 y 3. El ejercicio de dichos poderes no será obstáculo a la aplicación efectiva del capítulo VII.

Artículo 59

Informe de actividad

Cada autoridad de control elaborará un informe anual de sus actividades, que podrá incluir una lista de tipos de infracciones notificadas y de tipos de medidas adoptadas de conformidad con el artículo 58, apartado 2. Los informes se transmitirán al Parlamento nacional, al Gobierno y a las demás autoridades designadas en virtud del Derecho de los Estados miembros. Se pondrán a disposición del público, de la Comisión y del Comité.

CAPÍTULO VII

Cooperación y coherencia

Sección 1

Cooperación y coherencia

Artículo 60

Cooperación entre la autoridad de control principal y las demás autoridades de control interesadas

---

to appropriate safeguards, including effective judicial remedy and due process, set out in Union and Member State law in accordance with the Charter.

5. Each Member State shall provide by law that its supervisory authority shall have the power to bring infringements of this Regulation to the attention of the judicial authorities and where appropriate, to commence or engage otherwise in legal proceedings, in order to enforce the provisions of this Regulation.

6. Each Member State may provide by law that its supervisory authority shall have additional powers to those referred to in paragraphs 1, 2 and 3. The exercise of those powers shall not impair the effective operation of Chapter VII.

Article 59

Activity reports

Each supervisory authority shall draw up an annual report on its activities, which may include a list of types of infringement notified and types of measures taken in accordance with Article 58(2). Those reports shall be transmitted to the national parliament, the government and other authorities as designated by Member State law. They shall be made available to the public, to the Commission and to the Board.

CHAPTER VII

Cooperation and consistency

Section 1

Cooperation

Article 60

Cooperation between the lead supervisory authority and the other supervisory authorities concerned

1. La autoridad de control principal cooperará con las demás autoridades de control interesadas de acuerdo con el presente artículo, esforzándose por llegar a un consenso. La autoridad de control principal y las autoridades de control interesadas se intercambiarán toda información pertinente.

2. La autoridad de control principal podrá solicitar en cualquier momento a otras autoridades de control interesadas que presten asistencia mutua con arreglo al artículo 61, y podrá llevar a cabo operaciones conjuntas con arreglo al artículo 62, en particular para realizar investigaciones o supervisar la aplicación de una medida relativa a un responsable o un encargado del tratamiento establecido en otro Estado miembro.

3. La autoridad de control principal comunicará sin dilación a las demás autoridades de control interesadas la información pertinente a este respecto. Transmitirá sin dilación un proyecto de decisión a las demás autoridades de control interesadas para obtener su dictamen al respecto y tendrá debidamente en cuenta sus puntos de vista.

4. En caso de que cualquiera de las autoridades de control interesadas formule una objeción pertinente y motivada acerca del proyecto de decisión en un plazo de cuatro semanas a partir de la consulta con arreglo al apartado 3 del presente artículo, la autoridad de control principal someterá el asunto, en caso de que no siga lo indicado en la objeción pertinente y motivada o estime que dicha objeción no es pertinente o no está motivada, al mecanismo de coherencia contemplado en el artículo 63.

5. En caso de que la autoridad de control principal prevea seguir lo indicado en la objeción pertinente y motivada recibida, presentará a

1. The lead supervisory authority shall cooperate with the other supervisory authorities concerned in accordance with this Article in an endeavour to reach consensus. The lead supervisory authority and the supervisory authorities concerned shall exchange all relevant information with each other.

2. The lead supervisory authority may request at any time other supervisory authorities concerned to provide mutual assistance pursuant to Article 61 and may conduct joint operations pursuant to Article 62, in particular for carrying out investigations or for monitoring the implementation of a measure concerning a controller or processor established in another Member State.

3. The lead supervisory authority shall, without delay, communicate the relevant information on the matter to the other supervisory authorities concerned. It shall without delay submit a draft decision to the other supervisory authorities concerned for their opinion and take due account of their views.

4. Where any of the other supervisory authorities concerned within a period of four weeks after having been consulted in accordance with paragraph 3 of this Article, expresses a relevant and reasoned objection to the draft decision, the lead supervisory authority shall, if it does not follow the relevant and reasoned objection or is of the opinion that the objection is not relevant or reasoned, submit the matter to the consistency mechanism referred to in Article 63.

5. Where the lead supervisory authority intends to follow the relevant and reasoned objection made, it shall submit to the other supervisory

dictamen de las demás autoridades de control interesadas un proyecto de decisión revisado. Dicho proyecto de decisión revisado se someterá al procedimiento indicado en el apartado 4 en un plazo de dos semanas.

6. En caso de que ninguna otra autoridad de control interesada haya presentado objeciones al proyecto de decisión transmitido por la autoridad de control principal en el plazo indicado en los apartados 4 y 5, se considerará que la autoridad de control principal y las autoridades de control interesadas están de acuerdo con dicho proyecto de decisión y estarán vinculadas por este.

7. La autoridad de control principal adoptará y notificará la decisión al establecimiento principal o al establecimiento único del responsable o el encargado del tratamiento, según proceda, e informará de la decisión a las autoridades de control interesadas y al Comité, incluyendo un resumen de los hechos pertinentes y la motivación. La autoridad de control ante la que se haya presentado una reclamación informará de la decisión al reclamante.

8. No obstante lo dispuesto en el apartado 7, cuando se desestime o rechace una reclamación, la autoridad de control ante la que se haya presentado adoptará la decisión, la notificará al reclamante e informará de ello al responsable del tratamiento.

9. En caso de que la autoridad de control principal y las autoridades de control interesadas acuerden desestimar o rechazar determinadas partes de una reclamación y atender otras partes de ella, se adoptará una decisión separada para cada una de esas partes del asunto. La autoridad de control principal adoptará la decisión respecto de la parte referida a acciones en relación con el responsable del tratamiento, la

authorities concerned a revised draft decision for their opinion. That revised draft decision shall be subject to the procedure referred to in paragraph 4 within a period of two weeks.

6. Where none of the other supervisory authorities concerned has objected to the draft decision submitted by the lead supervisory authority within the period referred to in paragraphs 4 and 5, the lead supervisory authority and the supervisory authorities concerned shall be deemed to be in agreement with that draft decision and shall be bound by it.

7. The lead supervisory authority shall adopt and notify the decision to the main establishment or single establishment of the controller or processor, as the case may be and inform the other supervisory authorities concerned and the Board of the decision in question, including a summary of the relevant facts and grounds. The supervisory authority with which a complaint has been lodged shall inform the complainant on the decision.

8. By derogation from paragraph 7, where a complaint is dismissed or rejected, the supervisory authority with which the complaint was lodged shall adopt the decision and notify it to the complainant and shall inform the controller thereof.

9. Where the lead supervisory authority and the supervisory authorities concerned agree to dismiss or reject parts of a complaint and to act on other parts of that complaint, a separate decision shall be adopted for each of those parts of the matter. The lead supervisory authority shall adopt the decision for the part concerning actions in relation to the controller, shall notify it to the main

notificará al establecimiento principal o al único establecimiento del responsable o del encargado en el territorio de su Estado miembro, e informará de ello al reclamante, mientras que la autoridad de control del reclamante adoptará la decisión respecto de la parte relativa a la desestimación o rechazo de dicha reclamación, la notificará a dicho reclamante e informará de ello al responsable o al encargado.

10. Tras recibir la notificación de la decisión de la autoridad de control principal con arreglo a los apartados 7 y 9, el responsable o el encargado del tratamiento adoptará las medidas necesarias para garantizar el cumplimiento de la decisión en lo tocante a las actividades de tratamiento en el contexto de todos sus establecimientos en la Unión. El responsable o el encargado notificarán las medidas adoptadas para dar cumplimiento a dicha decisión a la autoridad de control principal, que a su vez informará a las autoridades de control interesadas.

11. En circunstancias excepcionales, cuando una autoridad de control interesada tenga motivos para considerar que es urgente intervenir para proteger los intereses de los interesados, se aplicará el procedimiento de urgencia a que se refiere el artículo 66.

12. La autoridad de control principal y las demás autoridades de control interesadas se facilitarán recíprocamente la información requerida en el marco del presente artículo por medios electrónicos, utilizando un formulario normalizado.

Artículo 61

Asistencia mutua

1. Las autoridades de control se facilitarán información útil y se prestarán asistencia mutua a fin de

establishment or single establishment of the controller or processor on the territory of its Member State and shall inform the complainant thereof, while the supervisory authority of the complainant shall adopt the decision for the part concerning dismissal or rejection of that complaint, and shall notify it to that complainant and shall inform the controller or processor thereof.

10. After being notified of the decision of the lead supervisory authority pursuant to paragraphs 7 and 9, the controller or processor shall take the necessary measures to ensure compliance with the decision as regards processing activities in the context of all its establishments in the Union. The controller or processor shall notify the measures taken for complying with the decision to the lead supervisory authority, which shall inform the other supervisory authorities concerned.

11. Where, in exceptional circumstances, a supervisory authority concerned has reasons to consider that there is an urgent need to act in order to protect the interests of data subjects, the urgency procedure referred to in Article 66 shall apply.

12. The lead supervisory authority and the other supervisory authorities concerned shall supply the information required under this Article to each other by electronic means, using a standardised format.

Article 61

Mutual assistance

1. Supervisory authorities shall provide each other with relevant information and mutual assistance in

aplicar el presente Reglamento de manera coherente, y tomarán medidas para asegurar una efectiva cooperación entre ellas. La asistencia mutua abarcará, en particular, las solicitudes de información y las medidas de control, como las solicitudes para llevar a cabo autorizaciones y consultas previas, inspecciones e investigaciones.

2. Cada autoridad de control adoptará todas las medidas oportunas requeridas para responder a una solicitud de otra autoridad de control sin dilación indebida y a más tardar en el plazo de un mes a partir de la solicitud. Dichas medidas podrán incluir, en particular, la transmisión de información pertinente sobre el desarrollo de una investigación.

3. Las solicitudes de asistencia deberán contener toda la información necesaria, entre otras cosas respecto de la finalidad y los motivos de la solicitud. La información que se intercambie se utilizará únicamente para el fin para el que haya sido solicitada.

4. La autoridad de control requerida no podrá negarse a responder a una solicitud, salvo si:

a) no es competente en relación con el objeto de la solicitud o con las medidas cuya ejecución se solicita, o

b) el hecho de responder a la solicitud infringiría el presente Reglamento o el Derecho de la Unión o de los Estados miembros que se aplique a la autoridad de control a la que se dirigió la solicitud.

5. La autoridad de control requerida informará a la autoridad de control requirente de los resultados obtenidos o, en su caso, de los progresos registrados o de las medidas adoptadas para responder a su solicitud. La autoridad de control requerida explicará los motivos de su negativa a responder a una solicitud al amparo del apartado 4.

order to implement and apply this Regulation in a consistent manner, and shall put in place measures for effective cooperation with one another. Mutual assistance shall cover, in particular, information requests and supervisory measures, such as requests to carry out prior authorisations and consultations, inspections and investigations.

2. Each supervisory authority shall take all appropriate measures required to reply to a request of another supervisory authority without undue delay and no later than one month after receiving the request. Such measures may include, in particular, the transmission of relevant information on the conduct of an investigation.

3. Requests for assistance shall contain all the necessary information, including the purpose of and reasons for the request. Information exchanged shall be used only for the purpose for which it was requested.

4. The requested supervisory authority shall not refuse to comply with the request unless:

(a) it is not competent for the subject-matter of the request or for the measures it is requested to execute; or

(b) compliance with the request would infringe this Regulation or Union or Member State law to which the supervisory authority receiving the request is subject.

5. The requested supervisory authority shall inform the requesting supervisory authority of the results or, as the case may be, of the progress of the measures taken in order to respond to the request. The requested supervisory authority shall provide reasons for any refusal to comply with a request pursuant to paragraph 4.

6. Como norma general, las autoridades de control requeridas facilitarán la información solicitada por otras autoridades de control por medios electrónicos, utilizando un formato normalizado.

7. Las autoridades de control requeridas no cobrarán tasa alguna por las medidas adoptadas a raíz de una solicitud de asistencia mutua. Las autoridades de control podrán convenir normas de indemnización recíproca por gastos específicos derivados de la prestación de asistencia mutua en circunstancias excepcionales.

8. Cuando una autoridad de control no facilite la información mencionada en el apartado 5 del presente artículo en el plazo de un mes a partir de la recepción de la solicitud de otra autoridad de control, la autoridad de control requirente podrá adoptar una medida provisional en el territorio de su Estado miembro de conformidad con lo dispuesto en el artículo 55, apartado 1. En ese caso, se supondrá que existe la necesidad urgente contemplada en el artículo 66, apartado 1, que exige una decisión urgente y vinculante del Comité en virtud del artículo 66, apartado 2.

9. La Comisión podrá, mediante actos de ejecución, especificar el formato y los procedimientos de asistencia mutua contemplados en el presente artículo, así como las modalidades del intercambio de información por medios electrónicos entre las autoridades de control y entre las autoridades de control y el Comité, en especial el formato normalizado mencionado en el apartado 6 del presente artículo. Dichos actos de ejecución se adoptarán con arreglo al procedimiento de examen a que se refiere el artículo 93, apartado 2.

6. Requested supervisory authorities shall, as a rule, supply the information requested by other supervisory authorities by electronic means, using a standardised format.

7. Requested supervisory authorities shall not charge a fee for any action taken by them pursuant to a request for mutual assistance. Supervisory authorities may agree on rules to indemnify each other for specific expenditure arising from the provision of mutual assistance in exceptional circumstances.

8. Where a supervisory authority does not provide the information referred to in paragraph 5 of this Article within one month of receiving the request of another supervisory authority, the requesting supervisory authority may adopt a provisional measure on the territory of its Member State in accordance with Article 55(1). In that case, the urgent need to act under Article 66(1) shall be presumed to be met and require an urgent binding decision from the Board pursuant to Article 66(2).

9. The Commission may, by means of implementing acts, specify the format and procedures for mutual assistance referred to in this Article and the arrangements for the exchange of information by electronic means between supervisory authorities, and between supervisory authorities and the Board, in particular the standardised format referred to in paragraph 6 of this Article. Those implementing acts shall be adopted in accordance with the examination procedure referred to in Article 93(2).

Artículo 62

Operaciones conjuntas de las autoridades de control

1. Las autoridades de control realizarán, en su caso, operaciones conjuntas, incluidas investigaciones conjuntas y medidas de ejecución conjuntas, en las que participen miembros o personal de las autoridades de control de otros Estados miembros.

2. Si el responsable o el encargado del tratamiento tiene establecimientos en varios Estados miembros o si es probable que un número significativo de interesados en más de un Estado miembro se vean sustancialmente afectados por las operaciones de tratamiento, una autoridad de control de cada uno de esos Estados miembros tendrá derecho a participar en operaciones conjuntas. La autoridad de control que sea competente en virtud del artículo 56, apartados 1 o 4, invitará a la autoridad de control de cada uno de dichos Estados miembros a participar en las operaciones conjuntas y responderá sin dilación a la solicitud de participación presentada por una autoridad de control.

3. Una autoridad de control podrá, con arreglo al Derecho de su Estado miembro y con la autorización de la autoridad de control de origen, conferir poderes, incluidos poderes de investigación, a los miembros o al personal de la autoridad de control de origen que participen en operaciones conjuntas, o aceptar, en la medida en que lo permita el Derecho del Estado miembro de la autoridad de control de acogida, que los miembros o el personal de la autoridad de control de origen ejerzan sus poderes de investigación de conformidad con el Derecho del Estado miembro de la autoridad de control de origen. Dichos poderes de investigación solo podrán ejercerse bajo la orientación y en presencia de miembros o personal de la autoridad de control de acogida. Los

Article 62

Joint operations of supervisory authorities

1. The supervisory authorities shall, where appropriate, conduct joint operations including joint investigations and joint enforcement measures in which members or staff of the supervisory authorities of other Member States are involved.

2. Where the controller or processor has establishments in several Member States or where a significant number of data subjects in more than one Member State are likely to be substantially affected by processing operations, a supervisory authority of each of those Member States shall have the right to participate in joint operations. The supervisory authority which is competent pursuant to Article 56(1) or (4) shall invite the supervisory authority of each of those Member States to take part in the joint operations and shall respond without delay to the request of a supervisory authority to participate.

3. A supervisory authority may, in accordance with Member State law, and with the seconding supervisory authority's authorisation, confer powers, including investigative powers on the seconding supervisory authority's members or staff involved in joint operations or, in so far as the law of the Member State of the host supervisory authority permits, allow the seconding supervisory authority's members or staff to exercise their investigative powers in accordance with the law of the Member State of the seconding supervisory authority. Such investigative powers may be exercised only under the guidance and in the presence of members or staff of the host supervisory authority. The seconding supervisory authority's

miembros o el personal de la autoridad de control de origen estarán sujetos al Derecho del Estado miembro de la autoridad de control de acogida.

4. Cuando participe, de conformidad con el apartado 1, personal de la autoridad de control de origen en operaciones en otro Estado miembro, el Estado miembro de la autoridad de control de acogida asumirá la responsabilidad de acuerdo con el Derecho del Estado miembro en cuyo territorio se desarrollen las operaciones, por los daños y perjuicios que haya causado dicho personal en el transcurso de las mismas.

5. El Estado miembro en cuyo territorio se causaron los daños y perjuicios asumirá su reparación en las condiciones aplicables a los daños y perjuicios causados por su propio personal. El Estado miembro de la autoridad de control de origen cuyo personal haya causado daños y perjuicios a cualquier persona en el territorio de otro Estado miembro le restituirá íntegramente los importes que este último haya abonado a los derechohabientes.

6. Sin perjuicio del ejercicio de sus derechos frente a terceros y habida cuenta de la excepción establecida en el apartado 5, los Estados miembros renunciarán, en el caso contemplado en el apartado 1, a solicitar de otro Estado miembro el reembolso del importe de los daños y perjuicios mencionados en el apartado 4.

7. Cuando se prevea una operación conjunta y una autoridad de control no cumpla en el plazo de un mes con la obligación establecida en el apartado 2, segunda frase, del presente artículo, las demás autoridades de control podrán adoptar una medida provisional en el territorio de su Estado miembro de conformidad con el artículo 55. En ese caso, se presumirá la existencia de una necesidad urgente a tenor del

members or staff shall be subject to the Member State law of the host supervisory authority.

4. Where, in accordance with paragraph 1, staff of a seconding supervisory authority operate in another Member State, the Member State of the host supervisory authority shall assume responsibility for their actions, including liability, for any damage caused by them during their operations, in accordance with the law of the Member State in whose territory they are operating.

5. The Member State in whose territory the damage was caused shall make good such damage under the conditions applicable to damage caused by its own staff. The Member State of the seconding supervisory authority whose staff has caused damage to any person in the territory of another Member State shall reimburse that other Member State in full any sums it has paid to the persons entitled on their behalf.

6. Without prejudice to the exercise of its rights vis-à-vis third parties and with the exception of paragraph 5, each Member State shall refrain, in the case provided for in paragraph 1, from requesting reimbursement from another Member State in relation to damage referred to in paragraph 4.

7. Where a joint operation is intended and a supervisory authority does not, within one month, comply with the obligation laid down in the second sentence of paragraph 2 of this Article, the other supervisory authorities may adopt a provisional measure on the territory of its Member State in accordance with Article 55. In that case, the urgent need to act under Article 66(1) shall be presumed to be

artículo 66, apartado 1, y se requerirá dictamen o decisión vinculante urgente del Comité en virtud del artículo 66, apartado 2.

met and require an opinion or an urgent binding decision from the Board pursuant to Article 66(2).

Sección 2

Coherencia

Section 2

Consistency

Artículo 63

Mecanismo de coherencia

A fin de contribuir a la aplicación coherente del presente Reglamento en toda la Unión, las autoridades de control cooperarán entre sí y, en su caso, con la Comisión, en el marco del mecanismo de coherencia establecido en la presente sección.

Article 63

Consistency mechanism

In order to contribute to the consistent application of this Regulation throughout the Union, the supervisory authorities shall cooperate with each other and, where relevant, with the Commission, through the consistency mechanism as set out in this Section.

Artículo 64

Dictamen del Comité

1. El Comité emitirá un dictamen siempre que una autoridad de control competente proyecte adoptar alguna de las medidas enumeradas a continuación. A tal fin, la autoridad de control competente comunicará el proyecto de decisión al Comité, cuando la decisión:

a) tenga por objeto adoptar una lista de las operaciones de tratamiento supeditadas al requisito de la evaluación de impacto relativa a la protección de datos de conformidad con el artículo 35, apartado 4;

b) afecte a un asunto de conformidad con el artículo 40, apartado 7, cuyo objeto sea determinar si un proyecto de código de conducta o una modificación o ampliación de un código de conducta es conforme con el presente Reglamento;

c) tenga por objeto aprobar los criterios aplicables a la acreditación de un organismo con arreglo al artículo 41, apartado 3, o un organismo de certificación conforme al artículo 43, apartado 3;

d) tenga por objeto determinar las cláusulas tipo de protección de datos contempladas en el artículo 46,

Article 64

Opinion of the Board

1. The Board shall issue an opinion where a competent supervisory authority intends to adopt any of the measures below. To that end, the competent supervisory authority shall communicate the draft decision to the Board, when it:

(a) aims to adopt a list of the processing operations subject to the requirement for a data protection impact assessment pursuant to Article 35(4);

(b) concerns a matter pursuant to Article 40(7) whether a draft code of conduct or an amendment or extension to a code of conduct complies with this Regulation;

(c) aims to approve the criteria for accreditation of a body pursuant to Article 41(3) or a certification body pursuant to Article 43(3);

(d) aims to determine standard data protection clauses referred to in

apartado 2, letra d), y el artículo 28, apartado 8;

e) tenga por objeto autorizar las cláusulas contractuales a que se refiere el artículo 46, apartado 3, letra a);

f) tenga por objeto la aprobación de normas corporativas vinculantes a tenor del artículo 47.

2. Cualquier autoridad de control, el presidente del Comité o la Comisión podrán solicitar que cualquier asunto de aplicación general o que surta efecto en más de un Estado miembro sea examinado por el Comité a efectos de dictamen, en particular cuando una autoridad de control competente incumpla las obligaciones relativas a la asistencia mutua con arreglo al artículo 61 o las operaciones conjuntas con arreglo al artículo 62.

3. En los casos a que se refieren los apartados 1 y 2, el Comité emitirá dictamen sobre el asunto que le haya sido presentado siempre que no haya emitido ya un dictamen sobre el mismo asunto. Dicho dictamen se adoptará en el plazo de ocho semanas por mayoría simple de los miembros del Comité. Dicho plazo podrá prorrogarse seis semanas más, teniendo en cuenta la complejidad del asunto. Por lo que respecta al proyecto de decisión a que se refiere el apartado 1 y distribuido a los miembros del Comité con arreglo al apartado 5, todo miembro que no haya presentado objeciones dentro de un plazo razonable indicado por el presidente se considerará conforme con el proyecto de decisión.

4. Las autoridades de control y la Comisión comunicarán sin dilación por vía electrónica al Comité, utilizando un formato normalizado, toda información útil, en particular, cuando proceda, un resumen de los hechos, el proyecto de decisión, los motivos por los que es

point (d) of Article 46(2) and in Article 28(8);

(e) aims to authorise contractual clauses referred to in point (a) of Article 46(3); or

(f) aims to approve binding corporate rules within the meaning of Article 47.

2. Any supervisory authority, the Chair of the Board or the Commission may request that any matter of general application or producing effects in more than one Member State be examined by the Board with a view to obtaining an opinion, in particular where a competent supervisory authority does not comply with the obligations for mutual assistance in accordance with Article 61 or for joint operations in accordance with Article 62.

3. In the cases referred to in paragraphs 1 and 2, the Board shall issue an opinion on the matter submitted to it provided that it has not already issued an opinion on the same matter. That opinion shall be adopted within eight weeks by simple majority of the members of the Board. That period may be extended by a further six weeks, taking into account the complexity of the subject matter. Regarding the draft decision referred to in paragraph 1 circulated to the members of the Board in accordance with paragraph 5, a member which has not objected within a reasonable period indicated by the Chair, shall be deemed to be in agreement with the draft decision.

4. Supervisory authorities and the Commission shall, without undue delay, communicate by electronic means to the Board, using a standardised format any relevant information, including as the case may be a summary of the facts, the draft decision, the grounds which make the

necesaria tal medida, y las opiniones de otras autoridades de control interesadas.

5. La Presidencia del Comité informará sin dilación indebida por medios electrónicos:

a) a los miembros del Comité y a la Comisión de cualquier información pertinente que le haya sido comunicada, utilizando un formato normalizado. La secretaría del Comité facilitará, de ser necesario, traducciones de la información que sea pertinente, y

b) a la autoridad de control contemplada, en su caso, en los apartados 1 y 2 y a la Comisión del dictamen, y lo publicará.

6. La autoridad de control competente no adoptará su proyecto de decisión a tenor del apartado 1 en el plazo mencionado en el apartado 3.

7. La autoridad de control contemplada en el artículo 1 tendrá en cuenta en la mayor medida posible el dictamen del Comité y, en el plazo de dos semanas desde la recepción del dictamen, comunicará por medios electrónicos al presidente del Comité si va a mantener o modificar su proyecto de decisión y, si lo hubiera, el proyecto de decisión modificado, utilizando un formato normalizado.

8. Cuando la autoridad de control interesada informe al presidente del Comité, en el plazo mencionado en el apartado 7 del presente artículo, de que no prevé seguir el dictamen del Comité, en todo o en parte, alegando los motivos correspondientes, se aplicará el artículo 65, apartado 1.

Artículo 65

Resolución de conflictos por el Comité

1. Con el fin de garantizar una aplicación correcta y coherente del

enactment of such measure necessary, and the views of other supervisory authorities concerned.

5. The Chair of the Board shall, without undue, delay inform by electronic means:

(a) the members of the Board and the Commission of any relevant information which has been communicated to it using a standardised format. The secretariat of the Board shall, where necessary, provide translations of relevant information; and

(b) the supervisory authority referred to, as the case may be, in paragraphs 1 and 2, and the Commission of the opinion and make it public.

6. The competent supervisory authority shall not adopt its draft decision referred to in paragraph 1 within the period referred to in paragraph 3.

7. The supervisory authority referred to in paragraph 1 shall take utmost account of the opinion of the Board and shall, within two weeks after receiving the opinion, communicate to the Chair of the Board by electronic means whether it will maintain or amend its draft decision and, if any, the amended draft decision, using a standardised format.

8. Where the supervisory authority concerned informs the Chair of the Board within the period referred to in paragraph 7 of this Article that it does not intend to follow the opinion of the Board, in whole or in part, providing the relevant grounds, Article 65(1) shall apply.

Article 65

Dispute resolution by the Board

1. In order to ensure the correct and consistent application of this

presente Reglamento en casos concretos, el Comité adoptará una decisión vinculante en los siguientes casos:

a) cuando, en un caso mencionado en el artículo 60, apartado 4, una autoridad de control interesada haya manifestado una objeción pertinente y motivada a un proyecto de decisión de la autoridad principal, o esta haya rechazado dicha objeción por no ser pertinente o no estar motivada. La decisión vinculante afectará a todos los asuntos a que se refiera la objeción pertinente y motivada, en particular si hay infracción del presente Reglamento;

b) cuando haya puntos de vista enfrentados sobre cuál de las autoridades de control interesadas es competente para el establecimiento principal;

c) cuando una autoridad de control competente no solicite dictamen al Comité en los casos contemplados en el artículo 64, apartado 1, o no siga el dictamen del Comité emitido en virtud del artículo 64. En tal caso, cualquier autoridad de control interesada, o la Comisión, lo pondrá en conocimiento del Comité.

2. La decisión a que se refiere el apartado 1 se adoptará en el plazo de un mes a partir de la remisión del asunto, por mayoría de dos tercios de los miembros del Comité. Este plazo podrá prorrogarse un mes más, habida cuenta de la complejidad del asunto. La decisión que menciona el apartado 1 estará motivada y será dirigida a la autoridad de control principal y a todas las autoridades de control interesadas, y será vinculante para ellas.

3. Cuando el Comité no haya podido adoptar una decisión en los plazos mencionados en el apartado 2, adoptará su decisión en un plazo de dos semanas tras la expiración del segundo mes a que

Regulation in individual cases, the Board shall adopt a binding decision in the following cases:

(a) where, in a case referred to in Article 60(4), a supervisory authority concerned has raised a relevant and reasoned objection to a draft decision of the lead authority or the lead authority has rejected such an objection as being not relevant or reasoned. The binding decision shall concern all the matters which are the subject of the relevant and reasoned objection, in particular whether there is an infringement of this Regulation;

(b) where there are conflicting views on which of the supervisory authorities concerned is competent for the main establishment;

(c) where a competent supervisory authority does not request the opinion of the Board in the cases referred to in Article 64(1), or does not follow the opinion of the Board issued under Article 64. In that case, any supervisory authority concerned or the Commission may communicate the matter to the Board.

2. The decision referred to in paragraph 1 shall be adopted within one month from the referral of the subject-matter by a two-thirds majority of the members of the Board. That period may be extended by a further month on account of the complexity of the subject-matter. The decision referred to in paragraph 1 shall be reasoned and addressed to the lead supervisory authority and all the supervisory authorities concerned and binding on them.

3. Where the Board has been unable to adopt a decision within the periods referred to in paragraph 2, it shall adopt its decision within two weeks following the expiration of the second

se refiere el apartado 2, por mayoría simple de sus miembros. En caso de empate, decidirá el voto del presidente.

4. Las autoridades de control interesadas no adoptarán decisión alguna sobre el asunto presentado al Comité en virtud del apartado 1 durante los plazos de tiempo a que se refieren los apartados 2 y 3.

5. El presidente del Comité notificará sin dilación indebida la decisión contemplada en el apartado 1 a las autoridades de control interesadas. También informará de ello a la Comisión. La decisión se publicará en el sitio web del Comité sin demora, una vez que la autoridad de control haya notificado la decisión definitiva a que se refiere el apartado 6.

6. La autoridad de control principal o, en su caso, la autoridad de control ante la que se presentó la reclamación adoptará su decisión definitiva sobre la base de la decisión contemplada en el apartado 1 del presente artículo, sin dilación indebida y a más tardar un mes tras la notificación de la decisión del Comité. La autoridad de control principal o, en su caso, la autoridad de control ante la que se presentó la reclamación informará al Comité de la fecha de notificación de su decisión definitiva al responsable o al encargado del tratamiento y al interesado, respectivamente. La decisión definitiva de las autoridades de control interesadas será adoptada en los términos establecidos en el artículo 60, apartados 7, 8 y 9. La decisión definitiva hará referencia a la decisión contemplada en el apartado 1 del presente artículo y especificará que esta última decisión se publicará en el sitio web del Comité con arreglo al apartado 5 del presente artículo. La decisión definitiva llevará adjunta la decisión

month referred to in paragraph 2 by a simple majority of the members of the Board. Where the members of the Board are split, the decision shall by adopted by the vote of its Chair.

4. The supervisory authorities concerned shall not adopt a decision on the subject matter submitted to the Board under paragraph 1 during the periods referred to in paragraphs 2 and 3.

5. The Chair of the Board shall notify, without undue delay, the decision referred to in paragraph 1 to the supervisory authorities concerned. It shall inform the Commission thereof. The decision shall be published on the website of the Board without delay after the supervisory authority has notified the final decision referred to in paragraph 6.

6. The lead supervisory authority or, as the case may be, the supervisory authority with which the complaint has been lodged shall adopt its final decision on the basis of the decision referred to in paragraph 1 of this Article, without undue delay and at the latest by one month after the Board has notified its decision. The lead supervisory authority or, as the case may be, the supervisory authority with which the complaint has been lodged, shall inform the Board of the date when its final decision is notified respectively to the controller or the processor and to the data subject. The final decision of the supervisory authorities concerned shall be adopted under the terms of Article 60(7), (8) and (9). The final decision shall refer to the decision referred to in paragraph 1 of this Article and shall specify that the decision referred to in that paragraph will be published on the website of the Board in accordance with paragraph 5 of this Article. The final decision shall attach the decision

contemplada en el apartado 1 del presente artículo.

referred to in paragraph 1 of this Article.

Artículo 66

Procedimiento de urgencia

1. En circunstancias excepcionales, cuando una autoridad de control interesada considere que es urgente intervenir para proteger los derechos y las libertades de interesados, podrá, como excepción al mecanismo de coherencia contemplado en los artículos 63, 64 y 65, o al procedimiento mencionado en el artículo 60, adoptar inmediatamente medidas provisionales destinadas a producir efectos jurídicos en su propio territorio, con un periodo de validez determinado que no podrá ser superior a tres meses. La autoridad de control comunicará sin dilación dichas medidas, junto con los motivos de su adopción, a las demás autoridades de control interesadas, al Comité y a la Comisión.

2. Cuando una autoridad de control haya adoptado una medida de conformidad con el apartado 1, y considere que deben adoptarse urgentemente medidas definitivas, podrá solicitar con carácter urgente un dictamen o una decisión vinculante urgente del Comité, motivando dicha solicitud de dictamen o decisión.

3. Cualquier autoridad de control podrá solicitar, motivando su solicitud, y, en particular, la urgencia de la intervención, un dictamen urgente o una decisión vinculante urgente, según el caso, del Comite, cuando una autoridad de control competente no haya tomado una medida apropiada en una situación en la que sea urgente intervenir a fin de proteger los derechos y las libertades de los interesados.

Article 66

Urgency procedure

1. In exceptional circumstances, where a supervisory authority concerned considers that there is an urgent need to act in order to protect the rights and freedoms of data subjects, it may, by way of derogation from the consistency mechanism referred to in Articles 63, 64 and 65 or the procedure referred to in Article 60, immediately adopt provisional measures intended to produce legal effects on its own territory with a specified period of validity which shall not exceed three months. The supervisory authority shall, without delay, communicate those measures and the reasons for adopting them to the other supervisory authorities concerned, to the Board and to the Commission.

2. Where a supervisory authority has taken a measure pursuant to paragraph 1 and considers that final measures need urgently be adopted, it may request an urgent opinion or an urgent binding decision from the Board, giving reasons for requesting such opinion or decision.

3. Any supervisory authority may request an urgent opinion or an urgent binding decision, as the case may be, from the Board where a competent supervisory authority has not taken an appropriate measure in a situation where there is an urgent need to act, In order to protect the rights and freedoms of data subjects, giving reasons for requesting such opinion or decision, including for the urgent need to act.

4. No obstante lo dispuesto en el artículo 64, apartado 3, y en el artículo 65, apartado 2, los dictámenes urgentes o decisiones vinculantes urgentes contemplados en los apartados 2 y 3 del presente artículo se adoptarán en el plazo de dos semanas por mayoría simple de los miembros del Comité.

Artículo 67

Intercambio de información

La Comisión podrá adoptar actos de ejecución de ámbito general para especificar las modalidades de intercambio de información por medios electrónicos entre las autoridades de control, y entre dichas autoridades y el Comité, en especial el formato normalizado contemplado en el artículo 64.

Dichos actos de ejecución se adoptarán con arreglo al procedimiento de examen a que se refiere el artículo 93, apartado 2.

Sección 3

Comité europeo de protección de datos

Artículo 68

Comité Europeo de Protección de Datos

1. Se crea el Comité Europeo de Protección de Datos («Comité»), como organismo de la Unión, que gozará de personalidad jurídica.

2. El Comité estará representado por su presidente.

3. El Comité estará compuesto por el director de una autoridad de control de cada Estado miembro y por el Supervisor Europeo de Protección de Datos o sus representantes respectivos.

4. Cuando en un Estado miembro estén encargados de controlar la aplicación de las disposiciones del presente Reglamento varias autoridades de control, se nombrará a un representante

4. By derogation from Article 64(3) and Article 65(2), an urgent opinion or an urgent binding decision referred to in paragraphs 2 and 3 of this Article shall be adopted within two weeks by simple majority of the members of the Board.

Article 67

Exchange of information

The Commission may adopt implementing acts of general scope in order to specify the arrangements for the exchange of information by electronic means between supervisory authorities, and between supervisory authorities and the Board, in particular the standardised format referred to in Article 64.

Those implementing acts shall be adopted in accordance with the examination procedure referred to in Article 93(2).

Section 3

European data protection board

Article 68

European Data Protection Board

1. The European Data Protection Board (the 'Board') is hereby established as a body of the Union and shall have legal personality.

2. The Board shall be represented by its Chair.

3. The Board shall be composed of the head of one supervisory authority of each Member State and of the European Data Protection Supervisor, or their respective representatives.

4. Where in a Member State more than one supervisory authority is responsible for monitoring the application of the provisions pursuant to this Regulation, a joint representative shall be appointed in

común de conformidad con el Derecho de ese Estado miembro.

5. La Comisión tendrá derecho a participar en las actividades y reuniones del Comité, sin derecho a voto. La Comisión designará un representante. El presidente del Comité comunicará a la Comisión las actividades del Comité.

6. En los casos a que se refiere el artículo 65, el Supervisor Europeo de Protección de Datos sólo tendrá derecho a voto en las decisiones relativas a los principios y normas aplicables a las instituciones, órganos y organismos de la Unión que correspondan en cuanto al fondo a las contempladas en el presente Reglamento.

Artículo 69

Independencia

1. El Comité actuará con total independencia en el desempeño de sus funciones o el ejercicio de sus competencias con arreglo a los artículos 70 y 71.

2. Sin perjuicio de las solicitudes de la Comisión contempladas en el artículo 70, apartado 1, letra b), y apartado 2, el Comité no solicitará ni admitirá instrucciones de nadie en el desempeño de sus funciones o el ejercicio de sus competencias.

Artículo 70

Funciones del Comité

1. El Comité garantizará la aplicación coherente del presente Reglamento. A tal efecto, el Comité, a iniciativa propia o, en su caso, a instancia de la Comisión, en particular:

a) supervisará y garantizará la correcta aplicación del presente Reglamento en los casos contemplados en los artículos 64 y 65, sin perjuicio de las funciones de las autoridades de control nacionales;

accordance with that Member State's law.

5. The Commission shall have the right to participate in the activities and meetings of the Board without voting right. The Commission shall designate a representative. The Chair of the Board shall communicate to the Commission the activities of the Board.

6. In the cases referred to in Article 65, the European Data Protection Supervisor shall have voting rights only on decisions which concern principles and rules applicable to the Union institutions, bodies, offices and agencies which correspond in substance to those of this Regulation.

Article 69

Independence

1. The Board shall act independently when performing its tasks or exercising its powers pursuant to Articles 70 and 71.

2. Without prejudice to requests by the Commission referred to in point (b) of Article 70(1) and in Article 70(2), the Board shall, in the performance of its tasks or the exercise of its powers, neither seek nor take instructions from anybody.

Article 70

Tasks of the Board

1. The Board shall ensure the consistent application of this Regulation. To that end, the Board shall, on its own initiative or, where relevant, at the request of the Commission, in particular:

(a) monitor and ensure the correct application of this Regulation in the cases provided for in Articles 64 and 65 without prejudice to the tasks of national supervisory authorities;

b) asesorará a la Comisión sobre toda cuestión relativa a la protección de datos personales en la Unión, en particular sobre cualquier propuesta de modificación del presente Reglamento;

c) asesorará a la Comisión sobre el formato y los procedimientos para intercambiar información entre los responsables, los encargados y las autoridades de control en relación con las normas corporativas vinculantes;

d) emitirá directrices, recomendaciones y buenas prácticas relativas a los procedimientos para la supresión de vínculos, copias o réplicas de los datos personales procedentes de servicios de comunicación a disposición pública a que se refiere el artículo 17, apartado 2;

e) examinará, a iniciativa propia, a instancia de uno de sus miembros o de la Comisión, cualquier cuestión relativa a la aplicación del presente Reglamento, y emitirá directrices, recomendaciones y buenas prácticas a fin de promover la aplicación coherente del presente Reglamento;

f) emitirá directrices, recomendaciones y buenas prácticas de conformidad con la letra e) del presente apartado a fin de especificar más los criterios y requisitos de las decisiones basadas en perfiles en virtud del artículo 22, apartado 2;

g) emitirá directrices, recomendaciones y buenas prácticas con arreglo a la letra e) del presente apartado a fin de constatar las violaciones de la seguridad de los datos y determinar la dilación indebida a tenor del artículo 33, apartados 1 y 2, y con respecto a las circunstancias particulares en las que el responsable o el encargado del tratamiento debe notificar la violación de la seguridad de los datos personales;

h) emitirá directrices, recomendaciones y buenas prácticas con arreglo a la letra e) del presente apartado con respecto a las circunstancias en las que

(b) advise the Commission on any issue related to the protection of personal data in the Union, including on any proposed amendment of this Regulation;

(c) advise the Commission on the format and procedures for the exchange of information between controllers, processors and supervisory authorities for binding corporate rules;

(d) issue guidelines, recommendations, and best practices on procedures for erasing links, copies or replications of personal data from publicly available communication services as referred to in Article 17(2);

(e) examine, on its own initiative, on request of one of its members or on request of the Commission, any question covering the application of this Regulation and issue guidelines, recommendations and best practices in order to encourage consistent application of this Regulation;

(f) issue guidelines, recommendations and best practices in accordance with point (e) of this paragraph for further specifying the criteria and conditions for decisions based on profiling pursuant to Article 22(2);

(g) issue guidelines, recommendations and best practices in accordance with point (e) of this paragraph for establishing the personal data breaches and determining the undue delay referred to in Article 33(1) and (2) and for the particular circumstances in which a controller or a processor is required to notify the personal data breach;

(h) issue guidelines, recommendations and best practices in accordance with point (e) of this paragraph as to the circumstances in which a personal data

sea probable que la violación de la seguridad de los datos personales entrañe un alto riesgo para los derechos y libertades de las personas físicas a tenor del artículo 34, apartado 1;

i) emitirá directrices, recomendaciones y buenas prácticas con arreglo a la letra e) del presente apartado con el fin de especificar en mayor medida los criterios y requisitos para las transferencias de datos personales basadas en normas corporativas vinculantes a las que se hayan adherido los responsables del tratamiento y en normas corporativas vinculantes a las que se hayan adherido los encargados del tratamiento y en requisitos adicionales necesarios para garantizar la protección de los datos personales de los interesados a que se refiere el artículo 47;

j) emitirá directrices, recomendaciones y buenas prácticas con arreglo a la letra e) del presente apartado a fin de especificar en mayor medida los criterios y requisitos de las transferencias de datos personales sobre la base del artículo 49, apartado 1;

k) formulará directrices para las autoridades de control, relativas a la aplicación de las medidas a que se refiere el artículo 58, apartados 1, 2 y 3, y la fijación de multas administrativas de conformidad con el artículo 83;

l) examinará la aplicación práctica de las directrices, recomendaciones y buenas prácticas a que se refieren las letras e) y f);

m) emitirá directrices, recomendaciones y buenas prácticas con arreglo a la letra e) del presente apartado a fin de establecer procedimientos comunes de información procedente de personas físicas sobre infracciones del presente Reglamento en virtud del artículo 54, apartado 2;

n) alentará la elaboración de códigos de conducta y el establecimiento de

breach is likely to result in a high risk to the rights and freedoms of the natural persons referred to in Article 34(1).

(i) issue guidelines, recommendations and best practices in accordance with point (e) of this paragraph for the purpose of further specifying the criteria and requirements for personal data transfers based on binding corporate rules adhered to by controllers and binding corporate rules adhered to by processors and on further necessary requirements to ensure the protection of personal data of the data subjects concerned referred to in Article 47;

(j) issue guidelines, recommendations and best practices in accordance with point (e) of this paragraph for the purpose of further specifying the criteria and requirements for the personal data transfers on the basis of Article 49(1);

(k) draw up guidelines for supervisory authorities concerning the application of measures referred to in Article 58(1), (2) and (3) and the setting of administrative fines pursuant to Article 83;

(l) review the practical application of the guidelines, recommendations and best practices referred to in points (e) and (f);

(m) issue guidelines, recommendations and best practices in accordance with point (e) of this paragraph for establishing common procedures for reporting by natural persons of infringements of this Regulation pursuant to Article 54(2);

(n) encourage the drawing-up of codes of conduct and the establishment of

mecanismos de certificación de la protección de datos y de sellos y marcas de protección de datos de conformidad con los artículos 40 y 42;

o) realizará la acreditación de los organismos de certificación y su revisión periódica en virtud del artículo 43, y llevará un registro público de los organismos acreditados en virtud del artículo 43, apartado 6, y de los responsables o los encargados del tratamiento acreditados establecidos en terceros países en virtud del artículo 42, apartado 7;

p) especificará los requisitos contemplados en el artículo 43, apartado 3, con miras a la acreditación de los organismos de certificación en virtud del artículo 42;

q) facilitará a la Comisión un dictamen sobre los requisitos de certificación contemplados en el artículo 43, apartado 8;

r) facilitará a la Comisión un dictamen sobre los iconos a que se refiere el artículo 12, apartado 7;

s) facilitará a la Comisión un dictamen para evaluar la adecuación del nivel de protección en un tercer país u organización internacional, en particular para evaluar si un tercer país, un territorio o uno o varios sectores específicos de ese tercer país, o una organización internacional, ya no garantizan un nivel de protección adecuado. A tal fin, la Comisión facilitará al Comité toda la documentación necesaria, incluida la correspondencia con el gobierno del tercer país, que se refiera a dicho tercer país, territorio o específico o a dicha organización internacional;

t) emitirá dictámenes sobre los proyectos de decisión de las autoridades de control en virtud del mecanismo de

data protection certification mechanisms and data protection seals and marks pursuant to Articles 40 and 42;

(o) carry out the accreditation of certification bodies and its periodic review pursuant to Article 43 and maintain a public register of accredited bodies pursuant to Article 43(6) and of the accredited controllers or processors established in third countries pursuant to Article 42(7);

(p) specify the requirements referred to in Article 43(3) with a view to the accreditation of certification bodies under Article 42;

(q) provide the Commission with an opinion on the certification requirements referred to in Article 43(8);

(r) provide the Commission with an opinion on the icons referred to in Article 12(7);

(s) provide the Commission with an opinion for the assessment of the adequacy of the level of protection in a third country or international organisation, including for the assessment whether a third country, a territory or one or more specified sectors within that third country, or an international organisation no longer ensures an adequate level of protection. To that end, the Commission shall provide the Board with all necessary documentation, including correspondence with the government of the third country, with regard to that third country, territory or specified sector, or with the international organisation.

(t) issue opinions on draft decisions of supervisory authorities pursuant to the consistency mechanism referred to in

coherencia mencionado en el artículo 64, apartado 1, sobre los asuntos presentados en virtud del artículo 64, apartado 2, y sobre las decisiones vinculantes en virtud del artículo 65, incluidos los casos mencionados en el artículo 66;

u) promoverá la cooperación y los intercambios bilaterales y multilaterales efectivos de información y de buenas prácticas entre las autoridades de control;

v) promoverá programas de formación comunes y facilitará intercambios de personal entre las autoridades de control y, cuando proceda, con las autoridades de control de terceros países o con organizaciones internacionales;

w) promoverá el intercambio de conocimientos y documentación sobre legislación y prácticas en materia de protección de datos con las autoridades de control encargadas de la protección de datos a escala mundial;

x) emitirá dictámenes sobre los códigos de conducta elaborados a escala de la Unión de conformidad con el artículo 40, apartado 9, y

y) llevará un registro electrónico, de acceso público, de las decisiones adoptadas por las autoridades de control y los tribunales sobre los asuntos tratados en el marco del mecanismo de coherencia.

2. Cuando la Comisión solicite asesoramiento del Comité podrá señalar un plazo teniendo en cuenta la urgencia del asunto.

3. El Comité transmitirá sus dictámenes, directrices, recomendaciones y buenas prácticas a la Comisión y al Comité contemplado en el artículo 93, y los hará públicos.

4. Cuando proceda, el Comité consultará a las partes interesadas y les

Article 64(1), on matters submitted pursuant to Article 64(2) and to issue binding decisions pursuant to Article 65, including in cases referred to in Article 66;

(u) promote the cooperation and the effective bilateral and multilateral exchange of information and best practices between the supervisory authorities;

(v) promote common training programmes and facilitate personnel exchanges between the supervisory authorities and, where appropriate, with the supervisory authorities of third countries or with international organisations;

(w) promote the exchange of knowledge and documentation on data protection legislation and practice with data protection supervisory authorities worldwide.

(x) issue opinions on codes of conduct drawn up at Union level pursuant to Article 40(9); and

(y) maintain a publicly accessible electronic register of decisions taken by supervisory authorities and courts on issues handled in the consistency mechanism.

2. Where the Commission requests advice from the Board, it may indicate a time limit, taking into account the urgency of the matter.

3. The Board shall forward its opinions, guidelines, recommendations, and best practices to the Commission and to the committee referred to in Article 93 and make them public.

4. The Board shall, where appropriate, consult interested parties

dará la oportunidad de presentar sus comentarios en un plazo razonable. Sin perjuicio de lo dispuesto en el artículo 76, el Comité publicará los resultados del procedimiento de consulta.

Artículo 71

Informes

1. El Comité elaborará un informe anual en materia de protección de las personas físicas en lo que respecta al tratamiento en la Unión y, si procede, en terceros países y organizaciones internacionales. El informe se hará público y se transmitirá al Parlamento Europeo, al Consejo y a la Comisión.

2. El informe anual incluirá un examen de la aplicación práctica de las directrices, recomendaciones y buenas prácticas indicadas en el artículo 70, apartado 1, letra l), así como de las decisiones vinculantes indicadas en el artículo 65.

Artículo 72

Procedimiento

1. El Comité tomará sus decisiones por mayoría simple de sus miembros, salvo que el presente Reglamento disponga otra cosa.

2. El Comité adoptará su reglamento interno por mayoría de dos tercios de sus miembros y organizará sus disposiciones de funcionamiento.

Artículo 73

Presidencia

1. El Comité elegirá por mayoría simple de entre sus miembros un presidente y dos vicepresidentes.

2. El mandato del presidente y de los vicepresidentes será de cinco años de duración y podrá renovarse una vez.

and give them the opportunity to comment within a reasonable period. The Board shall, without prejudice to Article 76, make the results of the consultation procedure publicly available.

Article 71

Reports

1. The Board shall draw up an annual report regarding the protection of natural persons with regard to processing in the Union and, where relevant, in third countries and international organisations. The report shall be made public and be transmitted to the European Parliament, to the Council and to the Commission.

2. The annual report shall include a review of the practical application of the guidelines, recommendations and best practices referred to in point (l) of Article 70(1) as well as of the binding decisions referred to in Article 65.

Article 72

Procedure

1. The Board shall take decisions by a simple majority of its members, unless otherwise provided for in this Regulation.

2. The Board shall adopt its own rules of procedure by a two-thirds majority of its members and organise its own operational arrangements.

Article 73

Chair

1. The Board shall elect a chair and two deputy chairs from amongst its members by simple majority.

2. The term of office of the Chair and of the deputy chairs shall be five years and be renewable once.

Artículo 74

Funciones del presidente

1. El presidente desempeñará las siguientes funciones:

a) convocar las reuniones del Comité y preparar su orden del día;

b) notificar las decisiones adoptadas por el Comité con arreglo al artículo 65 a la autoridad de control principal y a las autoridades de control interesadas;

c) garantizar el ejercicio puntual de las funciones del Comité, en particular en relación con el mecanismo de coherencia a que se refiere el artículo 63.

2. El Comité determinará la distribución de funciones entre el presidente y los vicepresidentes en su reglamento interno.

Artículo 75

Secretaría

1. El Comité contará con una secretaría, de la que se hará cargo el Supervisor Europeo de Protección de Datos.

2. La secretaría ejercerá sus funciones siguiendo exclusivamente las instrucciones del presidente del Comité.

3. El personal del Supervisor Europeo de Protección de Datos que participe en el desempeño de las funciones conferidas al Comité por el presente Reglamento dependerá de un superior jerárquico distinto del personal que desempeñe las funciones conferidas al Supervisor Europeo de Protección de Datos.

4. El Comité, en consulta con el Supervisor Europeo de Protección de Datos, elaborará y publicará, si procede, un memorando de entendimiento para la puesta en práctica del presente artículo, que determinará los términos de su cooperación y que será aplicable al personal del Supervisor Europeo de Protección de Datos que participe en el

Article 74

Tasks of the Chair

1. The Chair shall have the following tasks:

(a) to convene the meetings of the Board and prepare its agenda;

(b) to notify decisions adopted by the Board pursuant to Article 65 to the lead supervisory authority and the supervisory authorities concerned;

(c) to ensure the timely performance of the tasks of the Board, in particular in relation to the consistency mechanism referred to in Article 63.

2. The Board shall lay down the allocation of tasks between the Chair and the deputy chairs in its rules of procedure.

Article 75

Secretariat

1. The Board shall have a secretariat, which shall be provided by the European Data Protection Supervisor.

2. The secretariat shall perform its tasks exclusively under the instructions of the Chair of the Board.

3. The staff of the European Data Protection Supervisor involved in carrying out the tasks conferred on the Board by this Regulation shall be subject to separate reporting lines from the staff involved in carrying out tasks conferred on the European Data Protection Supervisor.

4. Where appropriate, the Board and the European Data Protection Supervisor shall establish and publish a Memorandum of Understanding implementing this Article, determining the terms of their cooperation, and applicable to the staff of the European Data Protection Supervisor involved in

desempeño de las funciones conferidas al Comité por el presente Reglamento.

5. La secretaría prestará apoyo analítico, administrativo y logístico al Comité.

6. La secretaría será responsable, en particular, de:

a) los asuntos corrientes del Comité;

b) la comunicación entre los miembros del Comité, su presidente y la Comisión;

c) la comunicación con otras instituciones y con el público;

d) la utilización de medios electrónicos para la comunicación interna y externa;

e) la traducción de la información pertinente;

f) la preparación y el seguimiento de las reuniones del Comité;

g) la preparación, redacción y publicación de dictámenes, decisiones relativas a solución de diferencias entre autoridades de control y otros textos adoptados por el Comité.

Artículo 76

Confidencialidad

1. Los debates del Comité serán confidenciales cuando el mismo lo considere necesario, tal como establezca su reglamento interno.

2. El acceso a los documentos presentados a los miembros del Comité, los expertos y los representantes de terceras partes se regirá por el Reglamento (CE) n.o 1049/2001 del Parlamento Europeo y del Consejo (21).

carrying out the tasks conferred on the Board by this Regulation.

5. The secretariat shall provide analytical, administrative and logistical support to the Board.

6. The secretariat shall be responsible in particular for:

(a) the day-to-day business of the Board;

(b) communication between the members of the Board, its Chair and the Commission;

(c) communication with other institutions and the public;

(d) the use of electronic means for the internal and external communication;

(e) the translation of relevant information;

(f) the preparation and follow-up of the meetings of the Board;

(g) the preparation, drafting and publication of opinions, decisions on the settlement of disputes between supervisory authorities and other texts adopted by the Board.

Article 76

Confidentiality

1. The discussions of the Board shall be confidential where the Board deems it necessary, as provided for in its rules of procedure.

2. Access to documents submitted to members of the Board, experts and representatives of third parties shall be governed by Regulation (EC) No 1049/2001 of the European Parliament and of the Council (21).

CAPÍTULO VIII

Recursos, responsabilidad y sanciones

Artículo 77

Derecho a presentar una reclamación ante una autoridad de control

1. Sin perjuicio de cualquier otro recurso administrativo o acción judicial, todo interesado tendrá derecho a presentar una reclamación ante una autoridad de control, en particular en el Estado miembro en el que tenga su residencia habitual, lugar de trabajo o lugar de la supuesta infracción, si considera que el tratamiento de datos personales que le conciernen infringe el presente Reglamento.

2. La autoridad de control ante la que se haya presentado la reclamación informará al reclamante sobre el curso y el resultado de la reclamación, inclusive sobre la posibilidad de acceder a la tutela judicial en virtud del artículo 78.

Artículo 78

Derecho a la tutela judicial efectiva contra una autoridad de control

1. Sin perjuicio de cualquier otro recurso administrativo o extrajudicial, toda persona física o jurídica tendrá derecho a la tutela judicial efectiva contra una decisión jurídicamente vinculante de una autoridad de control que le concierna.

2. Sin perjuicio de cualquier otro recurso administrativo o extrajudicial, todo interesado tendrá derecho a la tutela judicial efectiva en caso de que la autoridad de control que sea competente en virtud de los artículos 55 y 56 no dé curso a una reclamación o no informe al interesado en el plazo de tres meses sobre el curso o el resultado de la reclamación presentada en virtud del artículo 77.

3. Las acciones contra una autoridad de control deberán ejercitarse ante los

CHAPTER VIII

Remedies, liability and penalties

Article 77

Right to lodge a complaint with a supervisory authority

1. Without prejudice to any other administrative or judicial remedy, every data subject shall have the right to lodge a complaint with a supervisory authority, in particular in the Member State of his or her habitual residence, place of work or place of the alleged infringement if the data subject considers that the processing of personal data relating to him or her infringes this Regulation.

2. The supervisory authority with which the complaint has been lodged shall inform the complainant on the progress and the outcome of the complaint including the possibility of a judicial remedy pursuant to Article 78.

Article 78

Right to an effective judicial remedy against a supervisory authority

1. Without prejudice to any other administrative or non-judicial remedy, each natural or legal person shall have the right to an effective judicial remedy against a legally binding decision of a supervisory authority concerning them.

2. Without prejudice to any other administrative or non-judicial remedy, each data subject shall have the right to a an effective judicial remedy where the supervisory authority which is competent pursuant to Articles 55 and 56 does not handle a complaint or does not inform the data subject within three months on the progress or outcome of the complaint lodged pursuant to Article 77.

3. Proceedings against a supervisory authority shall be brought before the

tribunales del Estado miembro en que esté establecida la autoridad de control.

4. Cuando se ejerciten acciones contra una decisión de una autoridad de control que haya sido precedida de un dictamen o una decisión del Comité en el marco del mecanismo de coherencia, la autoridad de control remitirá al tribunal dicho dictamen o decisión.

Artículo 79

Derecho a la tutela judicial efectiva contra un responsable o encargado del tratamiento

1. Sin perjuicio de los recursos administrativos o extrajudiciales disponibles, incluido el derecho a presentar una reclamación ante una autoridad de control en virtud del artículo 77, todo interesado tendrá derecho a la tutela judicial efectiva cuando considere que sus derechos en virtud del presente Reglamento han sido vulnerados como consecuencia de un tratamiento de sus datos personales.

2. Las acciones contra un responsable o encargado del tratamiento deberán ejercitarse ante los tribunales del Estado miembro en el que el responsable o encargado tenga un establecimiento. Alternativamente, tales acciones podrán ejercitarse ante los tribunales del Estado miembro en que el interesado tenga su residencia habitual, a menos que el responsable o el encargado sea una autoridad pública de un Estado miembro que actúe en ejercicio de sus poderes públicos.

Artículo 80

Representación de los interesados

1. El interesado tendrá derecho a dar mandato a una entidad, organización o asociación sin ánimo de lucro que haya sido correctamente constituida con arreglo al Derecho de un Estado miembro, cuyos objetivos estatutarios

courts of the Member State where the supervisory authority is established.

4. Where proceedings are brought against a decision of a supervisory authority which was preceded by an opinion or a decision of the Board in the consistency mechanism, the supervisory authority shall forward that opinion or decision to the court.

Article 79

Right to an effective judicial remedy against a controller or processor

1. Without prejudice to any available administrative or non-judicial remedy, including the right to lodge a complaint with a supervisory authority pursuant to Article 77, each data subject shall have the right to an effective judicial remedy where he or she considers that his or her rights under this Regulation have been infringed as a result of the processing of his or her personal data in non-compliance with this Regulation.

2. Proceedings against a controller or a processor shall be brought before the courts of the Member State where the controller or processor has an establishment. Alternatively, such proceedings may be brought before the courts of the Member State where the data subject has his or her habitual residence, unless the controller or processor is a public authority of a Member State acting in the exercise of its public powers.

Article 80

Representation of data subjects

1. The data subject shall have the right to mandate a not-for-profit body, organisation or association which has been properly constituted in accordance with the law of a Member State, has statutory objectives

sean de interés público y que actúe en el ámbito de la protección de los derechos y libertades de los interesados en materia de protección de sus datos personales, para que presente en su nombre la reclamación, y ejerza en su nombre los derechos contemplados en los artículos 77, 78 y 79, y el derecho a ser indemnizado mencionado en el artículo 82 si así lo establece el Derecho del Estado miembro.

2. Cualquier Estado miembro podrán disponer que cualquier entidad, organización o asociación mencionada en el apartado 1 del presente artículo tenga, con independencia del mandato del interesado, derecho a presentar en ese Estado miembro una reclamación ante la autoridad de control que sea competente en virtud del artículo 77 y a ejercer los derechos contemplados en los artículos 78 y 79, si considera que los derechos del interesado con arreglo al presente Reglamento han sido vulnerados como consecuencia de un tratamiento.

Artículo 81

Suspensión de los procedimientos

1. Cuando un tribunal competente de un Estado miembro tenga información de la pendencia ante un tribunal de otro Estado miembro de un procedimiento relativo a un mismo asunto en relación con el tratamiento por el mismo responsable o encargado, se pondrá en contacto con dicho tribunal de otro Estado miembro para confirmar la existencia de dicho procedimiento.

2. Cuando un procedimiento relativo a un mismo asunto en relación con el tratamiento por el mismo responsable o encargado esté pendiente ante un tribunal de otro Estado miembro, cualquier tribunal competente distinto de aquel ante el que se ejercitó la acción en primer lugar podrá suspender su procedimiento.

which are in the public interest, and is active in the field of the protection of data subjects' rights and freedoms with regard to the protection of their personal data to lodge the complaint on his or her behalf, to exercise the rights referred to in Articles 77, 78 and 79 on his or her behalf, and to exercise the right to receive compensation referred to in Article 82 on his or her behalf where provided for by Member State law.

2. Member States may provide that any body, organisation or association referred to in paragraph 1 of this Article, independently of a data subject's mandate, has the right to lodge, in that Member State, a complaint with the supervisory authority which is competent pursuant to Article 77 and to exercise the rights referred to in Articles 78 and 79 if it considers that the rights of a data subject under this Regulation have been infringed as a result of the processing.

Article 81

Suspension of proceedings

1. Where a competent court of a Member State has information on proceedings, concerning the same subject matter as regards processing by the same controller or processor, that are pending in a court in another Member State, it shall contact that court in the other Member State to confirm the existence of such proceedings.

2. Where proceedings concerning the same subject matter as regards processing of the same controller or processor are pending in a court in another Member State, any competent court other than the court first seized may suspend its proceedings.

3. Cuando dicho procedimiento esté pendiente en primera instancia, cualquier tribunal distinto de aquel ante el que se ejercitó la acción en primer lugar podrá también, a instancia de una de las partes, inhibirse en caso de que el primer tribunal sea competente para su conocimiento y su acumulación sea conforme a Derecho.

Artículo 82

Derecho a indemnización y responsabilidad

1. Toda persona que haya sufrido daños y perjuicios materiales o inmateriales como consecuencia de una infracción del presente Reglamento tendrá derecho a recibir del responsable o el encargado del tratamiento una indemnización por los daños y perjuicios sufridos.

2. Cualquier responsable que participe en la operación de tratamiento responderá de los daños y perjuicios causados en caso de que dicha operación no cumpla lo dispuesto por el presente Reglamento. Un encargado únicamente responderá de los daños y perjuicios causados por el tratamiento cuando no haya cumplido con las obligaciones del presente Reglamento dirigidas específicamente a los encargados o haya actuado al margen o en contra de las instrucciones legales del responsable.

3. El responsable o encargado del tratamiento estará exento de responsabilidad en virtud del apartado 2 si demuestra que no es en modo alguno responsable del hecho que haya causado los daños y perjuicios.

4. Cuando más de un responsable o encargado del tratamiento, o un responsable y un encargado hayan participado en la misma operación de tratamiento y sean, con arreglo a los apartados 2 y 3, responsables de cualquier daño o perjuicio causado por dicho tratamiento, cada responsable o encargado será considerado responsable

3. Where those proceedings are pending at first instance, any court other than the court first seized may also, on the application of one of the parties, decline jurisdiction if the court first seized has jurisdiction over the actions in question and its law permits the consolidation thereof.

Article 82

Right to compensation and liability

1. Any person who has suffered material or non-material damage as a result of an infringement of this Regulation shall have the right to receive compensation from the controller or processor for the damage suffered.

2. Any controller involved in processing shall be liable for the damage caused by processing which infringes this Regulation. A processor shall be liable for the damage caused by processing only where it has not complied with obligations of this Regulation specifically directed to processors or where it has acted outside or contrary to lawful instructions of the controller.

3. A controller or processor shall be exempt from liability under paragraph 2 if it proves that it is not in any way responsible for the event giving rise to the damage.

4. Where more than one controller or processor, or both a controller and a processor, are involved in the same processing and where they are, under paragraphs 2 and 3, responsible for any damage caused by processing, each controller or processor shall be held liable for the entire damage in order to

de todos los daños y perjuicios, a fin de garantizar la indemnización efectiva del interesado.

5. Cuando, de conformidad con el apartado 4, un responsable o encargado del tratamiento haya pagado una indemnización total por el perjuicio ocasionado, dicho responsable o encargado tendrá derecho a reclamar a los demás responsables o encargados que hayan participado en esa misma operación de tratamiento la parte de la indemnización correspondiente a su parte de responsabilidad por los daños y perjuicios causados, de conformidad con las condiciones fijadas en el apartado 2.

6. Las acciones judiciales en ejercicio del derecho a indemnización se presentarán ante los tribunales competentes con arreglo al Derecho del Estado miembro que se indica en el artículo 79, apartado 2.

Artículo 83

Condiciones generales para la imposición de multas administrativas

1. Cada autoridad de control garantizará que la imposición de las multas administrativas con arreglo al presente artículo por las infracciones del presente Reglamento indicadas en los apartados 4, 5 y 6 sean en cada caso individual efectivas, proporcionadas y disuasorias.

2. Las multas administrativas se impondrán, en función de las circunstancias de cada caso individual, a título adicional o sustitutivo de las medidas contempladas en el artículo 58, apartado 2, letras a) a h) y j). Al decidir la imposición de una multa administrativa y su cuantía en cada caso individual se tendrá debidamente en cuenta:

a) la naturaleza, gravedad y duración de la infracción, teniendo en cuenta la naturaleza, alcance o propósito de la

ensure effective compensation of the data subject.

5. Where a controller or processor has, in accordance with paragraph 4, paid full compensation for the damage suffered, that controller or processor shall be entitled to claim back from the other controllers or processors involved in the same processing that part of the compensation corresponding to their part of responsibility for the damage, in accordance with the conditions set out in paragraph 2.

6. Court proceedings for exercising the right to receive compensation shall be brought before the courts competent under the law of the Member State referred to in Article 79(2).

Article 83

General conditions for imposing administrative fines

1. Each supervisory authority shall ensure that the imposition of administrative fines pursuant to this Article in respect of infringements of this Regulation referred to in paragraphs 4, 5 and 6 shall in each individual case be effective, proportionate and dissuasive.

2. Administrative fines shall, depending on the circumstances of each individual case, be imposed in addition to, or instead of, measures referred to in points (a) to (h) and (j) of Article 58(2). When deciding whether to impose an administrative fine and deciding on the amount of the administrative fine in each individual case due regard shall be given to the following:

(a) the nature, gravity and duration of the infringement taking into account the nature scope or purpose of the

operación de tratamiento de que se trate así como el número de interesados afectados y el nivel de los daños y perjuicios que hayan sufrido;

b) la intencionalidad o negligencia en la infracción;

c) cualquier medida tomada por el responsable o encargado del tratamiento para paliar los daños y perjuicios sufridos por los interesados;

d) el grado de responsabilidad del responsable o del encargado del tratamiento, habida cuenta de las medidas técnicas u organizativas que hayan aplicado en virtud de los artículos 25 y 32;

e) toda infracción anterior cometida por el responsable o el encargado del tratamiento;

f) el grado de cooperación con la autoridad de control con el fin de poner remedio a la infracción y mitigar los posibles efectos adversos de la infracción;

g) las categorías de los datos de carácter personal afectados por la infracción;

h) la forma en que la autoridad de control tuvo conocimiento de la infracción, en particular si el responsable o el encargado notificó la infracción y, en tal caso, en qué medida;

i) cuando las medidas indicadas en el artículo 58, apartado 2, hayan sido ordenadas previamente contra el responsable o el encargado de que se trate en relación con el mismo asunto, el cumplimiento de dichas medidas;

j) la adhesión a códigos de conducta en virtud del artículo 40 o a mecanismos de certificación aprobados con arreglo al artículo 42, y

k) cualquier otro factor agravante o atenuante aplicable a las circunstancias del caso, como los beneficios financieros obtenidos o las pérdidas evitadas,

processing concerned as well as the number of data subjects affected and the level of damage suffered by them;

(b) the intentional or negligent character of the infringement;

(c) any action taken by the controller or processor to mitigate the damage suffered by data subjects;

(d) the degree of responsibility of the controller or processor taking into account technical and organisational measures implemented by them pursuant to Articles 25 and 32;

(e) any relevant previous infringements by the controller or processor;

(f) the degree of cooperation with the supervisory authority, in order to remedy the infringement and mitigate the possible adverse effects of the infringement;

(g) the categories of personal data affected by the infringement;

(h) the manner in which the infringement became known to the supervisory authority, in particular whether, and if so to what extent, the controller or processor notified the infringement;

(i) where measures referred to in Article 58(2) have previously been ordered against the controller or processor concerned with regard to the same subject-matter, compliance with those measures;

(j) adherence to approved codes of conduct pursuant to Article 40 or approved certification mechanisms pursuant to Article 42; and

(k) any other aggravating or mitigating factor applicable to the circumstances of the case, such as financial benefits

directa o indirectamente, a través de la infracción.

3. Si un responsable o un encargado del tratamiento incumpliera de forma intencionada o negligente, para las mismas operaciones de tratamiento u operaciones vinculadas, diversas disposiciones del presente Reglamento, la cuantía total de la multa administrativa no será superior a la cuantía prevista para las infracciones más graves.

4. Las infracciones de las disposiciones siguientes se sancionarán, de acuerdo con el apartado 2, con multas administrativas de 10 000 000 EUR como máximo o, tratándose de una empresa, de una cuantía equivalente al 2 % como máximo del volumen de negocio total anual global del ejercicio financiero anterior, optándose por la de mayor cuantía:

a) las obligaciones del responsable y del encargado a tenor de los artículos 8, 11, 25 a 39, 42 y 43;

b) las obligaciones de los organismos de certificación a tenor de los artículos 42 y 43;

c) las obligaciones de la autoridad de control a tenor del artículo 41, apartado 4.

5. Las infracciones de las disposiciones siguientes se sancionarán, de acuerdo con el apartado 2, con multas administrativas de 20 000 000 EUR como máximo o, tratándose de una empresa, de una cuantía equivalente al 4 % como máximo del volumen de negocio total anual global del ejercicio financiero anterior, optándose por la de mayor cuantía:

a) los principios básicos para el tratamiento, incluidas las condiciones para el consentimiento a tenor de los artículos 5, 6, 7 y 9;

b) los derechos de los interesados a tenor de los artículos 12 a 22;

gained, or losses avoided, directly or indirectly, from the infringement.

3. If a controller or processor intentionally or negligently, for the same or linked processing operations, infringes several provisions of this Regulation, the total amount of the administrative fine shall not exceed the amount specified for the gravest infringement.

4. Infringements of the following provisions shall, in accordance with paragraph 2, be subject to administrative fines up to 10 000 000 EUR, or in the case of an undertaking, up to 2 % of the total worldwide annual turnover of the preceding financial year, whichever is higher:

(a) the obligations of the controller and the processor pursuant to Articles 8, 11, 25 to 39 and 42 and 43;

(b) the obligations of the certification body pursuant to Articles 42 and 43;

(c) the obligations of the monitoring body pursuant to Article 41(4).

5. Infringements of the following provisions shall, in accordance with paragraph 2, be subject to administrative fines up to 20 000 000 EUR, or in the case of an undertaking, up to 4 % of the total worldwide annual turnover of the preceding financial year, whichever is higher:

(a) the basic principles for processing, including conditions for consent, pursuant to Articles 5, 6, 7 and 9;

(b) the data subjects' rights pursuant to Articles 12 to 22;

c) las transferencias de datos personales a un destinatario en un tercer país o una organización internacional a tenor de los artículos 44 a 49;

d) toda obligación en virtud del Derecho de los Estados miembros que se adopte con arreglo al capítulo IX;

e) el incumplimiento de una resolución o de una limitación temporal o definitiva del tratamiento o la suspensión de los flujos de datos por parte de la autoridad de control con arreglo al artículo 58, apartado 2, o el no facilitar acceso en incumplimiento del artículo 58, apartado 1.

6. El incumplimiento de las resoluciones de la autoridad de control a tenor del artículo 58, apartado 2, se sancionará de acuerdo con el apartado 2 del presente artículo con multas administrativas de 20 000 000 EUR como máximo o, tratándose de una empresa, de una cuantía equivalente al 4 % como máximo del volumen de negocio total anual global del ejercicio financiero anterior, optándose por la de mayor cuantía.

7. Sin perjuicio de los poderes correctivos de las autoridades de control en virtud del artículo 58, apartado 2, cada Estado miembro podrá establecer normas sobre si se puede, y en qué medida, imponer multas administrativas a autoridades y organismos públicos establecidos en dicho Estado miembro.

8. El ejercicio por una autoridad de control de sus poderes en virtud del presente artículo estará sujeto a garantías procesales adecuadas de conformidad con el Derecho de la Unión y de los Estados miembros, entre ellas la tutela judicial efectiva y el respeto de las garantías procesales.

9. Cuando el ordenamiento jurídico de un Estado miembro no establezca multas administrativas, el presente artículo podrá aplicarse de tal modo que la

(c) the transfers of personal data to a recipient in a third country or an international organisation pursuant to Articles 44 to 49;

(d) any obligations pursuant to Member State law adopted under Chapter IX;

(e) non-compliance with an order or a temporary or definitive limitation on processing or the suspension of data flows by the supervisory authority pursuant to Article 58(2) or failure to provide access in violation of Article 58(1).

6. Non-compliance with an order by the supervisory authority as referred to in Article 58(2) shall, in accordance with paragraph 2 of this Article, be subject to administrative fines up to 20 000 000 EUR, or in the case of an undertaking, up to 4 % of the total worldwide annual turnover of the preceding financial year, whichever is higher.

7. Without prejudice to the corrective powers of supervisory authorities pursuant to Article 58(2), each Member State may lay down the rules on whether and to what extent administrative fines may be imposed on public authorities and bodies established in that Member State.

8. The exercise by the supervisory authority of its powers under this Article shall be subject to appropriate procedural safeguards in accordance with Union and Member State law, including effective judicial remedy and due process.

9. Where the legal system of the Member State does not provide for administrative fines, this Article may be applied in such a manner that the

incoación de la multa corresponda a la autoridad de control competente y su imposición a los tribunales nacionales competentes, garantizando al mismo tiempo que estas vías de derecho sean efectivas y tengan un efecto equivalente a las multas administrativas impuestas por las autoridades de control. En cualquier caso, las multas impuestas serán efectivas, proporcionadas y disuasorias. Los Estados miembros de que se trate notificarán a la Comisión las disposiciones legislativas que adopten en virtud del presente apartado a más tardar el 25 de mayo de 2018 y, sin dilación, cualquier ley de modificación o modificación posterior que les sea aplicable.

Artículo 84

Sanciones

1. Los Estados miembros establecerán las normas en materia de otras sanciones aplicables a las infracciones del presente Reglamento, en particular las infracciones que no se sancionen con multas administrativas de conformidad con el artículo 83, y adoptarán todas las medidas necesarias para garantizar su observancia. Dichas sanciones serán efectivas, proporcionadas y disuasorias.

2. Cada Estado miembro notificará a la Comisión las disposiciones legislativas que adopte de conformidad con el apartado 1 a más tardar el 25 de mayo de 2018 y, sin dilación, cualquier modificación posterior que les sea aplicable.

CAPÍTULO IX

Disposiciones relativas a situaciones específicas de tratamiento

Artículo 85

Tratamiento y libertad de expresión y de información

1. Los Estados miembros conciliarán por ley el derecho a la protección de los datos personales en virtud del presente

fine is initiated by the competent supervisory authority and imposed by competent national courts, while ensuring that those legal remedies are effective and have an equivalent effect to the administrative fines imposed by supervisory authorities. In any event, the fines imposed shall be effective, proportionate and dissuasive. Those Member States shall notify to the Commission the provisions of their laws which they adopt pursuant to this paragraph by 25 May 2018 and, without delay, any subsequent amendment law or amendment affecting them.

Article 84

Penalties

1. Member States shall lay down the rules on other penalties applicable to infringements of this Regulation in particular for infringements which are not subject to administrative fines pursuant to Article 83, and shall take all measures necessary to ensure that they are implemented. Such penalties shall be effective, proportionate and dissuasive.

2. Each Member State shall notify to the Commission the provisions of its law which it adopts pursuant to paragraph 1, by 25 May 2018 and, without delay, any subsequent amendment affecting them.

CHAPTER IX

Provisions relating to specific processing situations

Article 85

Processing and freedom of expression and information

1. Member States shall by law reconcile the right to the protection of personal data pursuant to this

Reglamento con el derecho a la libertad de expresión y de información, incluido el tratamiento con fines periodísticos y fines de expresión académica, artística o literaria.

2. Para el tratamiento realizado con fines periodísticos o con fines de expresión académica, artística o literaria, los Estados miembros establecerán exenciones o excepciones de lo dispuesto en los capítulos II (principios), III (derechos del interesado), IV (responsable y encargado del tratamiento), V (transferencia de datos personales a terceros países u organizaciones internacionales), VI (autoridades de control independientes), VII (cooperación y coherencia) y IX (disposiciones relativas a situaciones específicas de tratamiento de datos), si son necesarias para conciliar el derecho a la protección de los datos personales con la libertad de expresión e información.

3. Cada Estado miembro notificará a la Comisión las disposiciones legislativas que adopte de conformidad con el apartado 2 y, sin dilación, cualquier modificación posterior, legislativa u otra, de las mismas.

Artículo 86

Tratamiento y acceso del público a documentos oficiales

Los datos personales de documentos oficiales en posesión de alguna autoridad pública o u organismo público o una entidad privada para la realización de una misión en interés público podrán ser comunicados por dicha autoridad, organismo o entidad de conformidad con el Derecho de la Unión o de los Estados miembros que se les aplique a fin de conciliar el acceso del público a documentos oficiales con el derecho a la protección de los datos personales en virtud del presente Reglamento.

Regulation with the right to freedom of expression and information, including processing for journalistic purposes and the purposes of academic, artistic or literary expression.

2. For processing carried out for journalistic purposes or the purpose of academic artistic or literary expression, Member States shall provide for exemptions or derogations from Chapter II (principles), Chapter III (rights of the data subject), Chapter IV (controller and processor), Chapter V (transfer of personal data to third countries or international organisations), Chapter VI (independent supervisory authorities), Chapter VII (cooperation and consistency) and Chapter IX (specific data processing situations) if they are necessary to reconcile the right to the protection of personal data with the freedom of expression and information.

3. Each Member State shall notify to the Commission the provisions of its law which it has adopted pursuant to paragraph 2 and, without delay, any subsequent amendment law or amendment affecting them.

Article 86

Processing and public access to official documents

Personal data in official documents held by a public authority or a public body or a private body for the performance of a task carried out in the public interest may be disclosed by the authority or body in accordance with Union or Member State law to which the public authority or body is subject in order to reconcile public access to official documents with the right to the protection of personal data pursuant to this Regulation.

Artículo 87

Tratamiento del número nacional de identificación

Los Estados miembros podrán determinar adicionalmente las condiciones específicas para el tratamiento de un número nacional de identificación o cualquier otro medio de identificación de carácter general. En ese caso, el número nacional de identificación o cualquier otro medio de identificación de carácter general se utilizará únicamente con las garantías adecuadas para los derechos y las libertades del interesado con arreglo al presente Reglamento.

Artículo 88

Tratamiento en el ámbito laboral

1. Los Estados miembros podrán, a través de disposiciones legislativas o de convenios colectivos, establecer normas más específicas para garantizar la protección de los derechos y libertades en relación con el tratamiento de datos personales de los trabajadores en el ámbito laboral, en particular a efectos de contratación de personal, ejecución del contrato laboral, incluido el cumplimiento de las obligaciones establecidas por la ley o por el convenio colectivo, gestión, planificación y organización del trabajo, igualdad y diversidad en el lugar de trabajo, salud y seguridad en el trabajo, protección de los bienes de empleados o clientes, así como a efectos del ejercicio y disfrute, individual o colectivo, de los derechos y prestaciones relacionados con el empleo y a efectos de la extinción de la relación laboral.

2. Dichas normas incluirán medidas adecuadas y específicas para preservar la dignidad humana de los interesados así como sus intereses legítimos y sus derechos fundamentales, prestando especial atención a la transparencia del

Article 87

Processing of the national identification number

Member States may further determine the specific conditions for the processing of a national identification number or any other identifier of general application. In that case the national identification number or any other identifier of general application shall be used only under appropriate safeguards for the rights and freedoms of the data subject pursuant to this Regulation.

Article 88

Processing in the context of employment

1. Member States may, by law or by collective agreements, provide for more specific rules to ensure the protection of the rights and freedoms in respect of the processing of employees' personal data in the employment context, in particular for the purposes of the recruitment, the performance of the contract of employment, including discharge of obligations laid down by law or by collective agreements, management, planning and organisation of work, equality and diversity in the workplace, health and safety at work, protection of employer's or customer's property and for the purposes of the exercise and enjoyment, on an individual or collective basis, of rights and benefits related to employment, and for the purpose of the termination of the employment relationship.

2. Those rules shall include suitable and specific measures to safeguard the data subject's human dignity, legitimate interests and fundamental rights, with particular regard to the transparency of processing, the

tratamiento, a la transferencia de los datos personales dentro de un grupo empresarial o de una unión de empresas dedicadas a una actividad económica conjunta y a los sistemas de supervisión en el lugar de trabajo.

3. Cada Estado miembro notificará a la Comisión las disposiciones legales que adopte de conformidad con el apartado 1 a más tardar el 25 de mayo de 2018 y, sin dilación, cualquier modificación posterior de las mismas.

Artículo 89

Garantías y excepciones aplicables al tratamiento con fines de archivo en interés público, fines de investigación científica o histórica o fines estadísticos

1. El tratamiento con fines de archivo en interés público, fines de investigación científica o histórica o fines estadísticos estará sujeto a las garantías adecuadas, con arreglo al presente Reglamento, para los derechos y las libertades de los interesados. Dichas garantías harán que se disponga de medidas técnicas y organizativas, en particular para garantizar el respeto del principio de minimización de los datos personales. Tales medidas podrán incluir la seudonimización, siempre que de esa forma puedan alcanzarse dichos fines. Siempre que esos fines pueden alcanzarse mediante un tratamiento ulterior que no permita o ya no permita la identificación de los interesados, esos fines se alcanzarán de ese modo.

2. Cuando se traten datos personales con fines de investigación científica o histórica o estadísticos el Derecho de la Unión o de los Estados miembros podrá establecer excepciones a los derechos contemplados en los artículos 15, 16, 18 y 21, sujetas a las condiciones y garantías indicadas en el apartado 1 del presente artículo, siempre que sea probable que esos derechos imposibiliten

transfer of personal data within a group of undertakings, or a group of enterprises engaged in a joint economic activity and monitoring systems at the work place.

3. Each Member State shall notify to the Commission those provisions of its law which it adopts pursuant to paragraph 1, by 25 May 2018 and, without delay, any subsequent amendment affecting them.

Article 89

Safeguards and derogations relating to processing for archiving purposes in the public interest, scientific or historical research purposes or statistical purposes

1. Processing for archiving purposes in the public interest, scientific or historical research purposes or statistical purposes, shall be subject to appropriate safeguards, in accordance with this Regulation, for the rights and freedoms of the data subject. Those safeguards shall ensure that technical and organisational measures are in place in particular in order to ensure respect for the principle of data minimisation. Those measures may include pseudonymisation provided that those purposes can be fulfilled in that manner. Where those purposes can be fulfilled by further processing which does not permit or no longer permits the identification of data subjects, those purposes shall be fulfilled in that manner.

2. Where personal data are processed for scientific or historical research purposes or statistical purposes, Union or Member State law may provide for derogations from the rights referred to in Articles 15, 16, 18 and 21 subject to the conditions and safeguards referred to in paragraph 1 of this Article in so far as such rights are likely to render impossible or seriously impair the

u obstaculicen gravemente el logro de los fines científicos y cuanto esas excepciones sean necesarias para alcanzar esos fines.

3. Cuando se traten datos personales con fines de archivo en interés público, el Derecho de le Unión o de los Estados miembros podrá prever excepciones a los derechos contemplados en los artículos 15, 16, 18, 19, 20 y 21, sujetas a las condiciones y garantías citadas en el apartado 1 del presente artículo, siempre que esos derechos puedan imposibilitar u obstaculizar gravemente el logro de los fines científicos y cuanto esas excepciones sean necesarias para alcanzar esos fines.

4. En caso de que el tratamiento a que hacen referencia los apartados 2 y 3 sirva también al mismo tiempo a otro fin, las excepciones solo serán aplicables al tratamiento para los fines mencionados en dichos apartados.

Artículo 90

Obligaciones de secreto

1. Los Estados miembros podrán adoptar normas específicas para fijar los poderes de las autoridades de control establecidos en el artículo 58, apartado 1, letras e) y f), en relación con los responsables o encargados sujetos, con arreglo al Derecho de la Unión o de los Estados miembros o a las normas establecidas por los organismos nacionales competentes, a una obligación de secreto profesional o a otras obligaciones de secreto equivalentes, cuando sea necesario y proporcionado para conciliar el derecho a la protección de los datos personales con la obligación de secreto. Esas normas solo se aplicarán a los datos personales que el responsable o el encargado del tratamiento hayan recibido como resultado o con ocasión de una actividad cubierta por la citada obligación de secreto.

achievement of the specific purposes, and such derogations are necessary for the fulfilment of those purposes.

3. Where personal data are processed for archiving purposes in the public interest, Union or Member State law may provide for derogations from the rights referred to in Articles 15, 16, 18, 19, 20 and 21 subject to the conditions and safeguards referred to in paragraph 1 of this Article in so far as such rights are likely to render impossible or seriously impair the achievement of the specific purposes, and such derogations are necessary for the fulfilment of those purposes.

4. Where processing referred to in paragraphs 2 and 3 serves at the same time another purpose, the derogations shall apply only to processing for the purposes referred to in those paragraphs.

Article 90

Obligations of secrecy

1. Member States may adopt specific rules to set out the powers of the supervisory authorities laid down in points (e) and (f) of Article 58(1) in relation to controllers or processors that are subject, under Union or Member State law or rules established by national competent bodies, to an obligation of professional secrecy or other equivalent obligations of secrecy where this is necessary and proportionate to reconcile the right of the protection of personal data with the obligation of secrecy. Those rules shall apply only with regard to personal data which the controller or processor has received as a result of or has obtained in an activity covered by that obligation of secrecy.

2. Cada Estado miembro notificará a la Comisión las normas adoptadas de conformidad con el apartado 1 a más tardar el 25 de mayo de 2018 y, sin dilación, cualquier modificación posterior de las mismas.

Artículo 91

Normas vigentes sobre protección de datos de las iglesias y asociaciones religiosas

1. Cuando en un Estado miembro iglesias, asociaciones o comunidades religiosas apliquen, en el momento de la entrada en vigor del presente Reglamento, un conjunto de normas relativas a la protección de las personas físicas en lo que respecta al tratamiento, tales normas podrán seguir aplicándose, siempre que sean conformes con el presente Reglamento.

2. Las iglesias y las asociaciones religiosas que apliquen normas generales de conformidad con el apartado 1 del presente artículo estarán sujetas al control de una autoridad de control independiente, que podrá ser específica, siempre que cumpla las condiciones establecidas en el capítulo VI del presente Reglamento.

CAPÍTULO X

Actos delegados y actos de ejecución

Artículo 92

Ejercicio de la delegación

1. Los poderes para adoptar actos delegados otorgados a la Comisión estarán sujetos a las condiciones establecidas en el presente artículo.

2. La delegación de poderes indicada en el artículo 12, apartado 8, y en el artículo 43, apartado 8, se otorgarán a la Comisión por tiempo indefinido a partir del 24 de mayo de 2016.

3. La delegación de poderes mencionada en el artículo 12, apartado 8, y el artículo 43, apartado 8,

2. Each Member State shall notify to the Commission the rules adopted pursuant to paragraph 1, by 25 May 2018 and, without delay, any subsequent amendment affecting them.

Article 91

Existing data protection rules of churches and religious associations

1. Where in a Member State, churches and religious associations or communities apply, at the time of entry into force of this Regulation, comprehensive rules relating to the protection of natural persons with regard to processing, such rules may continue to apply, provided that they are brought into line with this Regulation.

2. Churches and religious associations which apply comprehensive rules in accordance with paragraph 1 of this Article shall be subject to the supervision of an independent supervisory authority, which may be specific, provided that it fulfils the conditions laid down in Chapter VI of this Regulation.

CHAPTER X

Delegated acts and implementing acts

Article 92

Exercise of the delegation

1. The power to adopt delegated acts is conferred on the Commission subject to the conditions laid down in this Article.

2. The delegation of power referred to in Article 12(8) and Article 43(8) shall be conferred on the Commission for an indeterminate period of time from 24 May 2016.

3. The delegation of power referred to in Article 12(8) and Article 43(8) may be revoked at any time by the

podrá ser revocada en cualquier momento por el Parlamento Europeo o por el Consejo. La decisión de revocación pondrá término a la delegación de los poderes que en ella se especifiquen. La decisión surtirá efecto al día siguiente de su publicación en el Diario Oficial de la Unión Europea o en una fecha posterior indicada en la misma. No afectará a la validez de los actos delegados que ya estén en vigor.

4. Tan pronto como la Comisión adopte un acto delegado lo notificará simultáneamente al Parlamento Europeo y al Consejo.

5. Los actos delegados adoptados en virtud del artículo 12, apartado 8, y el artículo 43, apartado 8, entrarán en vigor únicamente si, en un plazo de tres meses desde su notificación al Parlamento Europeo y al Consejo, ni el Parlamento Europeo ni el Consejo formulan objeciones o si, antes del vencimiento de dicho plazo, tanto el uno como el otro informan a la Comisión de que no las formularán. El plazo se ampliará en tres meses a iniciativa del Parlamento Europeo o del Consejo.

Artículo 93

Procedimiento de comité

1. La Comisión estará asistida por un comité. Dicho comité será un comité en el sentido del Reglamento (UE) n.o 182/2011.

2. Cuando se haga referencia al presente apartado, se aplicará el artículo 5 del Reglamento (UE) n.o 182/2011.

3. Cuando se haga referencia al presente apartado, se aplicará el artículo 8 del Reglamento (UE) n.o 182/2011, en relación con su artículo 5.

European Parliament or by the Council. A decision of revocation shall put an end to the delegation of power specified in that decision. It shall take effect the day following that of its publication in the Official Journal of the European Union or at a later date specified therein. It shall not affect the validity of any delegated acts already in force.

4. As soon as it adopts a delegated act, the Commission shall notify it simultaneously to the European Parliament and to the Council.

5. A delegated act adopted pursuant to Article 12(8) and Article 43(8) shall enter into force only if no objection has been expressed by either the European Parliament or the Council within a period of three months of notification of that act to the European Parliament and the Council or if, before the expiry of that period, the European Parliament and the Council have both informed the Commission that they will not object. That period shall be extended by three months at the initiative of the European Parliament or of the Council.

Article 93

Committee procedure

1. The Commission shall be assisted by a committee. That committee shall be a committee within the meaning of Regulation (EU) No 182/2011.

2. Where reference is made to this paragraph, Article 5 of Regulation (EU) No 182/2011 shall apply.

3. Where reference is made to this paragraph, Article 8 of Regulation (EU) No 182/2011, in conjunction with Article 5 thereof, shall apply.

CAPÍTULO XI

Disposiciones finales

Artículo 94

Derogación de la Directiva 95/46/CE

1. Queda derogada la Directiva 95/46/CE con efecto a partir del 25 de mayo de 2018.

2. Toda referencia a la Directiva derogada se entenderá hecha al presente Reglamento. Toda referencia al Grupo de protección de las personas en lo que respecta al tratamiento de datos personales establecido por el artículo 29 de la Directiva 95/46/CE se entenderá hecha al Comité Europeo de Protección de Datos establecido por el presente Reglamento.

Artículo 95

Relación con la Directiva 2002/58/CE

El presente Reglamento no impondrá obligaciones adicionales a las personas físicas o jurídicas en materia de tratamiento en el marco de la prestación de servicios públicos de comunicaciones electrónicas en redes públicas de comunicación de la Unión en ámbitos en los que estén sujetas a obligaciones específicas con el mismo objetivo establecidas en la Directiva 2002/58/CE.

Artículo 96

Relación con acuerdos celebrados anteriormente

Los acuerdos internacionales que impliquen la transferencia de datos personales a terceros países u organizaciones internacionales que hubieren sido celebrados por los Estados miembros antes del 24 de mayo de 2016 y que cumplan lo dispuesto en el Derecho de la Unión aplicable antes de dicha fecha, seguirán en vigor hasta que sean modificados, sustituidos o revocados.

CHAPTER XI

Final provisions

Article 94

Repeal of Directive 95/46/EC

1. Directive 95/46/EC is repealed with effect from 25 May 2018.

2. References to the repealed Directive shall be construed as references to this Regulation. References to the Working Party on the Protection of Individuals with regard to the Processing of Personal Data established by Article 29 of Directive 95/46/EC shall be construed as references to the European Data Protection Board established by this Regulation.

Article 95

Relationship with Directive 2002/58/EC

This Regulation shall not impose additional obligations on natural or legal persons in relation to processing in connection with the provision of publicly available electronic communications services in public communication networks in the Union in relation to matters for which they are subject to specific obligations with the same objective set out in Directive 2002/58/EC.

Article 96

Relationship with previously concluded Agreements

International agreements involving the transfer of personal data to third countries or international organisations which were concluded by Member States prior to 24 May 2016, and which comply with Union law as applicable prior to that date, shall remain in force until amended, replaced or revoked.

Artículo 97

Informes de la Comisión

1. A más tardar el 25 de mayo de 2020 y posteriormente cada cuatro años, la Comisión presentará al Parlamento Europeo y al Consejo un informe sobre la evaluación y revisión del presente Reglamento. Los informes se harán públicos.

2. En el marco de las evaluaciones y revisiones a que se refiere el apartado 1, la Comisión examinará en particular la aplicación y el funcionamiento de:

a) el capítulo V sobre la transferencia de datos personales a países terceros u organizaciones internacionales, particularmente respecto de las decisiones adoptadas en virtud del artículo 45, apartado 3, del presente Reglamento, y de las adoptadas sobre la base del artículo 25, apartado 6, de la Directiva 95/46/CE;

b) el capítulo VII sobre cooperación y coherencia.

3. A los efectos del apartado 1, la Comisión podrá solicitar información a los Estados miembros y a las autoridades de control.

4. Al llevar a cabo las evaluaciones y revisiones indicadas en los apartados 1 y 2, la Comisión tendrá en cuenta las posiciones y conclusiones del Parlamento Europeo, el Consejo y los demás órganos o fuentes pertinentes.

5. La Comisión presentará, en caso necesario, las propuestas oportunas para modificar el presente Reglamento, en particular teniendo en cuenta la evolución de las tecnologías de la información y a la vista de los progresos en la sociedad de la información.

Article 97

Commission reports

1. By 25 May 2020 and every four years thereafter, the Commission shall submit a report on the evaluation and review of this Regulation to the European Parliament and to the Council. The reports shall be made public.

2. In the context of the evaluations and reviews referred to in paragraph 1, the Commission shall examine, in particular, the application and functioning of:

(a) Chapter V on the transfer of personal data to third countries or international organisations with particular regard to decisions adopted pursuant to Article 45(3) of this Regulation and decisions adopted on the basis of Article 25(6) of Directive 95/46/EC;

(b) Chapter VII on cooperation and consistency.

3. For the purpose of paragraph 1, the Commission may request information from Member States and supervisory authorities.

4. In carrying out the evaluations and reviews referred to in paragraphs 1 and 2, the Commission shall take into account the positions and findings of the European Parliament, of the Council, and of other relevant bodies or sources.

5. The Commission shall, if necessary, submit appropriate proposals to amend this Regulation, in particular taking into account of developments in information technology and in the light of the state of progress in the information society.

Artículo 98

Revisión de otros actos jurídicos de la Unión en materia de protección de datos

La Comisión presentará, si procede, propuestas legislativas para modificar otros actos jurídicos de la Unión en materia de protección de datos personales, a fin de garantizar la protección uniforme y coherente de las personas físicas en relación con el tratamiento. Se tratará en particular de las normas relativas a la protección de las personas físicas en lo que respecta al tratamiento por parte de las instituciones, órganos, y organismos de la Unión y a la libre circulación de tales datos.

Artículo 99

Entrada en vigor y aplicación

1. El presente Reglamento entrará en vigor a los veinte días de su publicación en el Diario Oficial de la Unión Europea.

2. Será aplicable a partir del 25 de mayo de 2018.

El presente Reglamento será obligatorio en todos sus elementos y directamente aplicable en cada Estado miembro.

Hecho en Bruselas, el 27 de abril de 2016.

Por el Parlamento Europeo

El Presidente

M. SCHULZ

Por el Consejo

La Presidenta

J.A. HENNIS-PLASSCHAERT

Article 98

Review of other Union legal acts on data protection

The Commission shall, if appropriate, submit legislative proposals with a view to amending other Union legal acts on the protection of personal data, in order to ensure uniform and consistent protection of natural persons with regard to processing. This shall in particular concern the rules relating to the protection of natural persons with regard to processing by Union institutions, bodies, offices and agencies and on the free movement of such data.

Article 99

Entry into force and application

1. This Regulation shall enter into force on the twentieth day following that of its publication in the Official Journal of the European Union.

2. It shall apply from 25 May 2018.

This Regulation shall be binding in its entirety and directly applicable in all Member States.

Done at Brussels, 27 April 2016.

For the European Parliament

The President

M. SCHULZ

For the Council

The President

J.A. HENNIS-PLASSCHAERT